Laurent Huet

Je m'accompagne facilement à la guitare

Le sommaire se trouve à la page 191

Remerciements

Merci à Jo Béhar, Régis Brauchli et Pascal Pivaty pour leur gentillesse et la confiance qu'ils m'ont accordée.
Merci à ma famille et à mes amis sans qui cette méthode n'aurait jamais vu le jour.
Merci enfin à tous ceux qui par leur dévouement et leur enthousiasme m'ont aidé à mieux comprendre la musique.

Carisch MusiCom PUBLICATIONS

25, rue d'Hauteville 75010 Paris
Tél. 01 42 46 03 49 - Fax 01 42 46 10 64
http: / / www.carisch.com

Dépôt légal 4e trimestre 2000

POUR BIEN DÉBUTER

Description de l'instrument

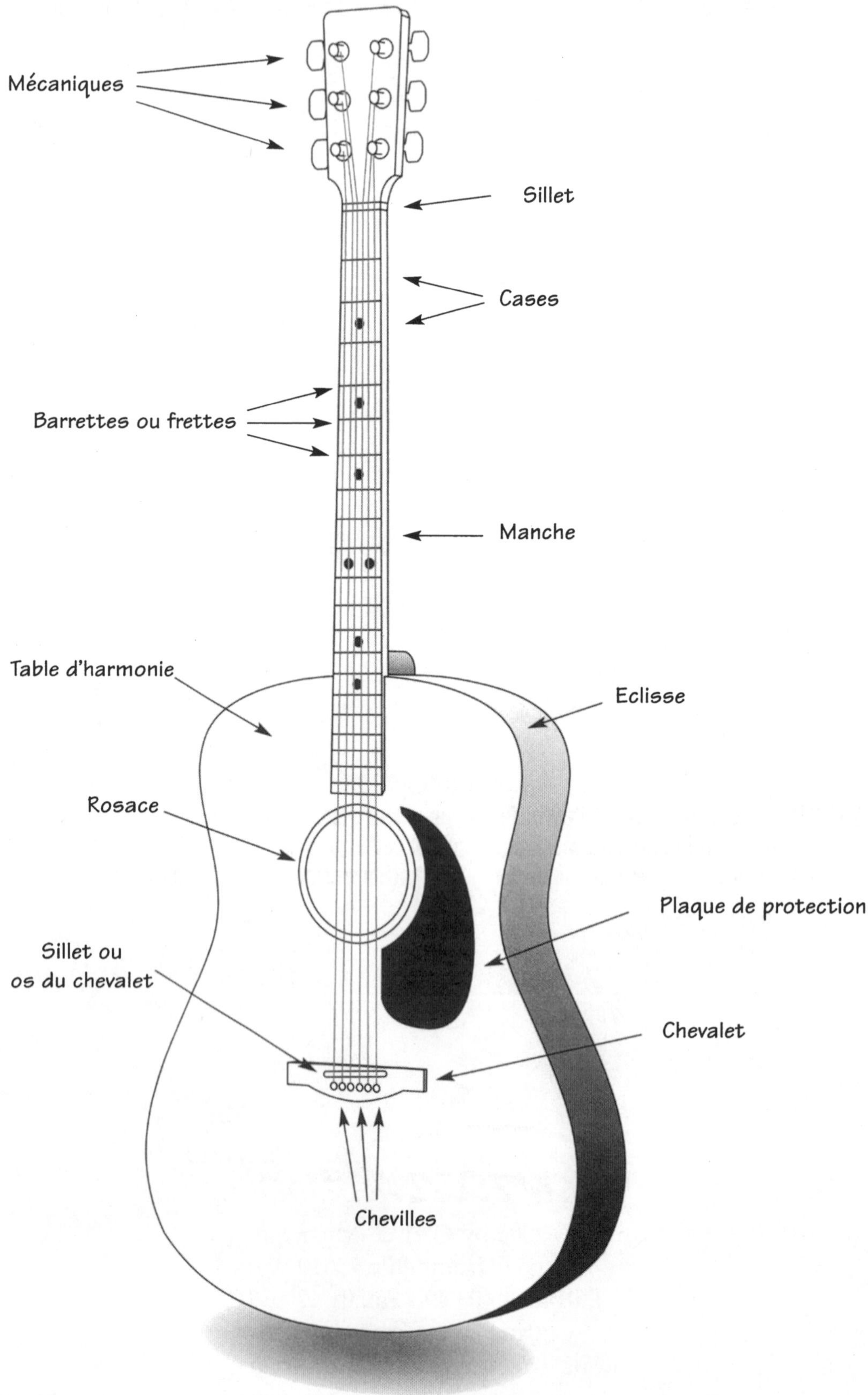

Comment accorder votre guitare

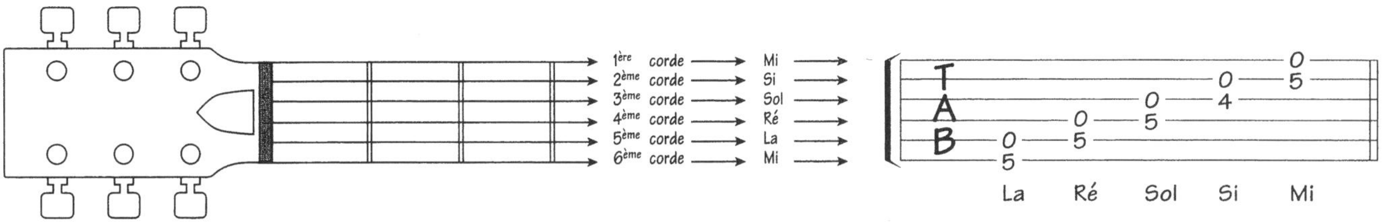

1 – Le diapason pour guitare

C'est un genre d'harmonica à six notes. Il suffit de souffler et de régler la corde correspondante.

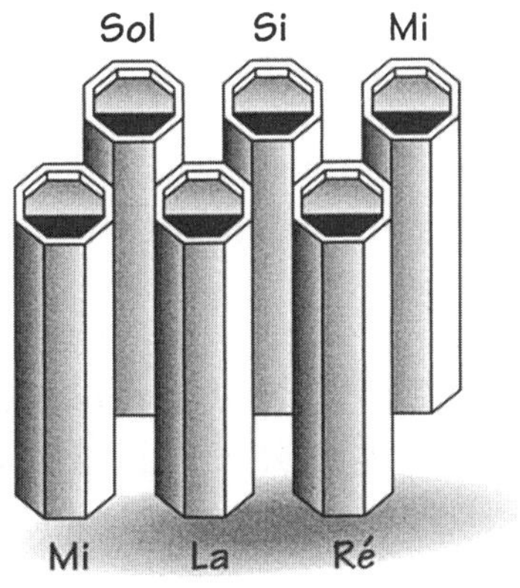

Très simple et très pratique (pour ceux qui ont déjà un peu d'oreille).

2 – L'accordeur électronique

Quand la corde est bien accordée, l'aiguille se positionne au milieu du cadran. On ne peut pas se tromper !

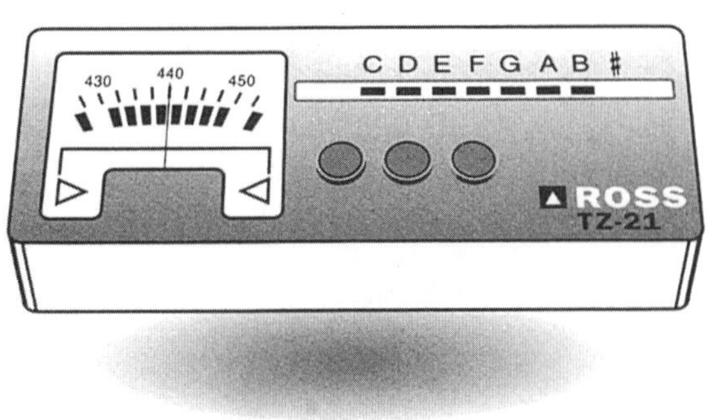

Idéal si vous n'êtes jamais sûr d'être bien accordé.

3 - La méthode traditionnelle

Il faut trouver un **LA** "quelque part". Il peut vous être donné par un diapason, la tonalité du téléphone, ou par certains métronomes électroniques.

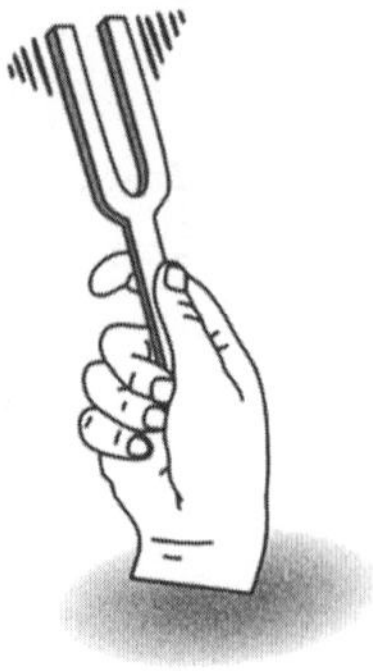

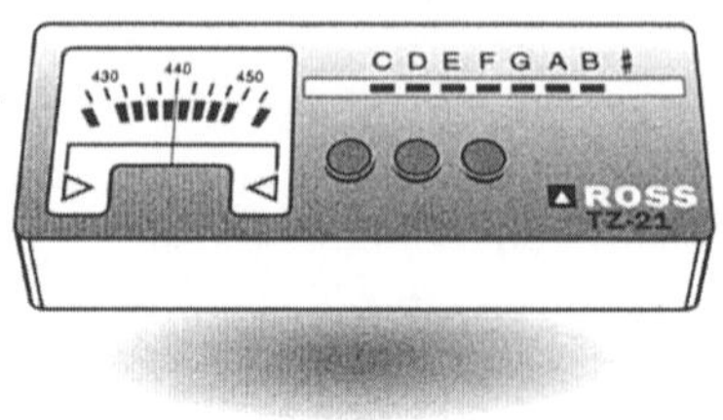

Réglez la $5^{\text{ème}}$ corde (pas la $6^{\text{ème}}$) par rapport à ce La. La $5^{\text{ème}}$ corde va maintenant servir de base pour accorder la $4^{\text{ème}}$ corde : corde de Ré. Pour obtenir la note Ré, il faut faire vibrer la $5^{\text{ème}}$ corde en plaçant le majeur de la main gauche à la $5^{\text{ème}}$ case. On ajuste ensuite la note émise par la $4^{\text{ème}}$ corde jouée à vide . Cette note et la précédente doivent être identiques. Il en est de même pour les autres cordes.

	$5^{\text{ème}}$ corde, $5^{\text{ème}}$ case	=	Ré, $4^{\text{ème}}$ corde jouée à vide (déjà vu)
	$4^{\text{ème}}$ corde, $5^{\text{ème}}$ case	=	Sol, $3^{\text{ème}}$ corde jouée à vide
Attention exception	$3^{\text{ème}}$ corde, **4ème** case	=	Si, $2^{\text{ème}}$ corde jouée à vide
	$2^{\text{ème}}$ corde, $5^{\text{ème}}$ case	=	Mi, $1^{\text{ère}}$ corde jouée à vide

Pour le Mi grave, appuyez la $6^{\text{ème}}$ corde à la $5^{\text{ème}}$ case de manière à obtenir la note LA : $5^{\text{ème}}$ corde jouée à vide. On pourra aussi comparer les deux Mi (Mi grave et Mi aigu) à vide.

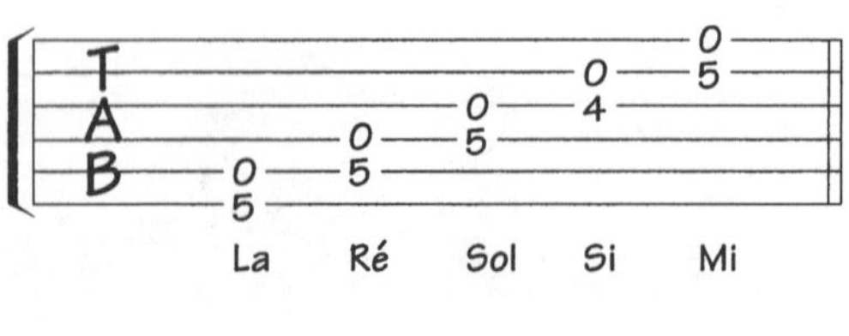

Une corde jouée à vide est une corde jouée par la main droite sans qu'aucun doigt de la main gauche ne soit posé sur cette corde.

Représentation des accords

Sur le manche

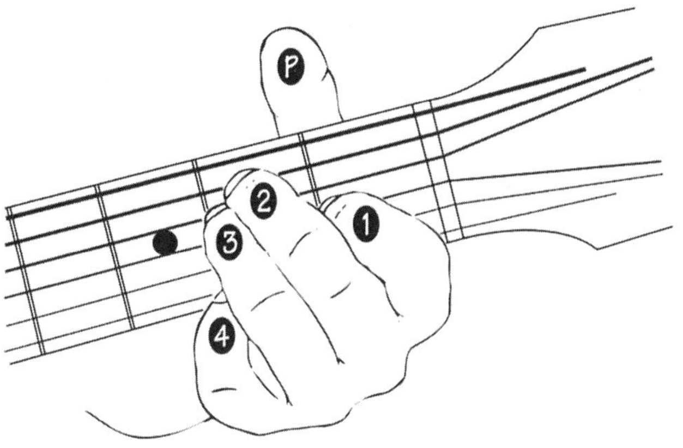

Sur le diagramme

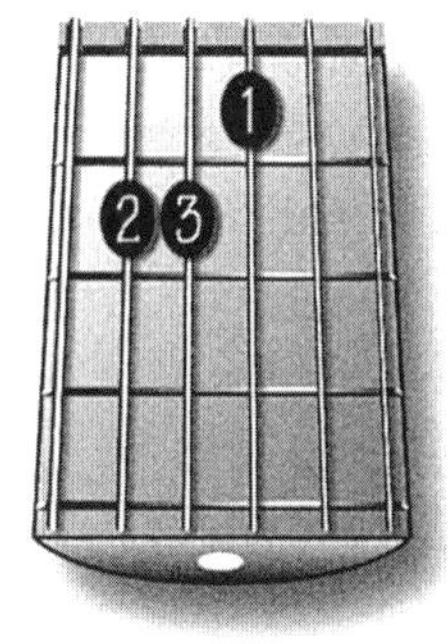

La main gauche joue les accords. A chaque doigt correspond un chiffre (sauf P pour le pouce).

La main droite

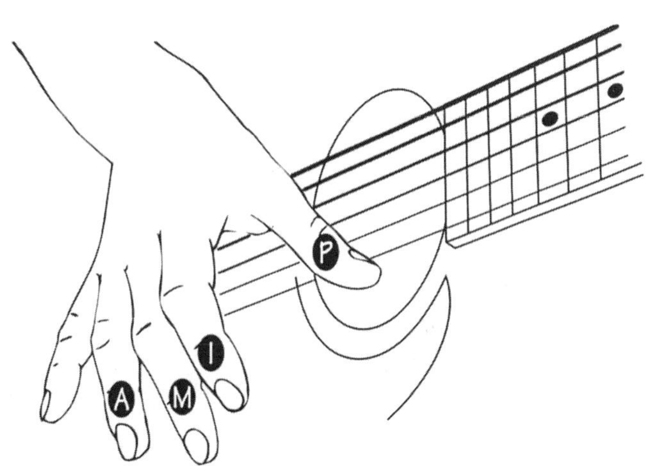

La main droite gratte les cordes. A chaque doigt correspond une lettre.

Différents types de guitares

Guitare classique :

- manche plus épais et plus large
- cordes nylon
- son plus doux (ballades, bossa nova, romances, classique…)
- fait moins mal aux doigts (au début)

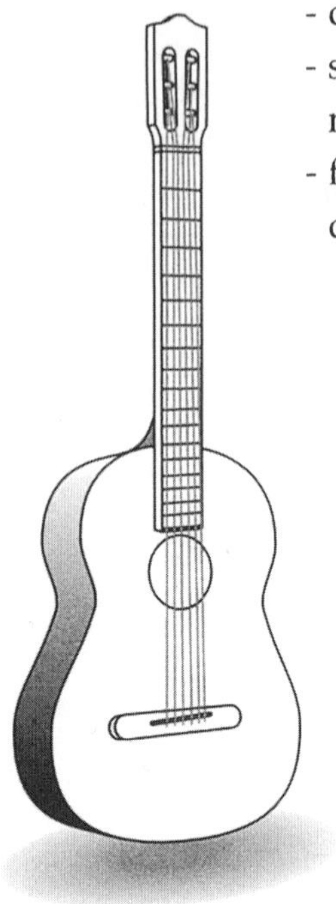

Guitare folk :

- manche plus fin et plus étroit
- cordes métal
- son plus métallique (blues, rock, variété, jazz…)
- guitare plus lourde
- fait un peu plus mal aux doigts (au début)

Guitare électrique trois micros simple bobinage

Guitare électrique deux micros double bobinage

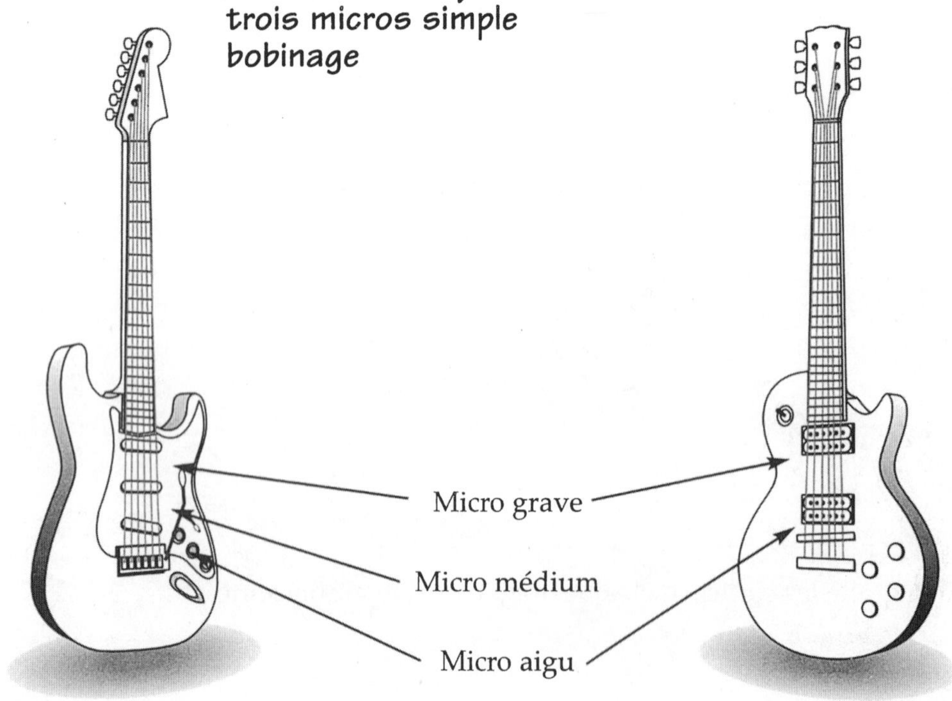

Quelques conseils

1

Pour que ça sonne
(sauf exceptions)

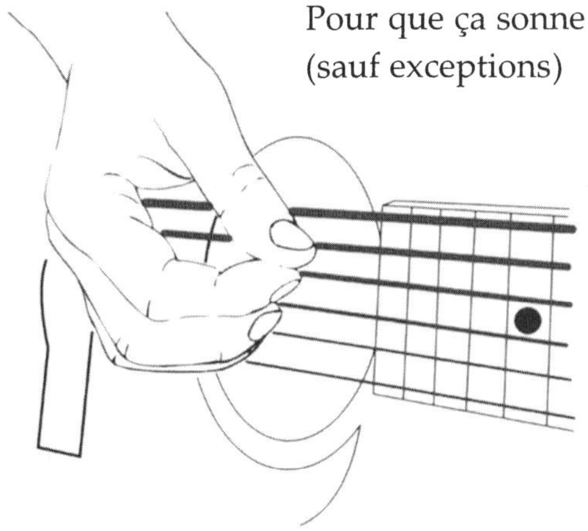

Positionnez votre main droite au milieu de la rosace, ni trop à droite, ni trop à gauche. Le jeu sera plus puissant.

2

Pour éviter
que ça frise*

Le manche
vers le
haut, pas
vers le bas

Placer les
doigts au plus
près de la case
suivante

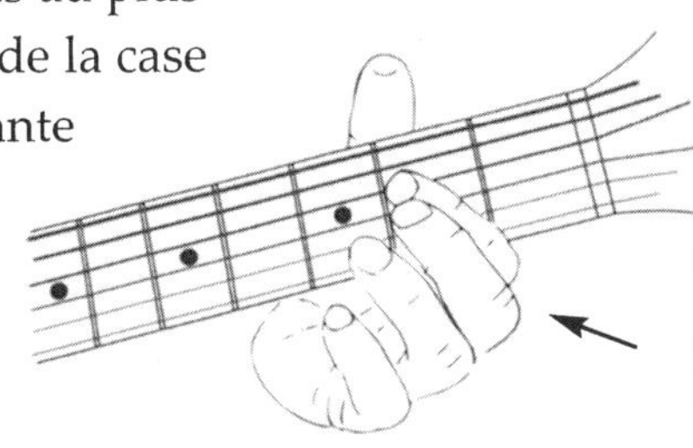

Sans les
poser sur
les barrettes !

* ***Une note qui frise est une note qui sonne mal.***

3

Ne pas mettre de cordes métalliques sur une guitare classique. Cordes nylon obligatoires : le manche ne supporte pas la tension des cordes en métal.

4

Jouez de manière à ce que l'on vous entende ! Pas trois petites notes timides, mais de beaux accords bien musclés.

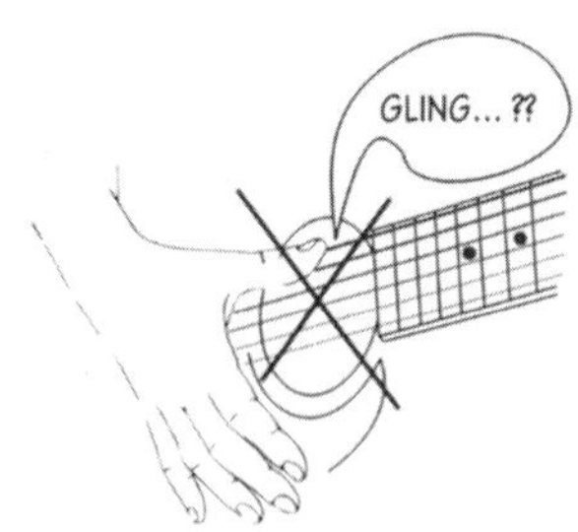

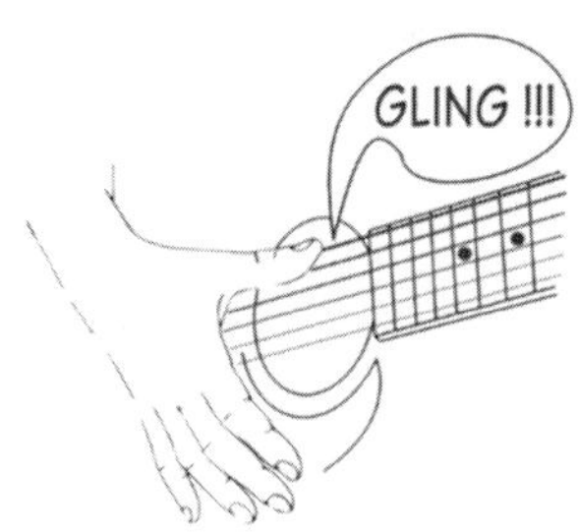

5

Il est plus facile de faire des accords quand le manche est tenu vers le haut.

Correct

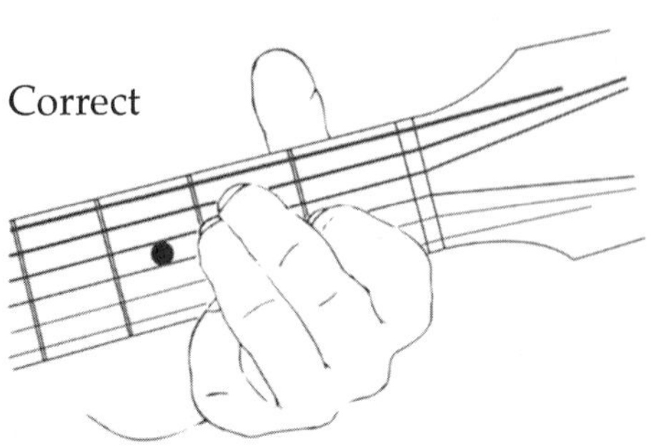

A éviter

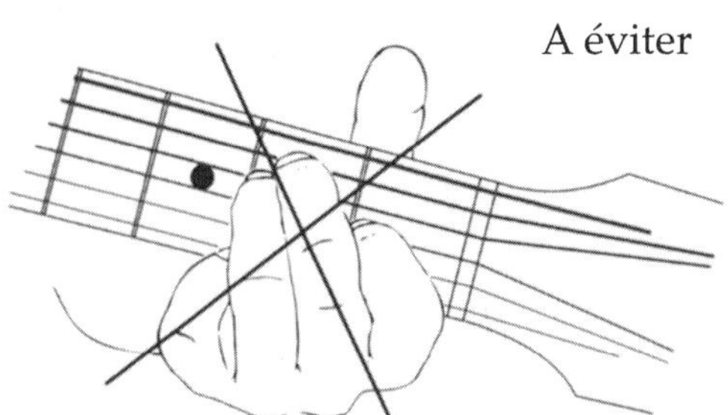

6

Evitez de jouer avec des cordes trop éloignées du manche. Faites régler votre instrument par un spécialiste (revendeur, luthier...).

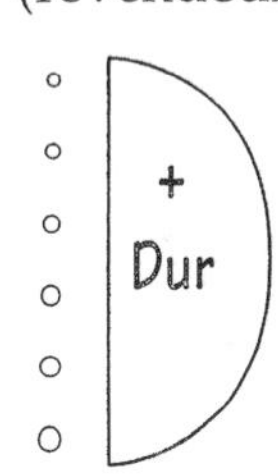

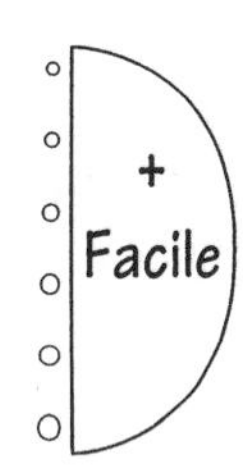

Quelques conseils (suite)

7

Apprenez par cœur le nom des accords de base, vous gagnerez beaucoup de temps.

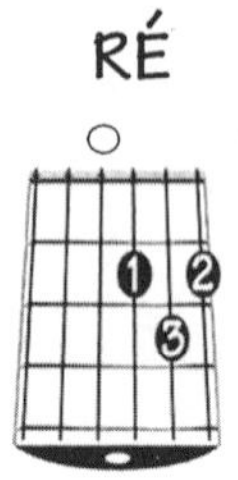

8

Mieux vaut jouer un quart d'heure par jour que deux heures le dimanche. La régularité paie toujours plus.

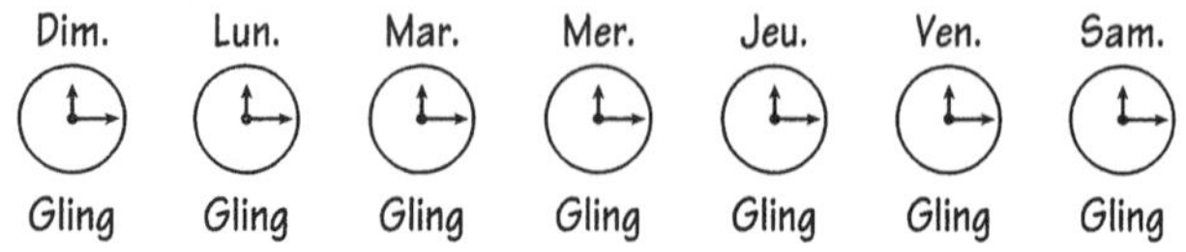

9

N'oubliez pas que c'est la main droite qui donne le rythme. Soyez intraitable avec vous même car une bonne main droite = de l'or en barre

10

Au début jouez les exercices lentement mais proprement. L'impression doit être que l'on joue ***beaucoup trop lentement.***

11

Si vos cordes sont trop éloignées du manche, le capodastre rapproche les cordes. C'est plus facile à jouer, on a moins mal aux doigts.

Voir capodastre page 9

12

Le bout des doigts doit être arrondi (sauf exception) pour que chaque corde puisse bien résonner.

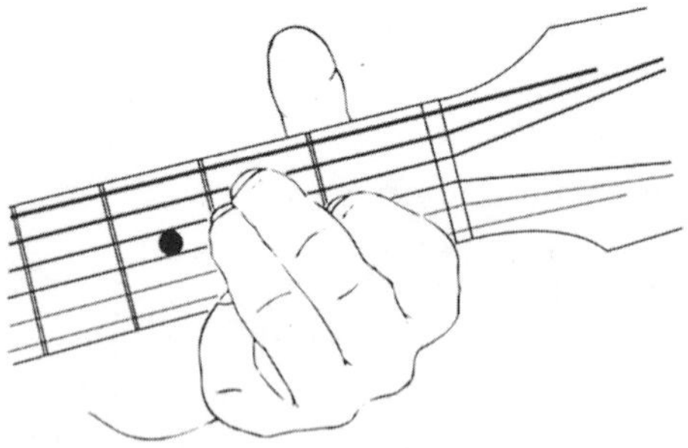

13

Les ongles de la main gauche doivent être coupés court, sinon ils gênent et l'accord sonne mal.

14

La pulpe au bout des doigts peut devenir douloureuse (surtout avec les cordes métalliques), c'est normal. Rassurez-vous au bout d'un moment une petite cale se formera et vous n'aurez plus mal. Ça fait du bien quand ça s'arrête !

Les accords

Un accord est un ensemble d'au moins trois notes jouées en même temps.

Accord

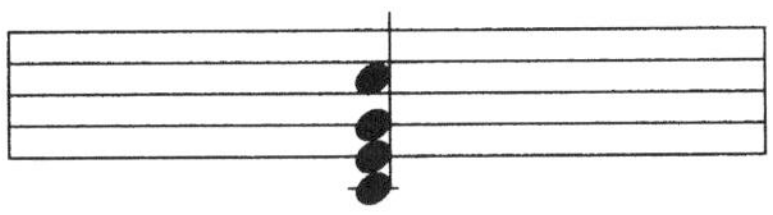

Les arpèges

Un arpège est un accord dont les notes sont jouées successivement.

Arpège

Le capodastre

Le capodastre est un accessoire qui permet de changer la tonalité d'un morceau. On garde les même position d'accord mais le son produit est différent.

RÉ Majeur

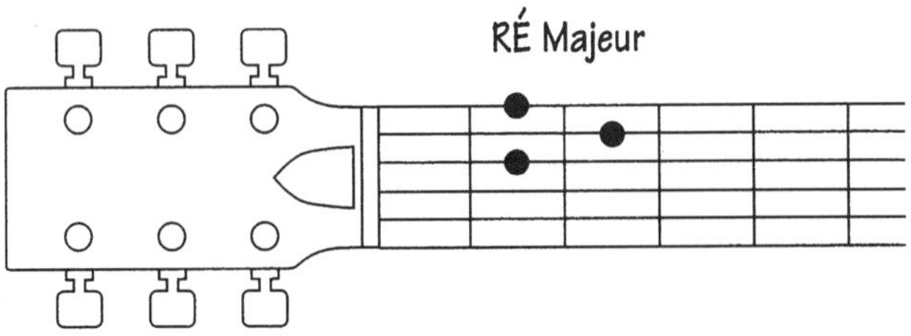

RÉ Majeur avec capodastre à la 2ème case
MI Majeur entendu

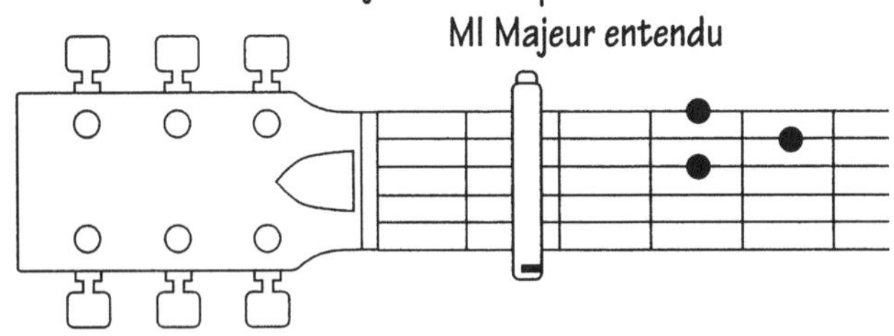

Ce système est très pratique quand on veut chanter et que la tonalité est trop haute ou trop basse.

Demi-ton

Le plus petit intervalle entre deux notes est le demi-ton.

Le dièse élève la note d'un demi-ton : Do - Do ♯ (Do - Do dièse)
Le bémol abaisse la note d'un demi-ton La - La ♭ (La - La bémol)

Une octave comprend 12 demi-tons (numérotés sur le schéma pour vous aider). Il n'y a pas de Mi ♯ (ou Fa ♭), ni de SI ♯ (Do ♭) car entre Mi - Fa et Si - Do il n'y a qu'un demi-ton.

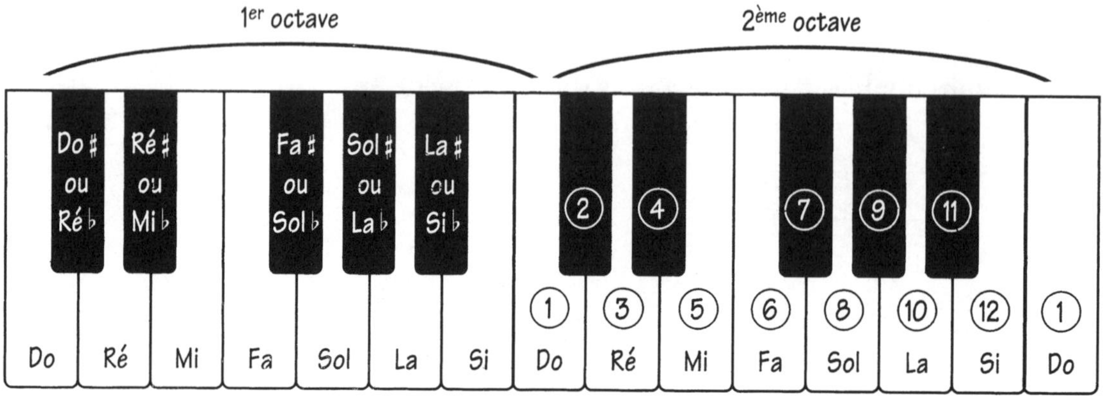

Sur le manche de la guitare une case = 1 demi-ton

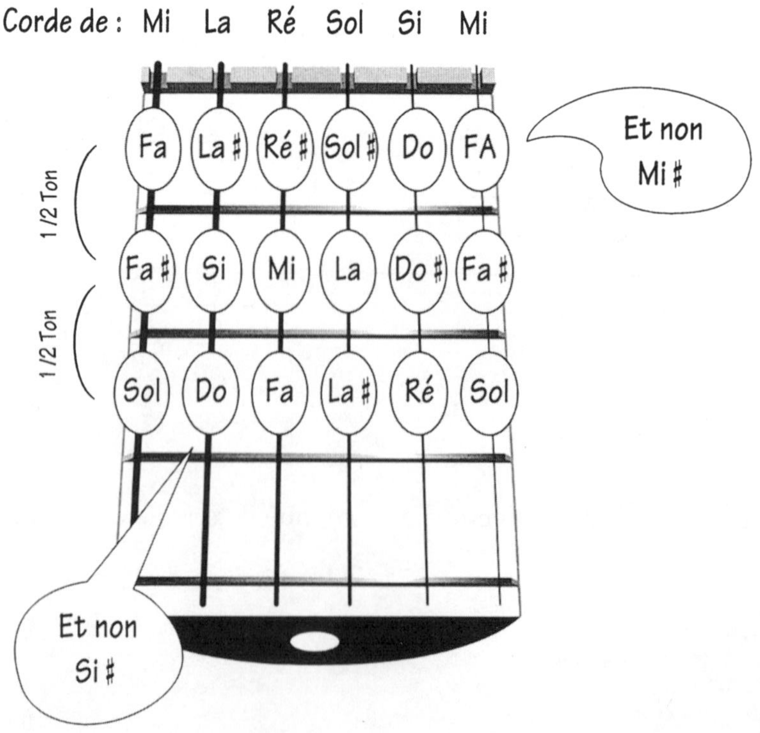

En fait en harmonie, Mi ♯ et Si ♯ existent bien : voir composition des intervalles page 98

Tableau de transposition (utilisez le capodastre)

Il est parfois utile de jouer un morceau dans une autre tonalité que celle apprise. Voici un tableau des demi-tons qui servira pour les transpositions essentielles. Sachant qu'une case est égale à un demi-ton, il suffira de bouger le capodastre d'autant de case pour changer de tonalité (voir exemple).

Tonalité d'arrivée

Tonalité de départ

	DO	DO♯ RÉ♭	RÉ	RÉ♯ MI♭	MI	FA	FA♯ SOL♭	SOL	SOL♯ LA♭	LA	LA♯ SI♭	SI
DO		1	2	3	4	5	6	7	8	9	10	11
DO♯ RÉ♭	11		1	2	3	4	5	6	7	8	9	10
RÉ	10	11		1	2	3	4	5	6	7	8	9
RÉ♯ MI♭	9	10	11		1	2	3	4	5	6	7	8
MI	8	9	10	11		1	2	3	4	5	6	7
FA	7	8	9	10	11		1	2	3	4	5	6
FA♯ SOL♭	6	7	8	9	10	11		1	2	3	4	5
SOL	5	6	7	8	9	10	11		1	2	3	4
SOL♯ LA♭	4	5	6	7	8	9	10	11		1	2	3
LA	3	4	5	6	7	8	9	10	11		1	2
LA♯ SI♭	2	3	4	5	6	7	8	9	10	11		1
SI	1	2	3	4	5	6	7	8	9	10	11	

Même position transposée de deux cases

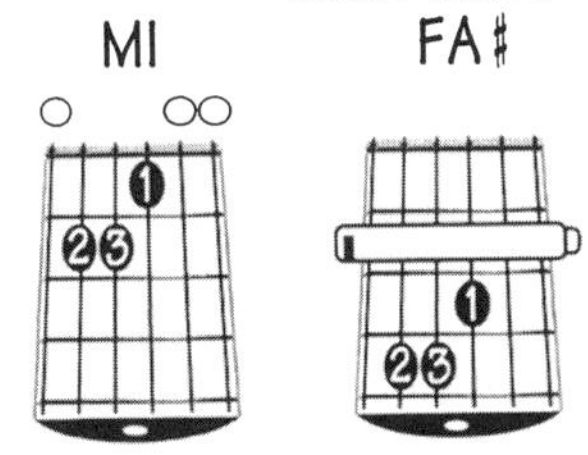

Même position transposée de cinq cases

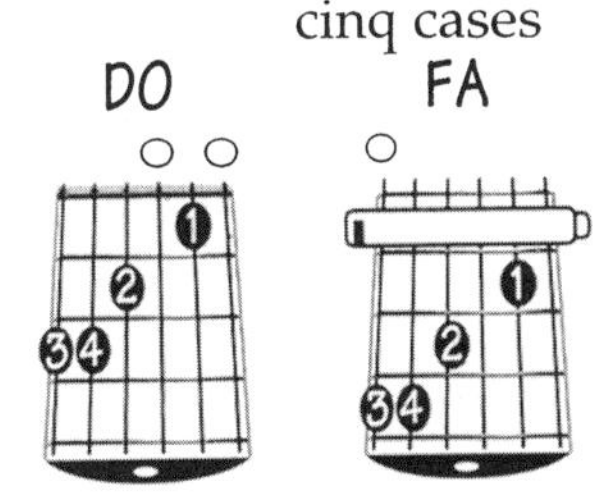

Exemple 1

Vous connaissez votre morceau en LA♭ et vous devez le jouer en DO. Votre tonalité de départ étant LA♭ et celle d'arrivé DO, la transposition d'après le tableau est de 4 demi-tons. Vous devrez donc mettre votre capodastre à la 4ème case. Vous jouerez la même position d'accord de LA♭ mais l'auditeur entendra DO.

Exemple 2

Transposer de DO en FA = 5 demi-tons : capodastre 5ème case

Exemple 3

Transposer de MI en FA♯ = 2 demi-tons : capodastre 2ème case

La grille d'accords (ou grille de mesures)

La grille d'accords est un moyen rapide et efficace pour savoir combien de temps on reste sur chaque accords. Un carré représente une mesure soit quatre temps*, un demi carré représente une demi mesure.

Dans cet exemple, la 3ème mesure est coupée en deux. Pendant que l'on compte "1, 2" on joue l'accord de RÉ sur "3, 4" on joue l'accord de LA.

"La grille" fait gagner beaucoup de temps à tout le monde lors de la mise en place d'un morceau joué à plusieurs. Afin de vous y habituer, nous l'utiliserons dans la plupart des exercices de ce livre.

* Trois temps si c'est une mesure à trois temps.

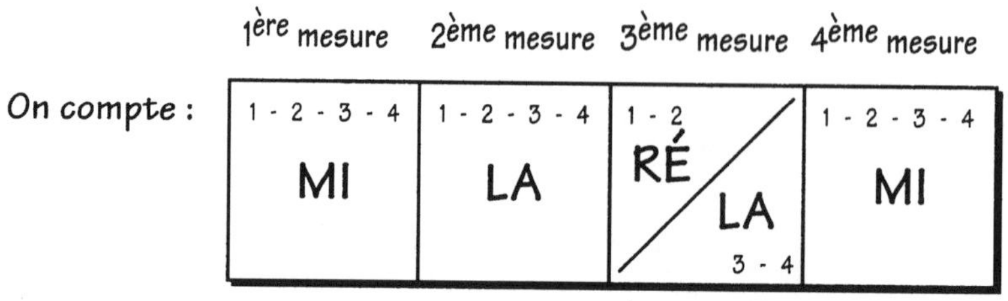

La tablature

La tablature est un système d'écriture dans lequel les notes sont représentées par des chiffres. Ce système est très accessible puisque la lecture de notes n'est plus un problème (Pffff...). Les notes se lisent de gauche à droite et les indications de rythmes sont identiques.

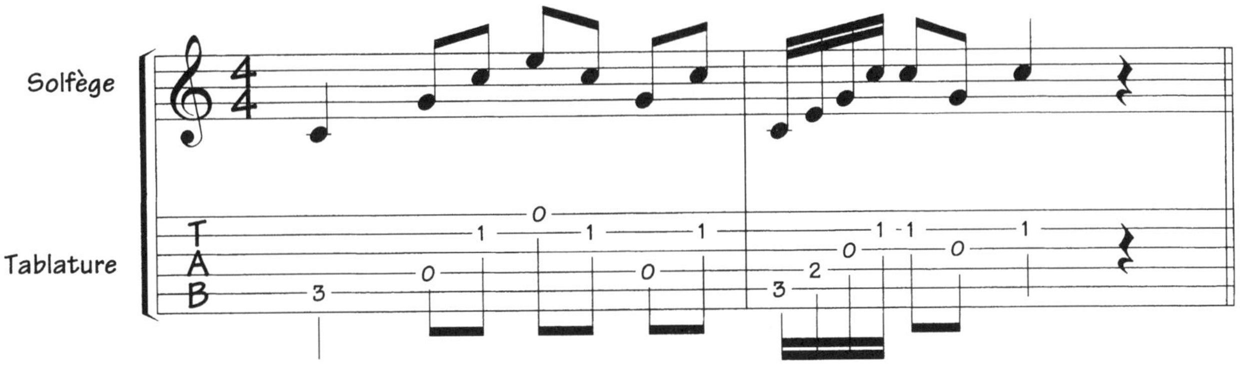

Comment lire la tablature

Les lignes représentent les six cordes de la guitare (1ère corde en haut, 6ème corde en bas).

Les chiffres représentent les numéros des cases où appuient les doigts de la main gauche.

Le chiffre zéro indique une corde jouée à vide. Cette corde est jouée par la main droite mais aucun doigt de la main gauche n'appuie sur cette même corde.

Les chiffres superposés indiquent qu'il faut jouer les notes ensemble.

Les lignes sans chiffre ne sont pas jouées.

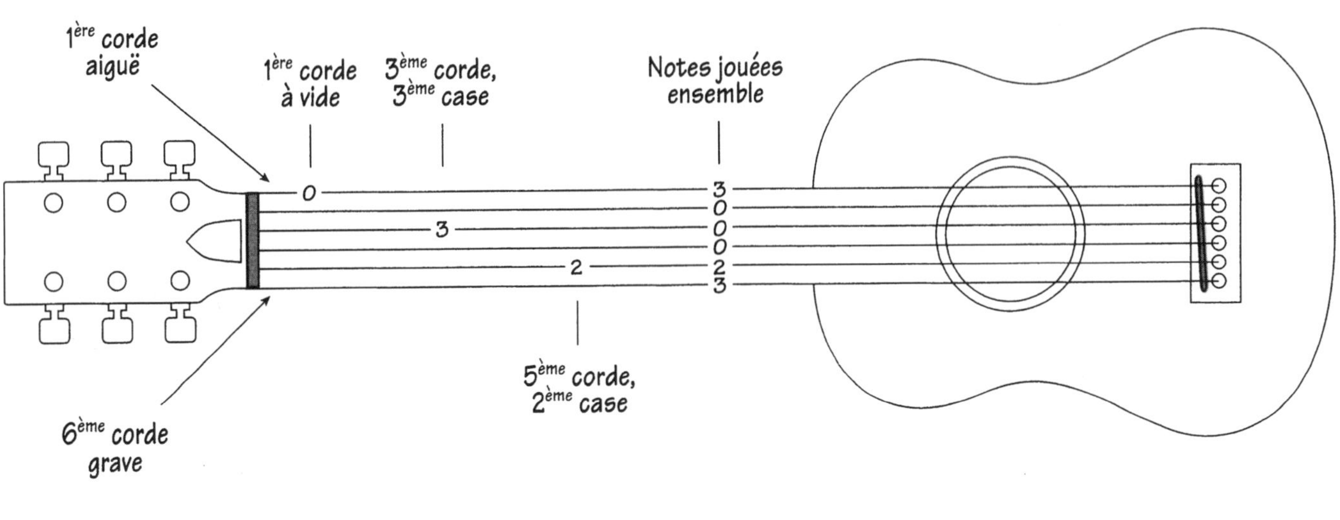

Exemple

Si le pouce de la main droite fait vibrer successivement les cordes une par une, de la plus grosse vers la plus fine, cela donne :

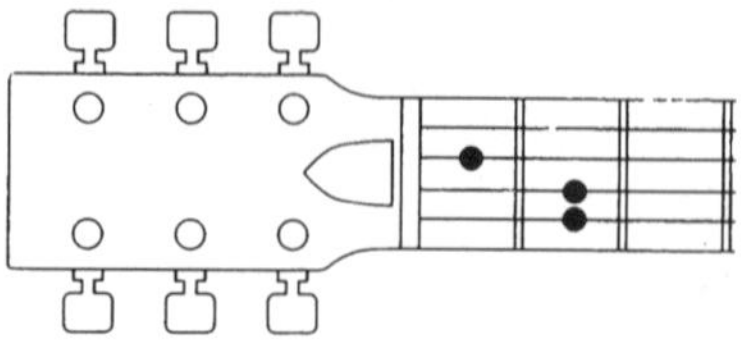

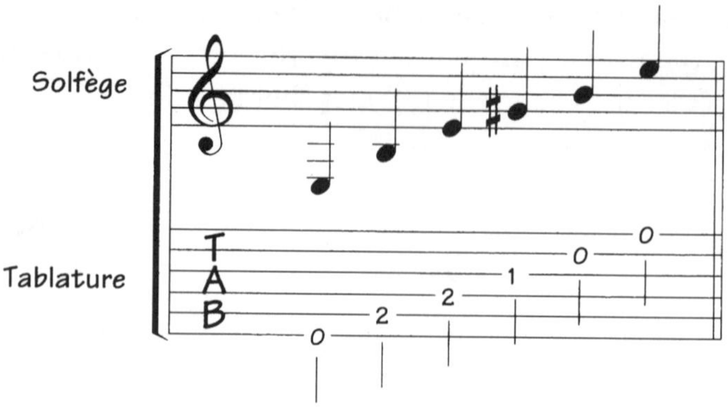

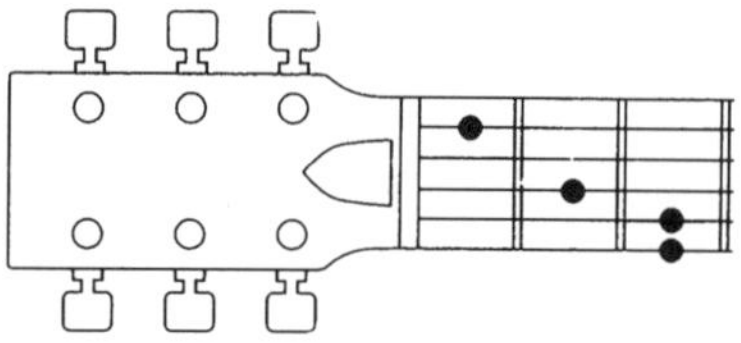

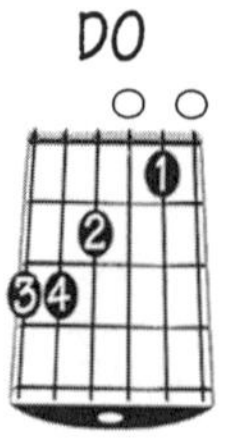

Croquis et sens des flèches sur la tablatures

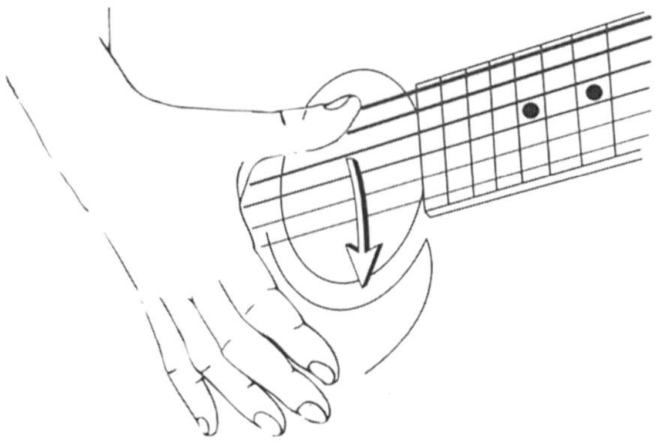

Le pouce gratte les cordes vers le bas
(de la plus grosse vers la plus fine).

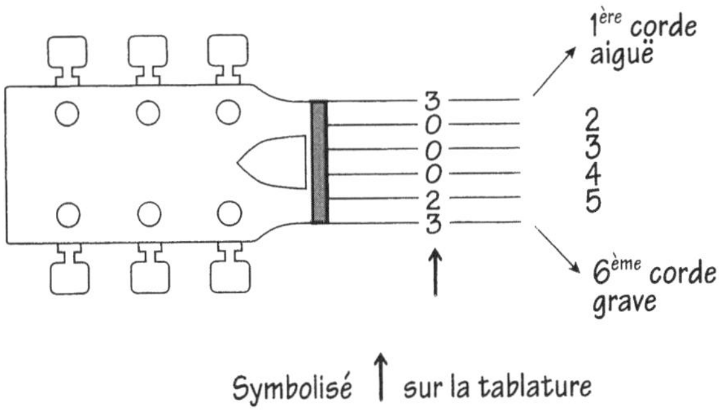

Attention !

Sur la tablature la 6ème corde est en bas. Le sens des flèches est inversé par rapport au croquis, ne vous trompez pas !

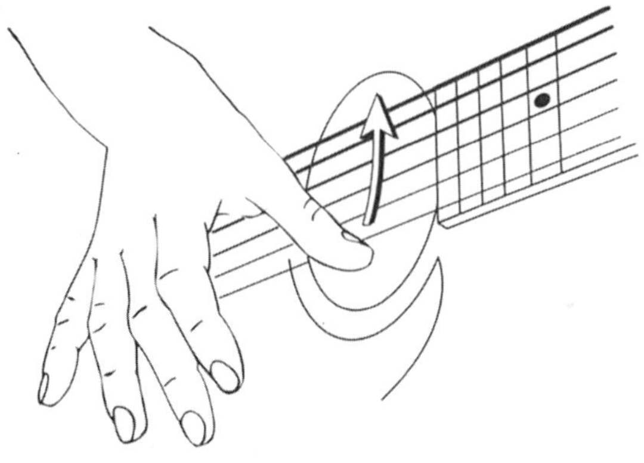

Le pouce gratte les cordes vers le haut
(de la plus fine à la plus grosse).

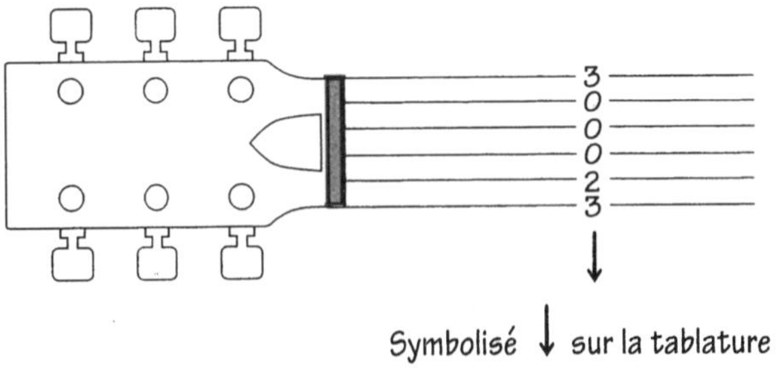

Tenue du médiator

Le médiator (fig. n°1) est une sorte de grattoir triangulaire qui peut être plus ou moins dur. Je vous conseille le médium pour l'accompagnement rythmique.

On peut tenir le médiator de plusieurs façons. Moi j'aime le tenir entre le pouce d'une part, l'index et le majeur d'autre part (fig. n°2). Je trouve que cette prise à trois doigts permet d'avoir un bon feeling et une très grande souplesse pour toutes les rythmiques en "aller et retour" (rock, reggae, funk…).

En revanche, dès lors qu'on compresse les basses en ayant la tranche de la main posée dessus (voir page 17), je préfère tenir le médiator entre le pouce et l'index (fig. n°3). La prise à trois doigts dans ces cas là étant moins pratique.

Enfin, avec un médiator, votre jeu sera plus puissant et ***vous vous abîmerez moins les doigts de la main droite.*** Par la suite, chacun ayant sa personnalité, vous tiendrez le médiator comme vous voudrez.

fig. n°1

fig. n°2

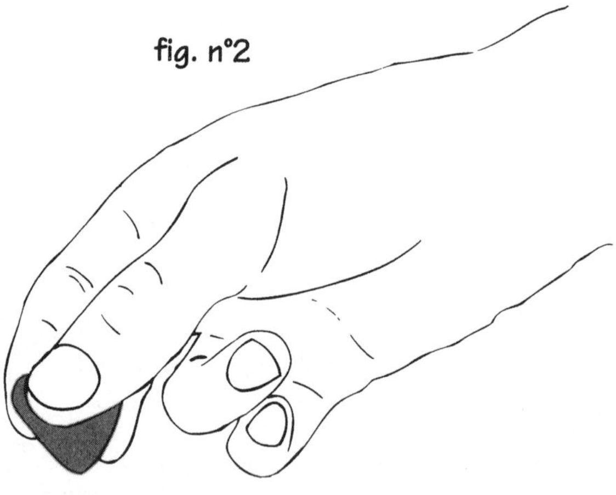

fig. n°3

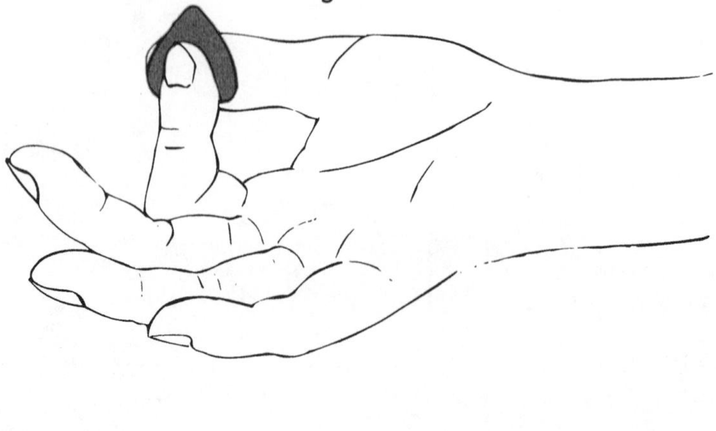

A éviter

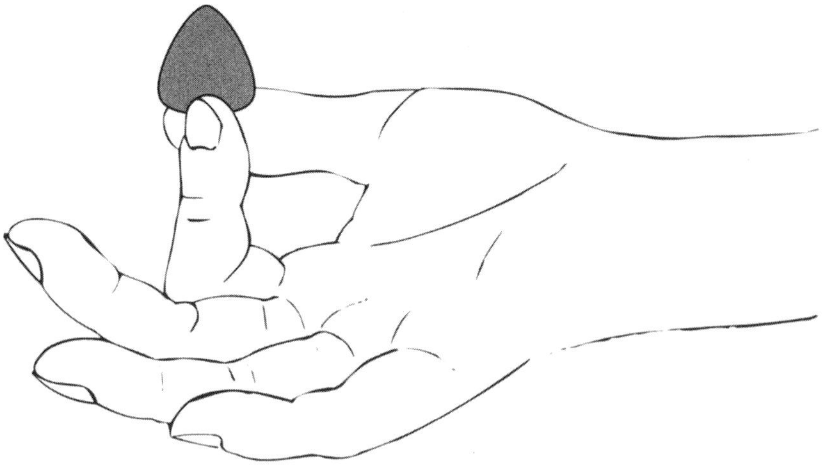

Ne tenez pas votre médiator trop vers le bord car il vous échappera de la main très vite.

A préférer

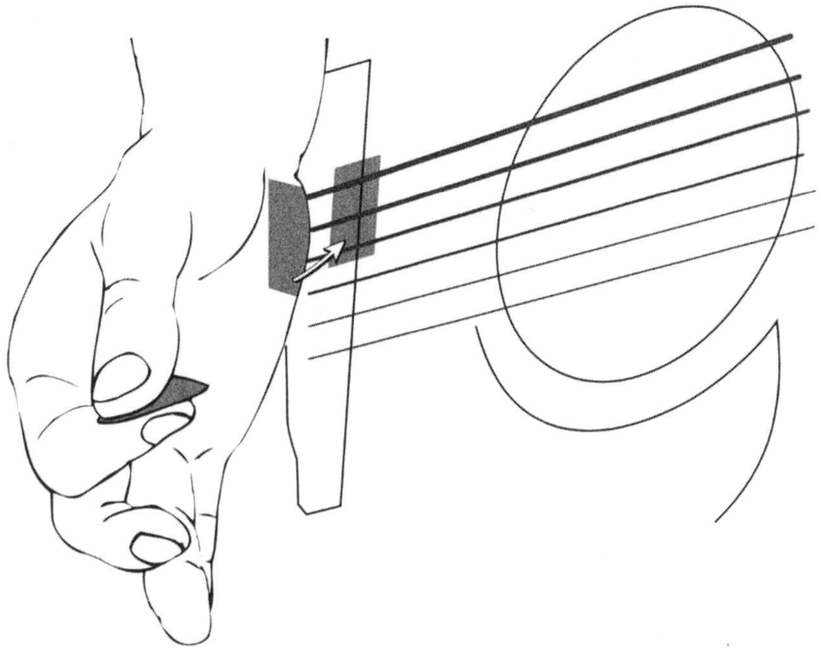

Tenez le plus au milieu, votre jeu sera plus puissant et votre médiator ne tombera pas.

Les rythmiques de base

(passe partout !)

Après avoir vu quelques généralités, attaquons notre première rythmique "passe partout" qui devrait vous donner rapidement (15 jours) quelques satisfactions. Pour ce faire, je vous propose quelques exercices faciles et par la suite des plans "hyper connus" qui contribueront à mieux fixer votre attention et vous permettront vite de ressentir une certaine "émotion". Le but de cette méthode (ne l'oublions pas) étant de vous faire découvrir rapidement les joies de la guitare.

En ce qui concerne les rythmiques 1 et 2, je vous conseille de les travailler un ***"maximum"***. Elles sont tellement faciles à placer çà et là que ça vaut vraiment la peine. Le résultat est simple, efficace et finalement, on peut le dire, assez spectaculaire. Quoiqu'il en soit pour obtenir de "super" résultats, travaillez tous ces exercices ***"len-te-ment et ré-gu-liè-re-ment"***. La vitesse viendra après !

Enfin n'oublions pas que la guitare se joue à deux mains. Entraînez-vous à bien passer les accords avec la main gauche, mais, attention, ***ne négligez surtout pas la main droite*** car c'est elle qui donne le rythme, la pulsion, le feeling en quelque sorte : ***c'est capital.*** Beaucoup de débutants abandonnent (plus ou moins consciemment) à cause de leur main droite inexistante et c'est bien dommage. Malgré tout, j'espère que les rythmiques qui suivent vous feront passer de bons moments. Alors prenez votre guitare et amusez-vous bien.

Rythmique n° 1 sans médiator

Accompagnement de chansons variété, jazz, rock, folk...

A : les cordes résonnent
Le pouce gratte les cordes vers le bas. En travaillant lentement on fera bien résonner toutes les cordes une par une.

B : les cordes sont étouffées
Les doigts se déplient ***tous en même temps***, frappent les cordes énergiquement et précisément au même instant, la tranche de la main se plaque énergiquement contre les cordes.

Voir le chapitre "défauts rencontrés" p. 29.

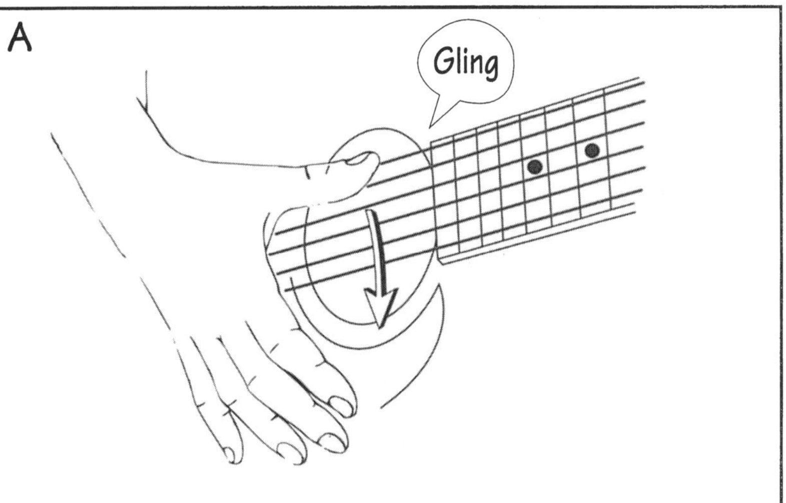

Le pouce gratte les cordes vers le bas
(bien faire sonner les cordes).

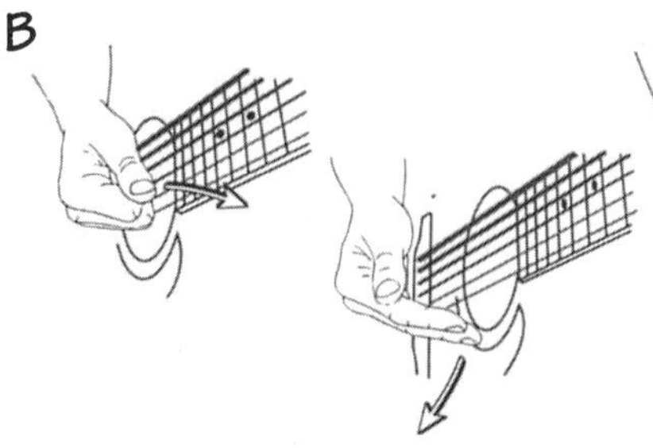

Les doigts se déplient tous en même temps. En se dépliant très énergiquement ils grattent les cordes.

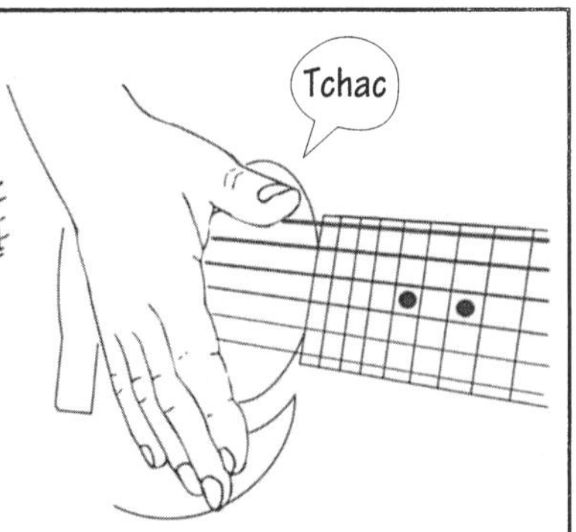

Précisément au même instant, *la tranche de la main* se plaque énergiquement contre les cordes et les empêche de résonner. Les cordes sont étouffées, on ne doit entendre qu'un seul et unique bruit de percussion : TCHAC !

Rythmique n° 1 avec médiator (jeu plus puissant)

Accompagnement de chansons variété, jazz, rock, folk...

La pointe du médiator gratte les cordes vers le bas. En travaillant lentement on s'appliquera à bien faire résonner toutes les cordes.

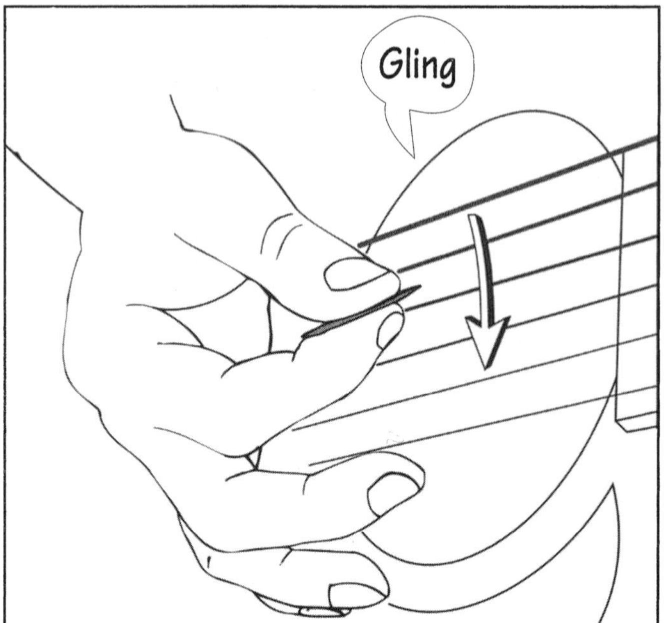

Les cordes résonnent

Le médiator gratte à nouveau les cordes vers le bas mais dans la foulée ***la tranche de la main droite*** se plaque énergiquement contre les cordes. On doit n'entendre qu'un seul et unique bruit de percussion.

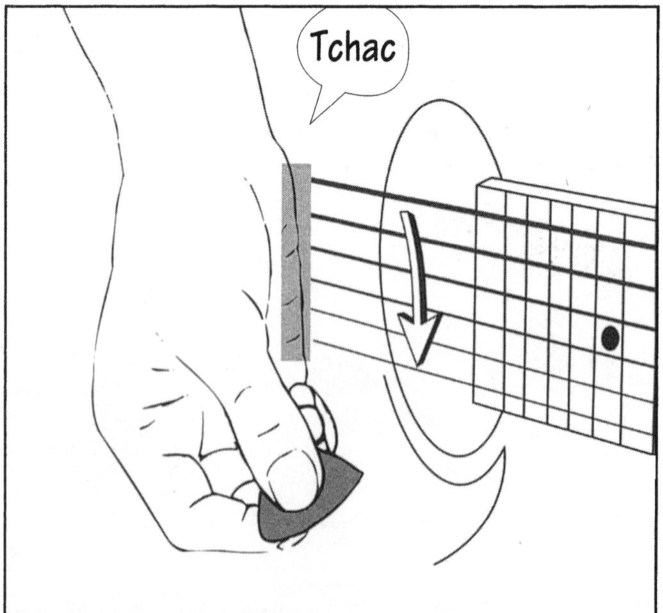

Les cordes sont étouffées

Le jeu au médiator permet un jeu plus puissant et vous abime moins les doigts de la mains droite. Pour les rythmiques, un médiator médium (71 mm) ni trop dur, ni trop mou me semble bien. Ce dernier est tenu entre le pouce, l'index et le majeur. Cette prise à trois doigts que je vous recommande vous donne une plus grande souplesse dans les rythmiques. Voir tenue du médiator p. 16.

Niveau 1

Rythmique n° 1

La noire ♩ = une note par temps

À chaque fois que l'on compte 1, 2, 3, 4 on constitue ce que l'on appelle une mesure. Ici ce sera une mesure à quatre temps, que l'on indique à l'aide des signes :

4/4 ou C

La mesure sert de repère ("on reprend à la 2ème mesure") et cela vous rendra bien service quand vous jouerez à plusieurs (voir grilles de mesures p.12).

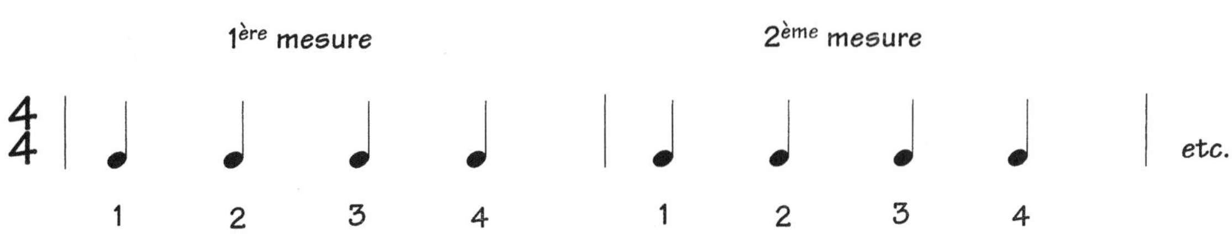

Exercice n° 1

01 **Inspiration : Blues**

MI	MI	MI	MI

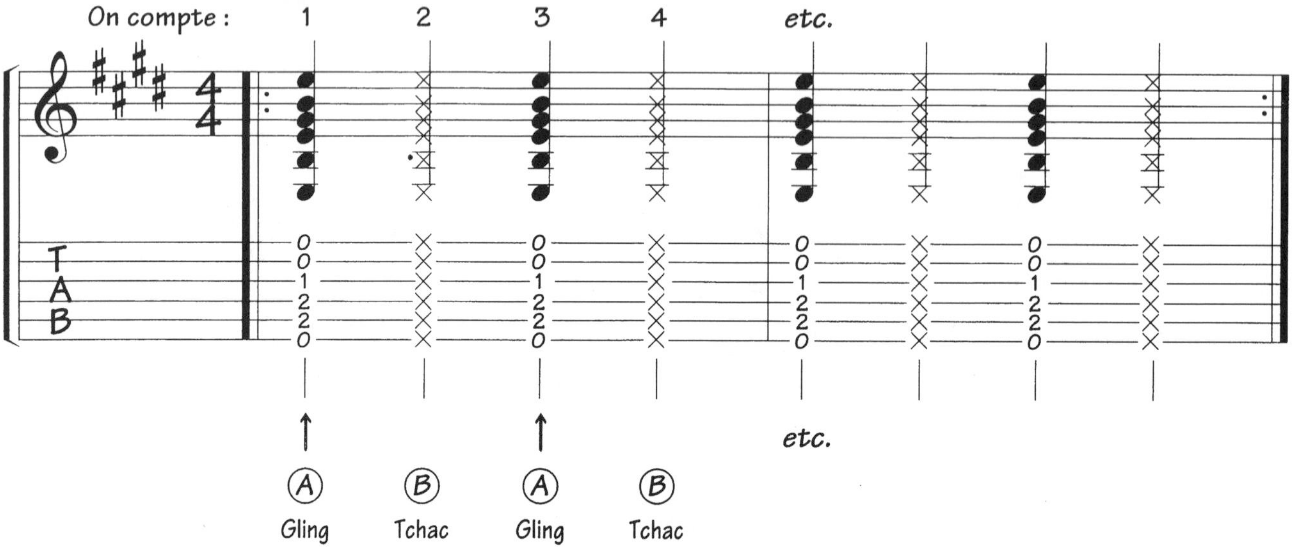

Veillez à bien faire sonner l'accord sur le 1er et le 3ème temps. Par opposition, bloquer énergiquement les cordes avec la tranche de la main droite sur les 2ème et 4ème temps de chaque mesure.

Exercice n° 2

02 **Inspiration : Antoine**

MI	LA	SI 7	MI

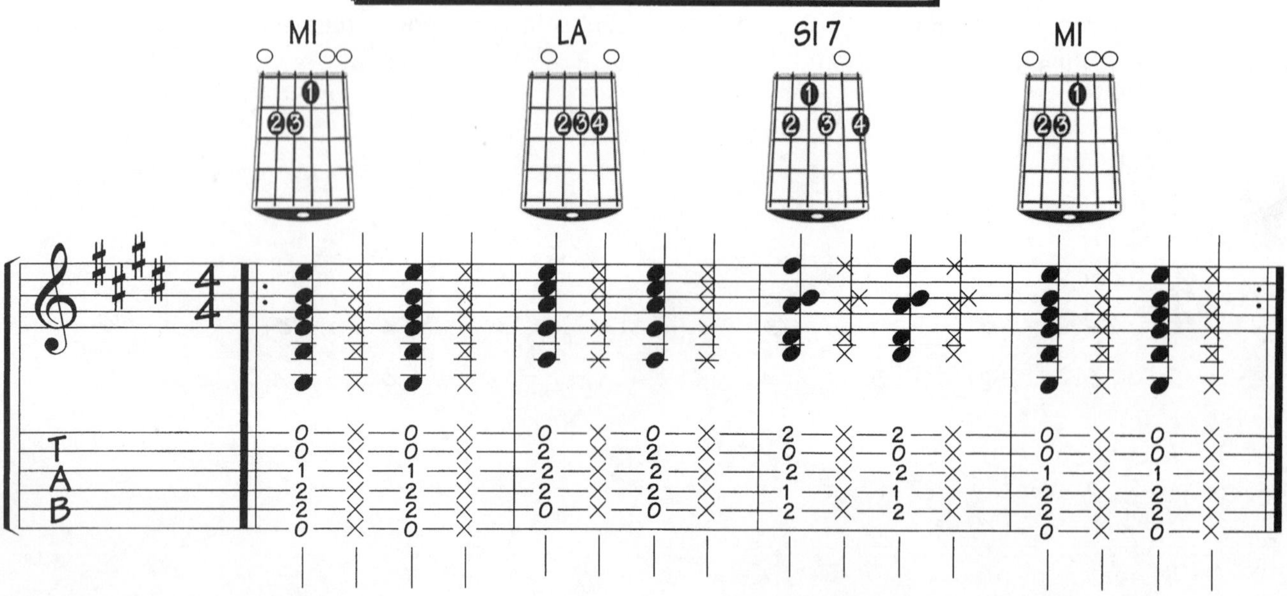

Exercice n° 3

03

Inspiration : **Balavoine**

MI	LA	RÉ	MI

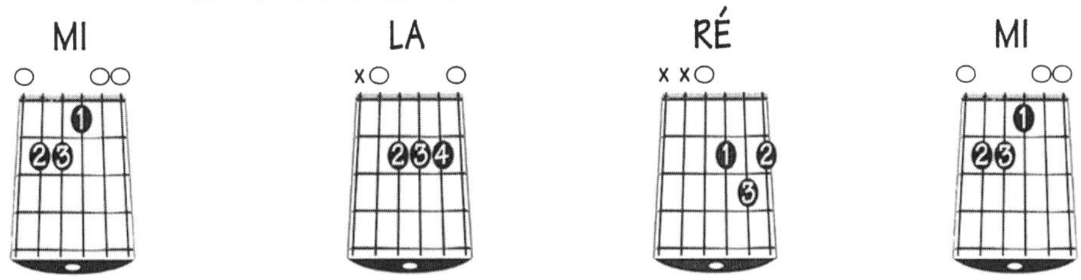

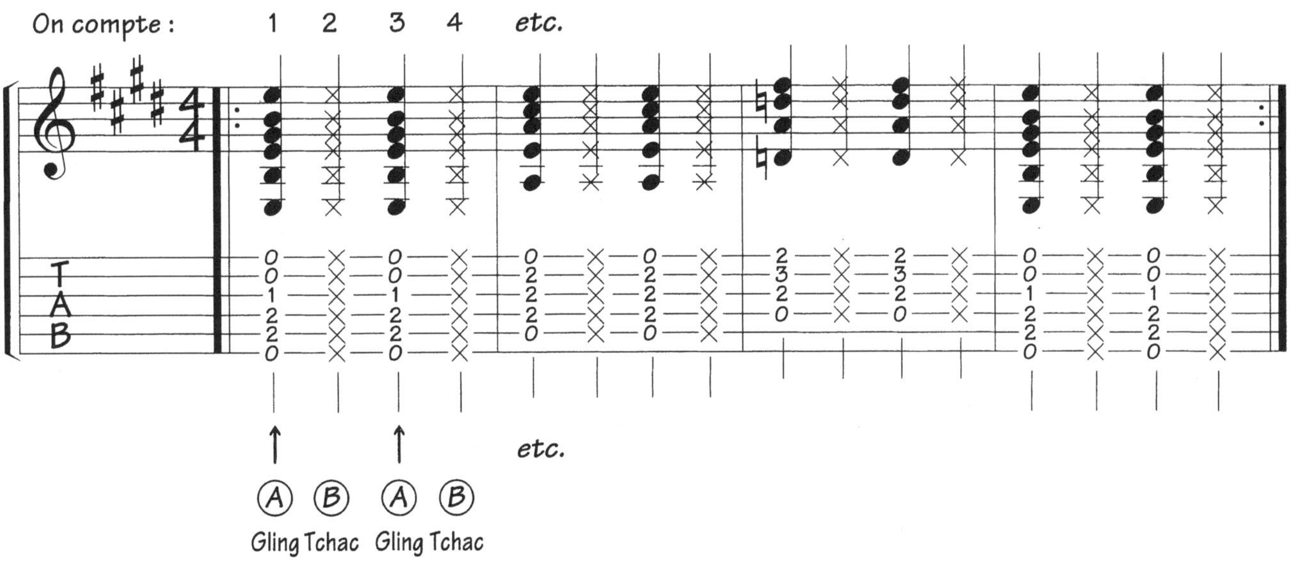

Exercice n° 4

04 **Inspiration : Polnareff**

MI	LA	RÉ / LA	MI

Attention la 3ème mesure est coupée. Sur le 1er et 2ème temps on joue l'accord RÉ, sur le 3ème et 4ème temps on joue l'accord LA.

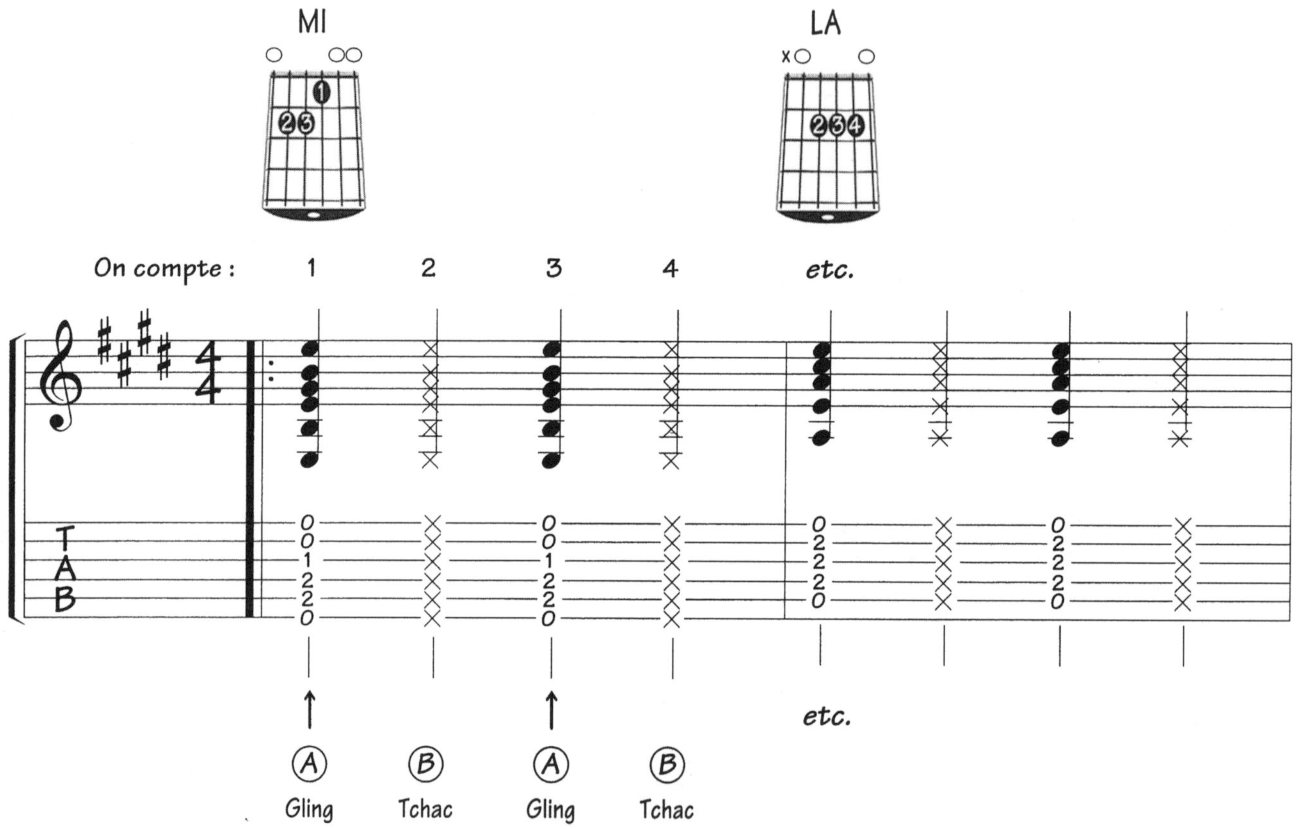

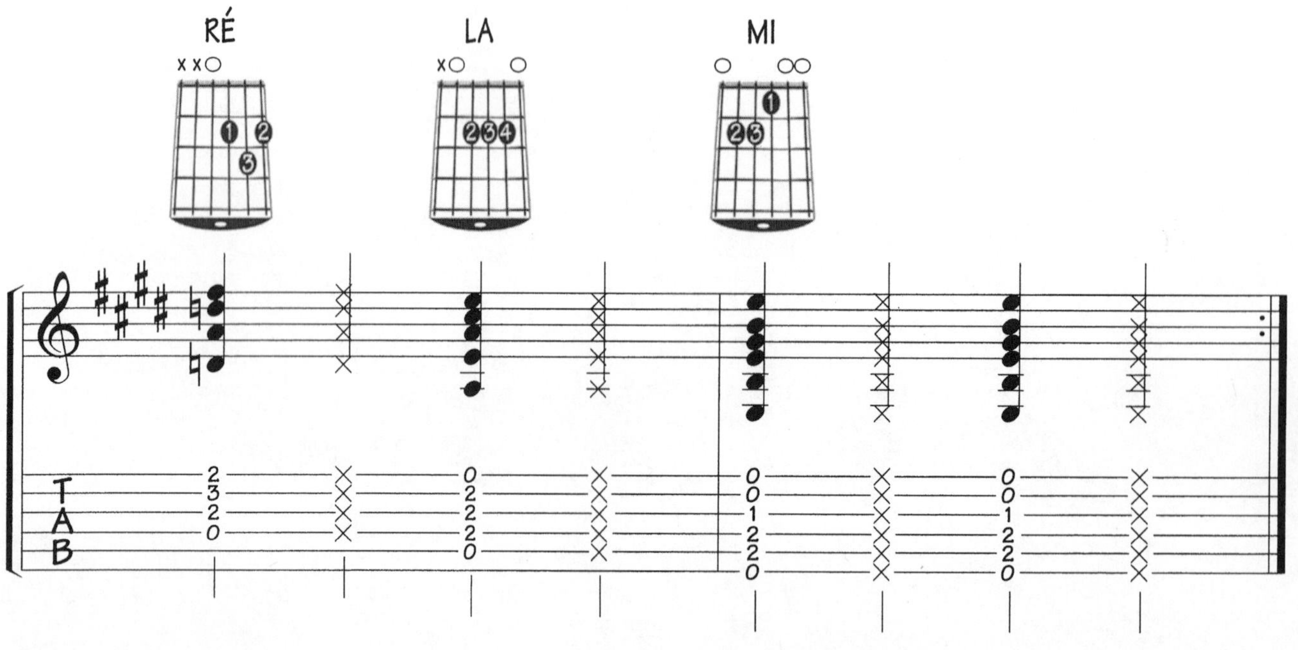

Exercice n° 5 — 05 — Inspiration : Rock - Dutronc - Années 60

RÉ / LA	MI	RÉ / LA	MI

Attention au changement d'accord RÉ / LA en demi-mesure.

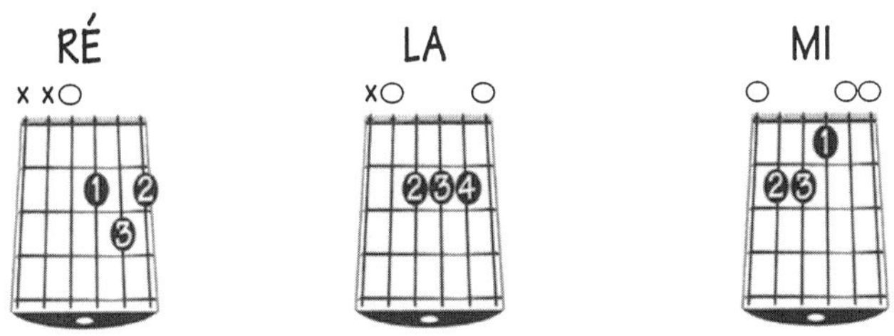

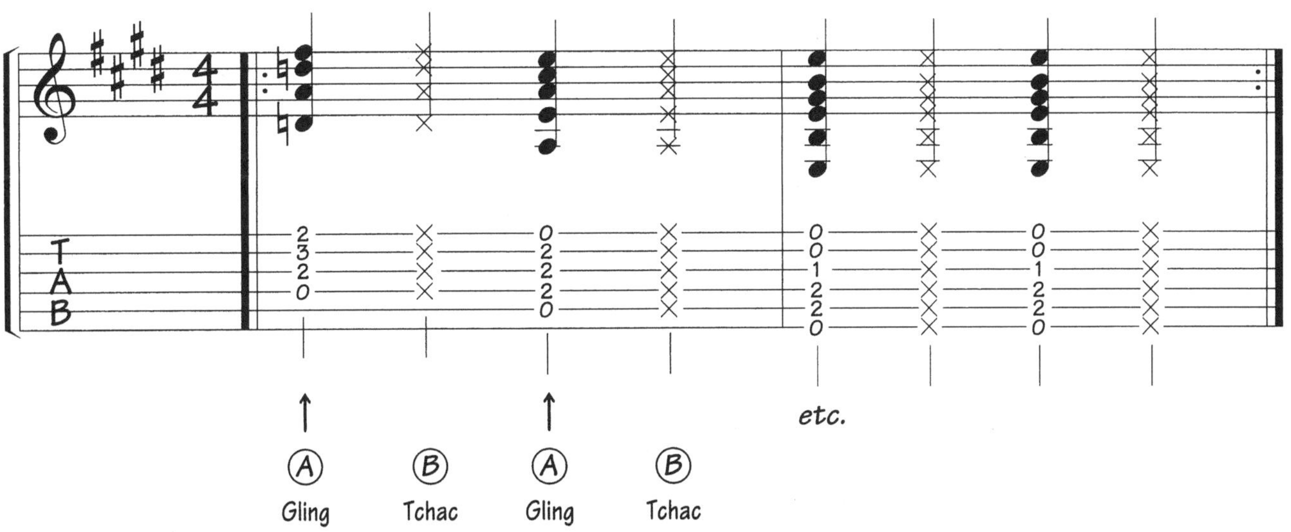

Exercice n° 6 06

Inspiration : Rock - Blues Brothers Rolling Stones

MI / LA	RÉ / LA	MI / LA	RÉ / LA

Changement d'accord toutes les demi-mesures, ça va vite : il ne faut pas traîner. Bien exécuté cet exercice sera du meilleur effet. On se croirait sur scène avec les Blues Brothers non ? À moins que vous ne préfériez les Rolling Stones…

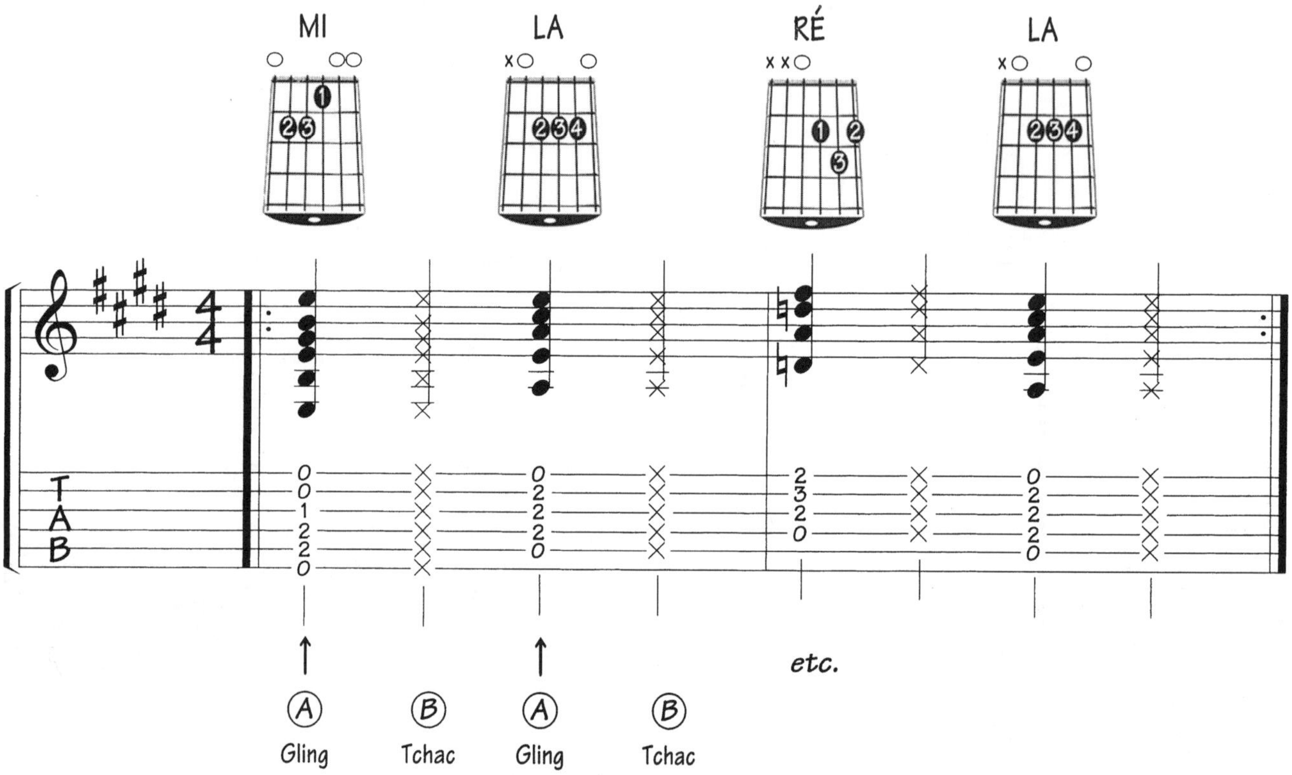

Les barrés

L'index appuie en même temps sur toutes les cordes. Ce n'est pas facile au début, mais au bout de quelques temps on y arrive.

Les doigts et le pouce serrent le manche comme les mâchoires d'un étau. Le pouce doit être à peu près au milieu du manche et plutôt vertical, pas trop haut, pas trop bas. La main, elle aussi, doit être quasiment perpendiculaire au manche et non oblique.

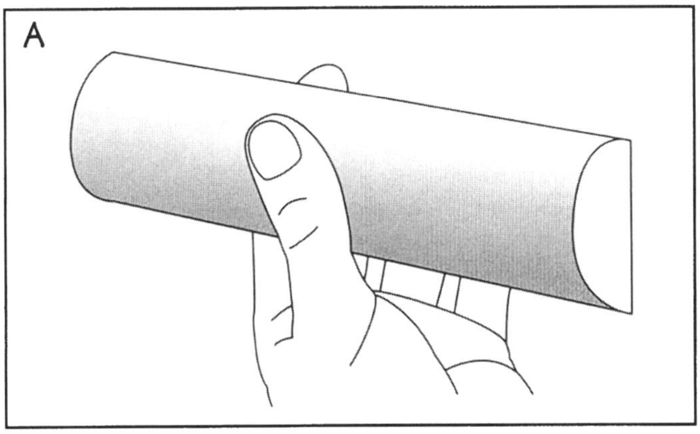

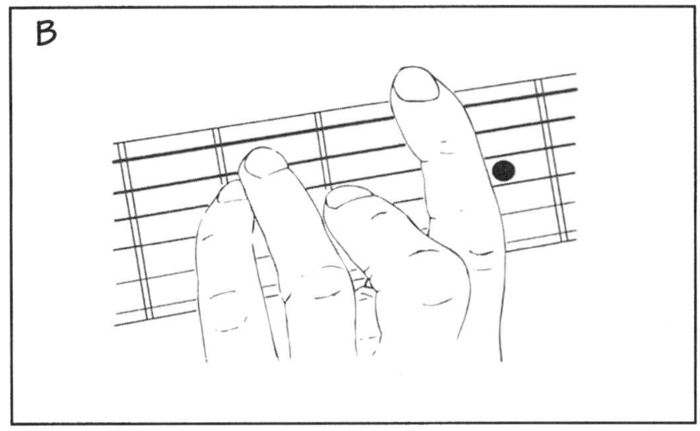

Exercice n° 7 — 07 — Inspiration : Rock - Ray Charles

Voici une descente typique de LAm pour arriver sur MI. Le barré du FA est un peu crispant mais courage : on finit par y arriver.

LA m / SOL	FA / MI	LA m / SOL	FA / MI

N'oubliez pas :

1er et 3ème temps : bien faire résonner l'accord. 2ème et 4ème temps : bien étouffer le son en bloquant les cordes. N'inversez pas les temps.

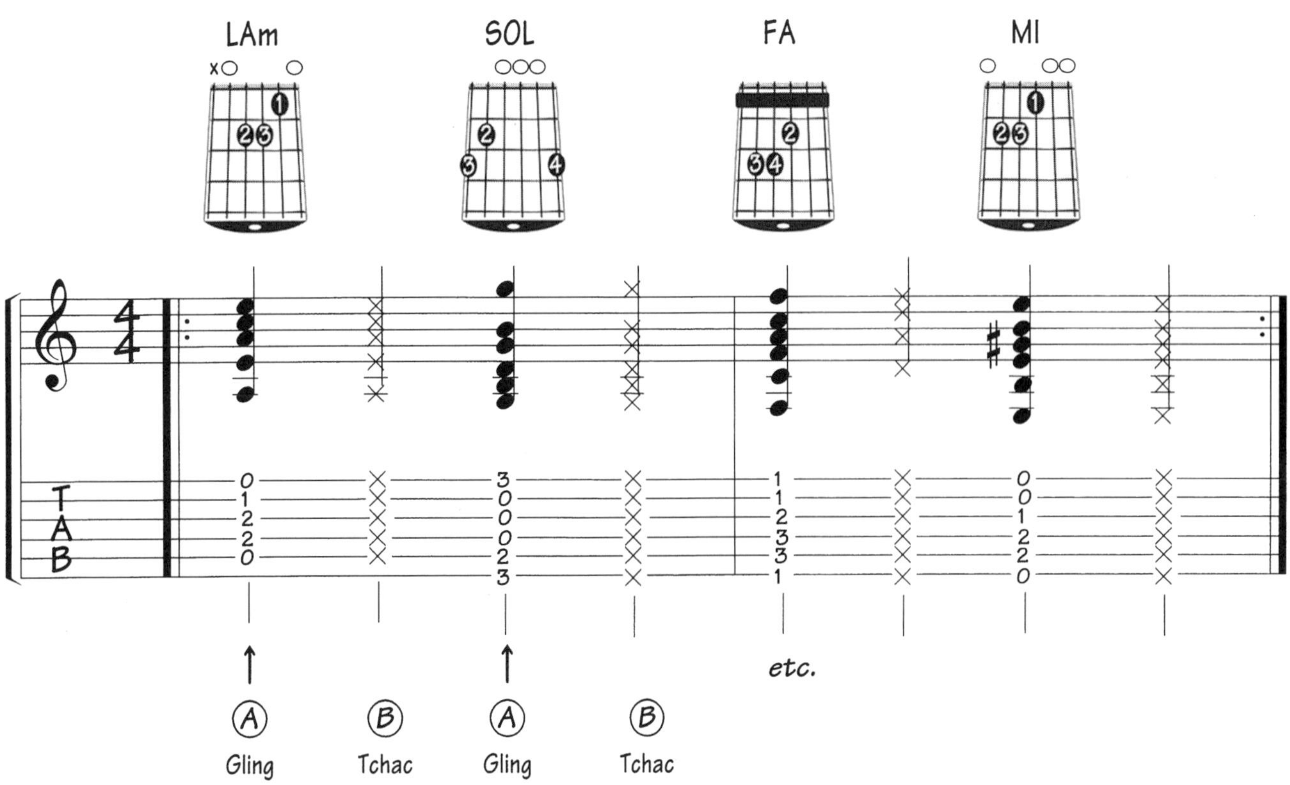

Exercice n° 8 — 08 — Inspiration : Blues typique

Grille de blues en MI majeur (12 mesures)

Vous voici livré à vous même. Rien d'autre que la grille d'accords pour vous repérer. On compte 1, 2, 3, 4 pour chaque mesure : d'abord tout fort, puis mentalement et enfin plus du tout. On n'a plus qu'à se laisser bercer par le blues. Essayez de sentir la progression d'accords qui est on ne peut plus typique. Ceux qui n'ont pas le courage de repasser par SI 7 à la dernière mesure, peuvent rester sur l'accord de MI.

1 - 2 - 3 - 4 MI	1 - 2 - 3 - 4 MI	etc. MI	MI	LA	LA
MI	MI	SI 7	LA	MI	SI 7 ou (MI)

MI

LA

SI 7

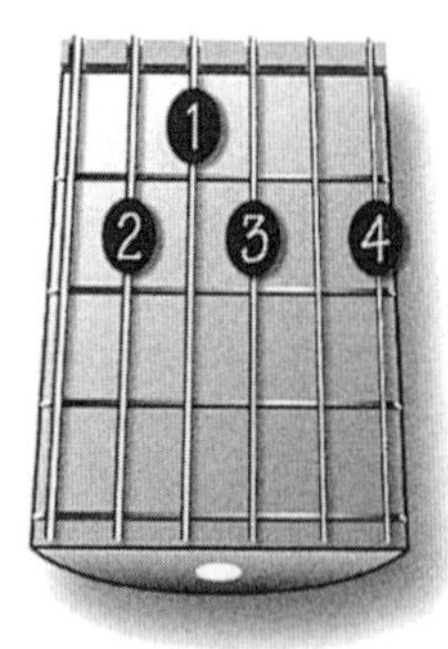

Rythmique n° 1

Défauts rencontrés

1 – Trop de précipitation : jouez lentement et régulièrement.

2 – La première étape souvent ne sonne pas. Faites un bel accord, qu'on vous entende que diable ! Pas un vague petit coup de patte timide. Dans un premier temps n'ayez pas peur de bien faire résonner les cordes une par une.

3 – L'erreur quasi universelle se trouve à la 2ème étape. Les doigts frappent les cordes, puis, plus tard, la main étouffe les cordes. Arrghh ! Nooonn… La tranche de la main droite étouffe ***tout de suite*** les cordes. Aucun décalage ne saurait être toléré. On doit dans cette 2ème étape entendre "Tchac" et c'est tout. Ecoutez bien les exercices pour vous rendre compte.

4 – Souvent l'accord n'est pas bien étouffé par la main droite et le son passe encore (2ème étape). Encore une fois, tout est dans la percussion : un "Tchac" sinon rien !

5 – Les doigts se déplient tous en même temps lorsqu'ils viennent frapper les cordes et non les uns après les autres.

6 – Le pouce gratte les cordes trop haut sur le manche. Grattez les cordes à la hauteur de la rosace (le trou) comme indiqué sur le dessin A p. 19 votre accord sonnera mieux et plus fort.

7 – Pas assez d'opposition Gling/Tchac. Les deux doivent être bien nets et non pas précipités l'un sur l'autre. Laissez du temps entre les deux au début.

Voici l'essentiel des défauts que l'on constate régulièrement. Sachant qu'un homme averti en vaut deux, il sera plus facile de corriger vos défauts. Rendez-vous dans un mois. **Succès GA-RAN-TI !**

Niveau 2

Rythmique n° 2

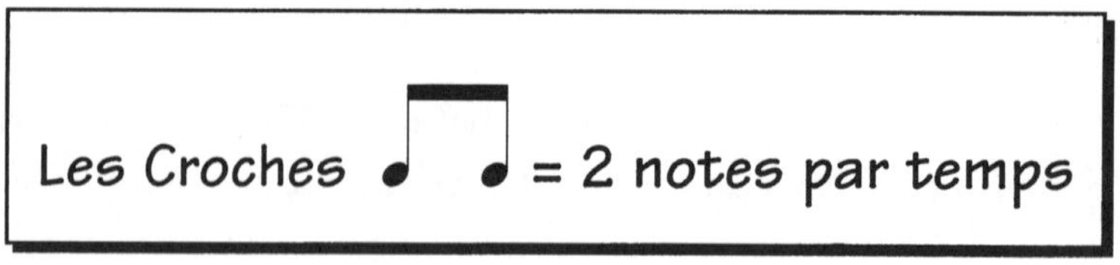

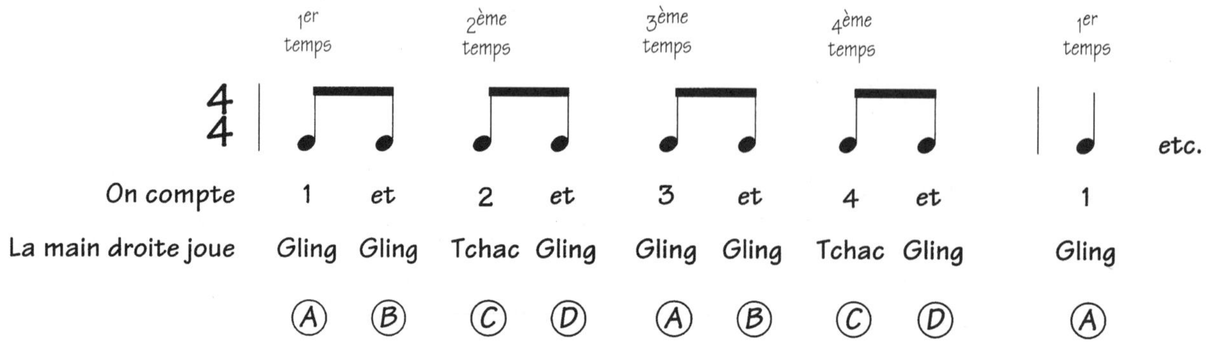

Deux notes par temps. On intercale "et" entre chaque chiffre et on compte bien régulièrement. Cela donne 1 et 2 et 3 et 4 et 1 etc.

Le chiffre est dit sur le temps, le "et" est à contretemps.

Si par exemple avec les noires (une note par temps) on entendait un son toute les seconde, avec les croches on entendra un son toutes les demi-secondes.

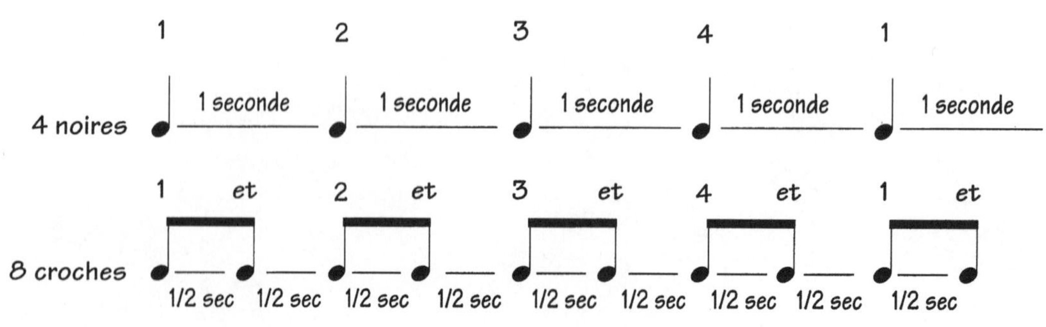

Rythmique N° 2 sans médiator (passe partout)

Accompagnement jazz, rock, folk et swing

A

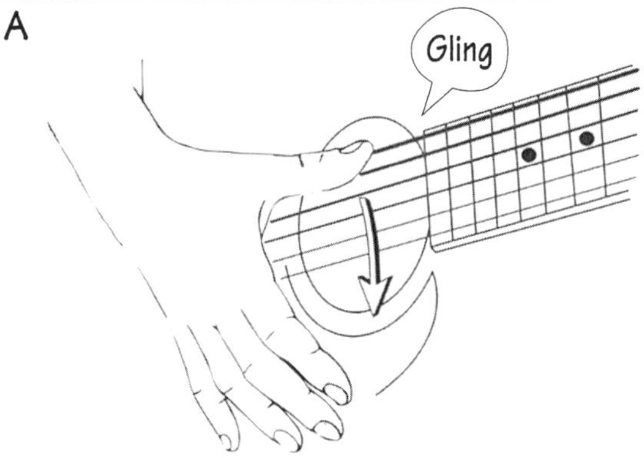

Le pouce gratte les cordes vers le bas
(bien faire sonner les cordes).

B

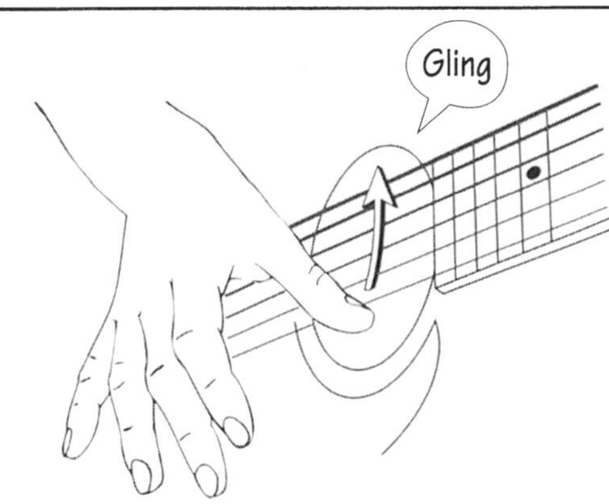

Le pouce gratte les cordes vers le haut.

C

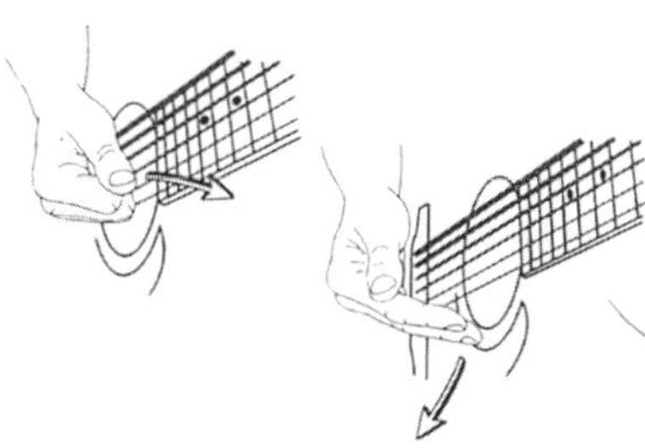

Les doigts se déplient tous en même temps. En se dépliant très énergiquement ils grattent les cordes.

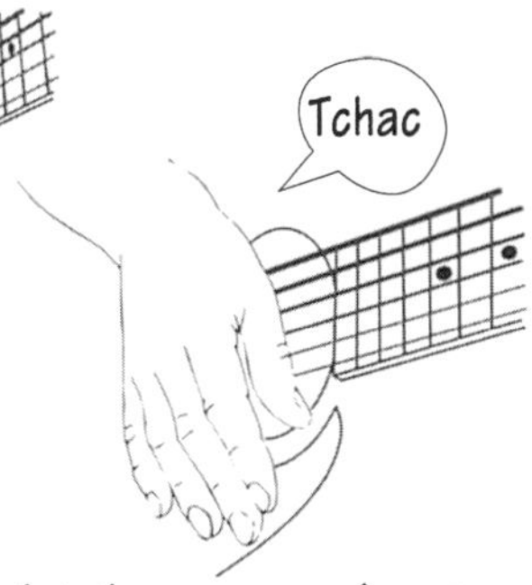

Précisément au même instant, *l'intérieur du pouce* se plaque énergiquement contre les cordes. *Il est pointé vers le bas* prêt à remonter à l'étape suivante. Les cordes sont étouffées, on ne doit entendre qu'un bruit de percussion : Tchac.

D

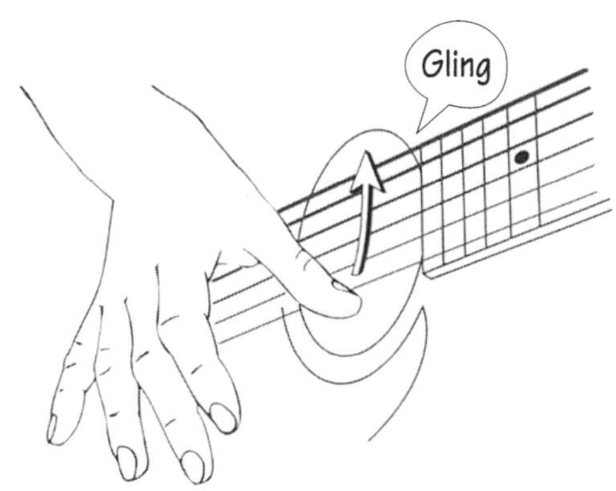

Le pouce gratte les cordes vers le haut :
ne pas oublier cette étape.

Bien maîtrisée, cette rythmique vous apportera beaucoup de satisfaction car elle est ***très efficace*** et ***passe partout***. À travailler lentement au début en préférant la qualité du jeu plutôt que la vitesse. Faites un bel accord bien puissant quand le pouce gratte les cordes vers le bas (A). Etouffez bien les cordes (C) et n'oubliez pas la dernière étape (D) où le pouce remonte car ***beaucoup l'oublient***.

Rythmique N° 2 avec médiator (passe partout)

Accompagnement jazz, rock, folk et swing

A

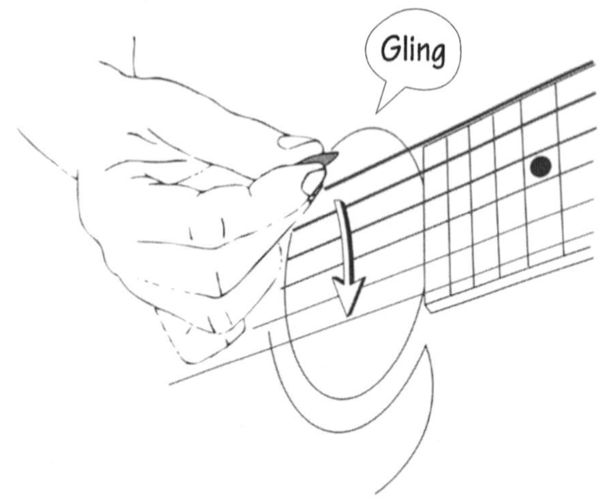

La pointe du médiator gratte les cordes vers le bas.

B

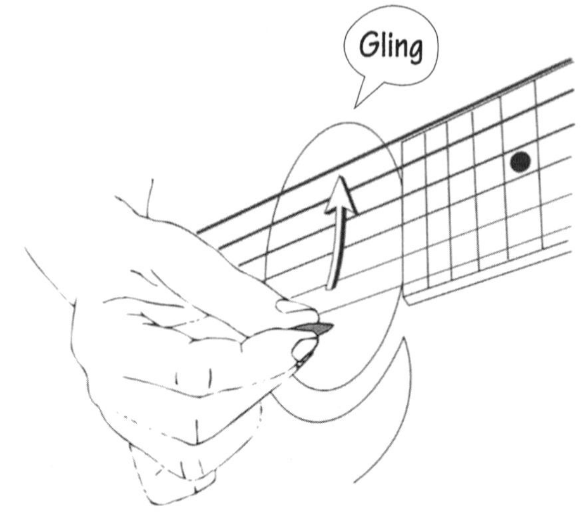

La pointe du médiator gratte les cordes vers le haut.

C

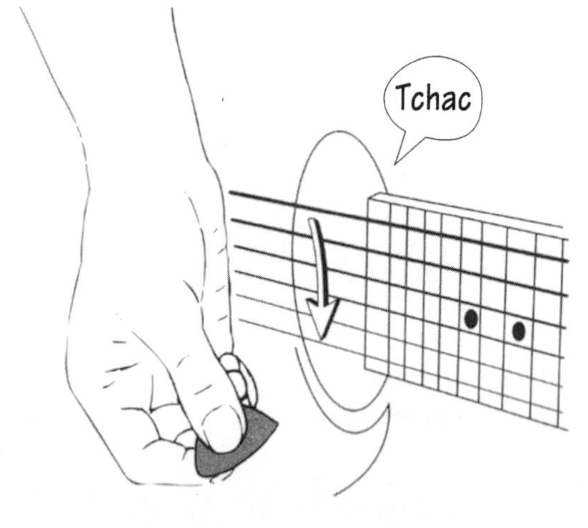

La pointe du médiator gratte les cordes vers le bas. Dans la foulée la tranche de la main se plaque énergiquement contre les cordes. Les cordes ne doivent plus du tout résonner.

D

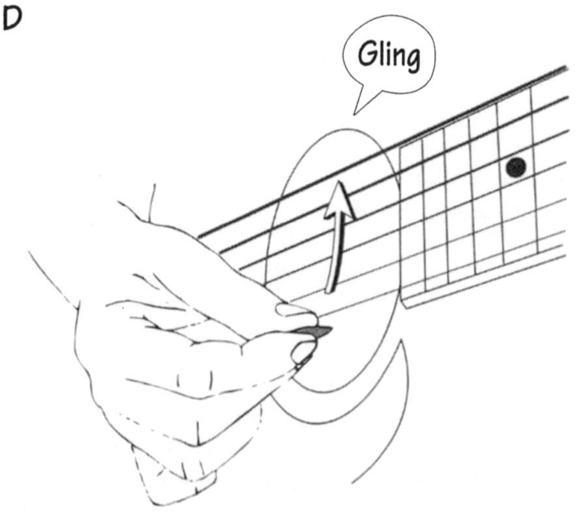

La pointe du médiator gratte les cordes vers le haut : *ne pas oublier cette étape.*

MI	MI	MI	MI

MI

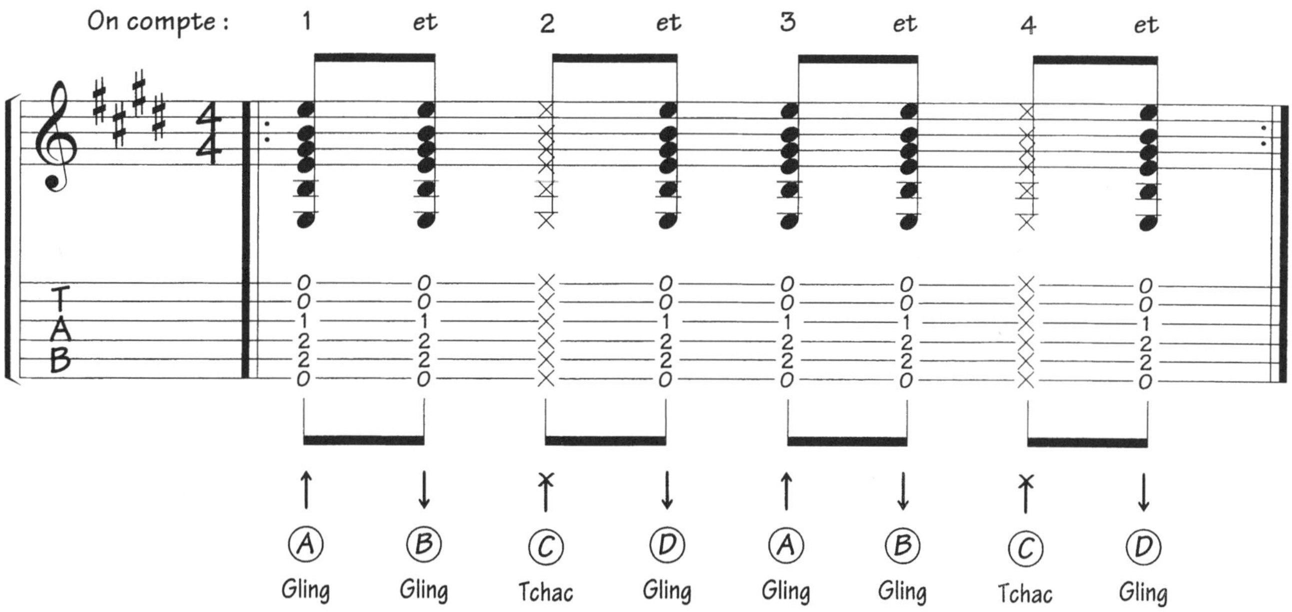

Attention cette rythmique est très importante et vous donnera, j'espère, beaucoup de satisfaction.

L'erreur classique consiste à bloquer les cordes (Tchac) sur le 1er et le 2ème temps. C'est bien sur le 2ème et le 4ème temps qu'on doit le faire. Très souvent aussi on oublie de gratter les cordes en remontant le pouce sur le "et" après le 4ème temps. N'oubliez pas sinon la rythmique devient bancale.

Enfin vu que cette rythmique est très "passe partout", je vous conseille de la travailler avec le plus grand soin. Elle vous permettra d'accompagner les chansons d'un grand nombre de chanteurs tels que Dylan, Mc Cartney, Goldman, Stones, Beatles, Dire Straits, etc.

Travaillez cette rythmique avec ou sans médiator, les deux façons ayant leur charme et leur intéret : plus "cool" sans médiator, plus "dur" avec le médiator.

Exercice n° 10 (rythmique N° 2)

10 Inspiration : **Rock - Folk**

MI	MI sus 4	MI	MI sus 4

MI

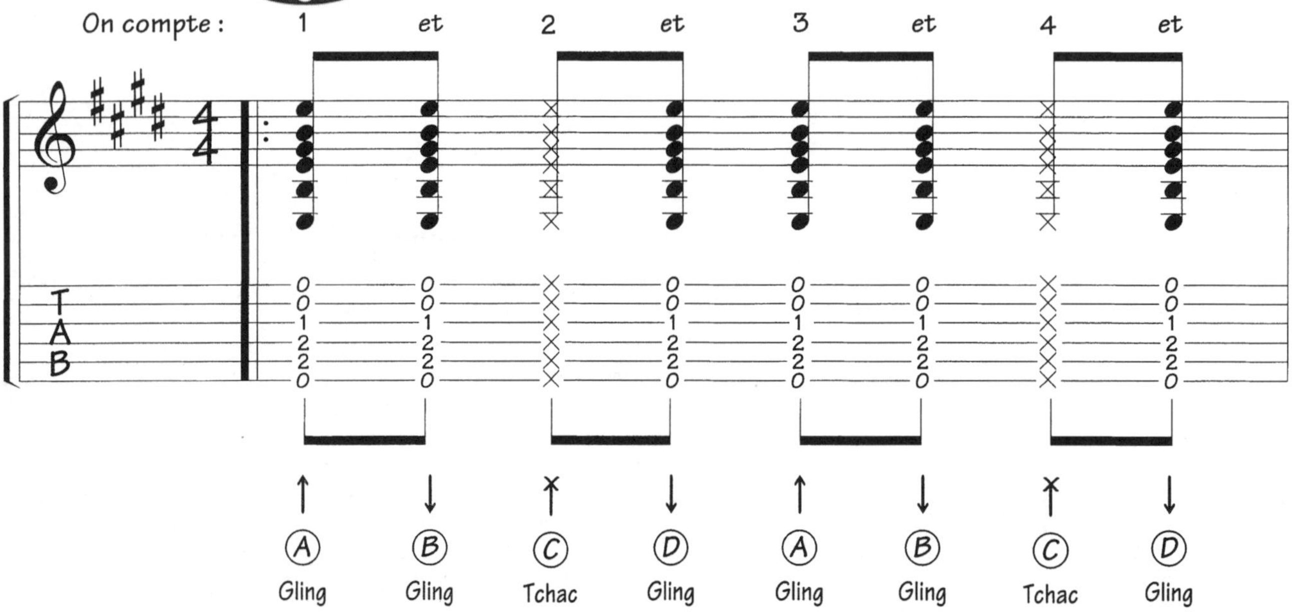

E sus 4

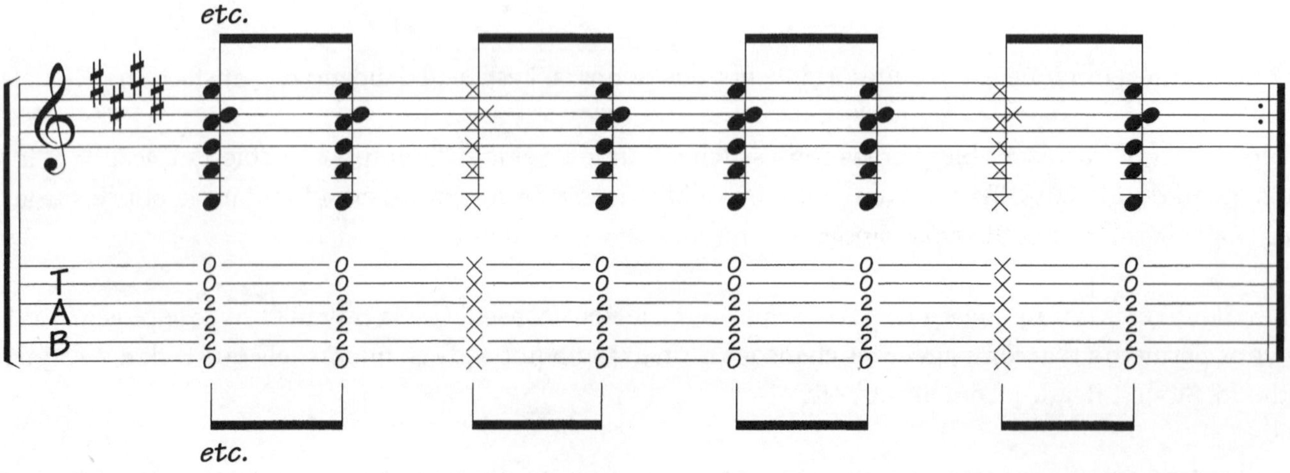

Enchaînement typique de deux accords employés souvent en rock. Le changement d'accord ne devrait pas poser de problème.

Exercice n° 11 (rythmique N° 2)

11 Inspiration : **Ballade - Dire Straits**

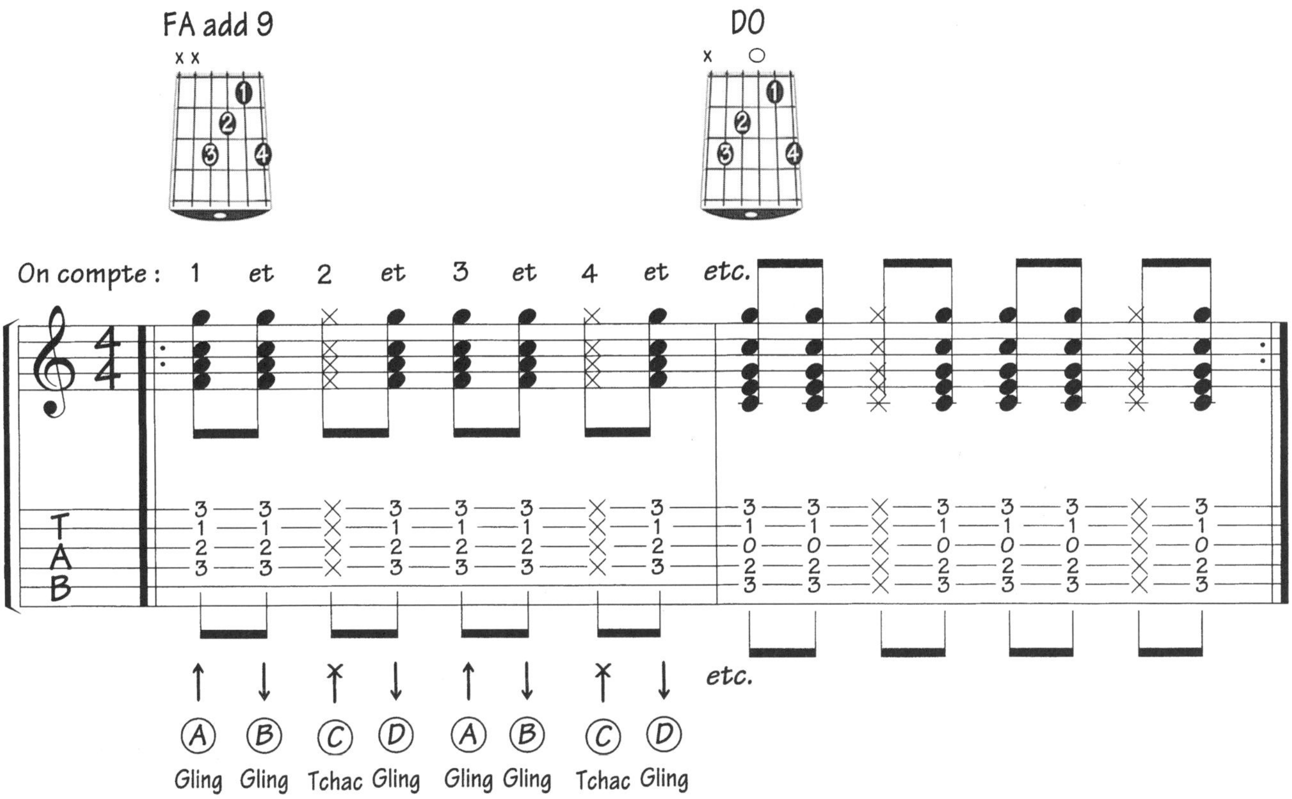

Petit enchaînement classique sur lequel un soliste pourra improviser. On peut enchaîner les même accords sans le petit doigt de la main gauche si on trouve que c'est moins dur.

Exercice n° 12 (rythmique N° 2)

12 Inspiration : **Ballade - Dire Straits**

1 - 2 - 3 - 4 RÉ m	etc. DO / SI♭	LA	LA

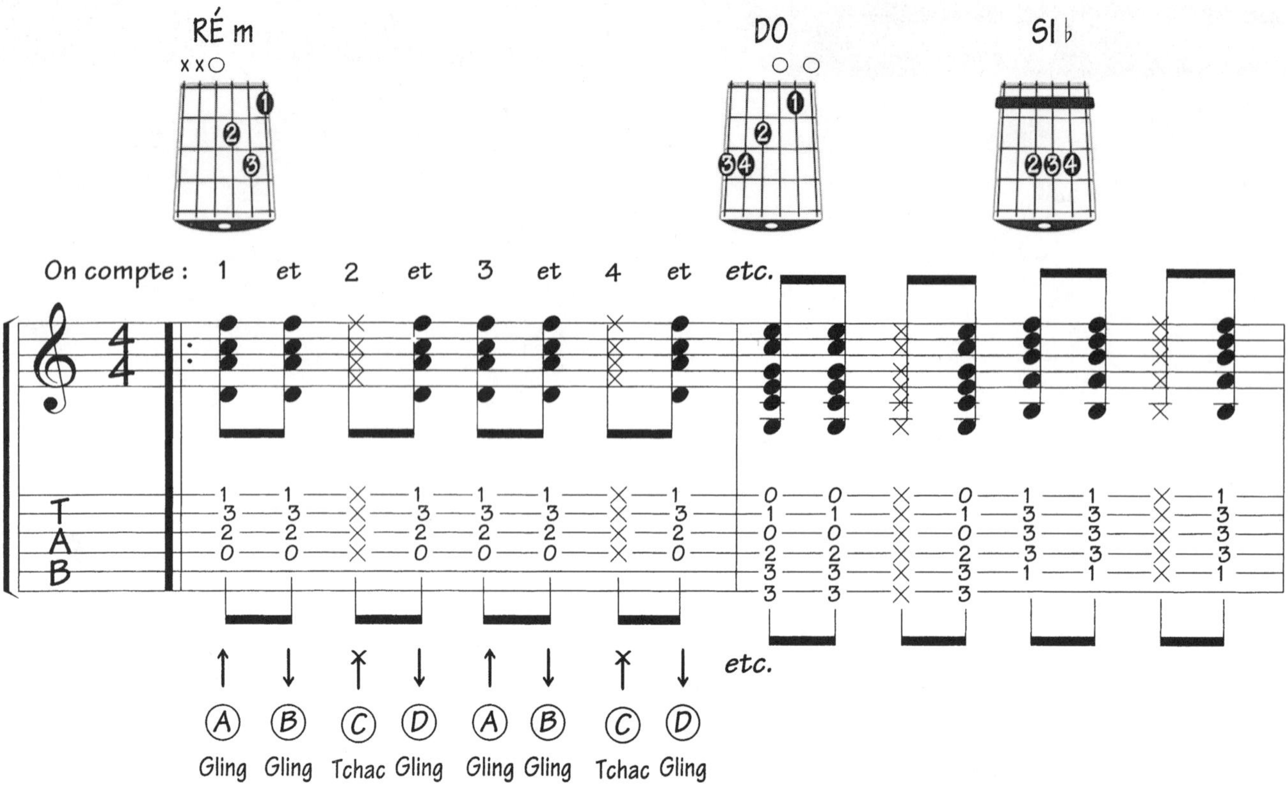

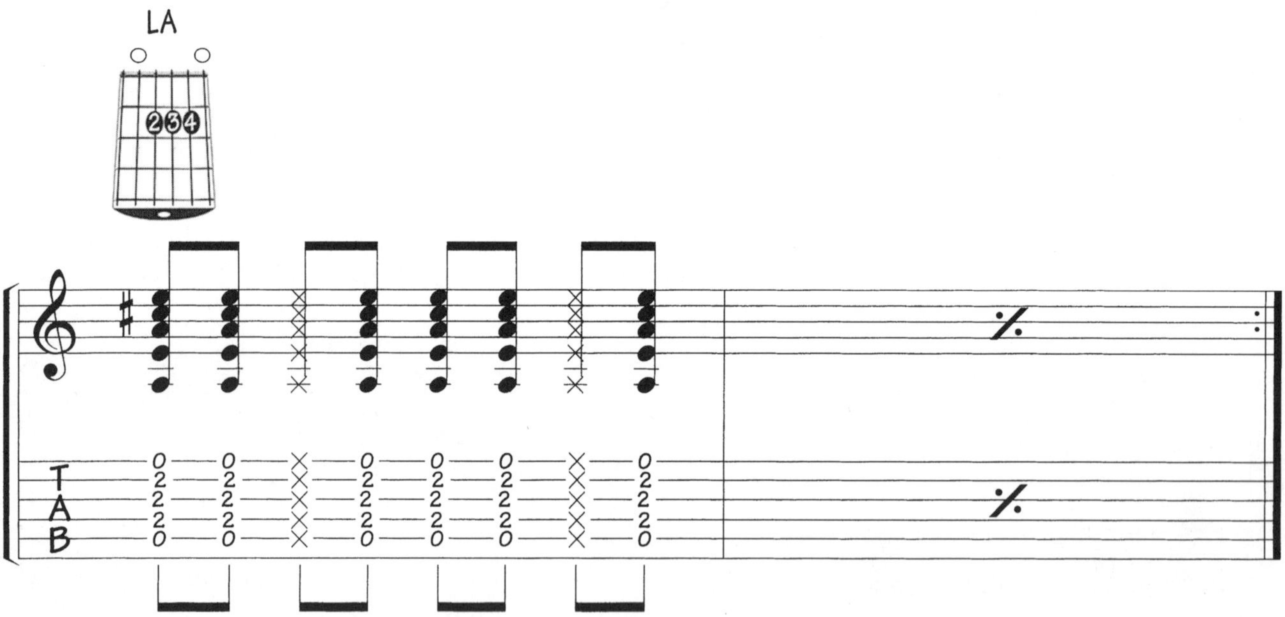

Exercice fortement inspiré d'un morceau célèbre de Dire Straits. Vous pouvez travailler seulement le premier accords dans un premier temps puis progressivement enchaîner.

Attention à la 2ème mesure : DO / SI b. Ne pas traîner sur le changement d'accords. On pourra essayer par la suite les même accords en barré. Un peu plus dur, mais encore plus dans l'esprit.

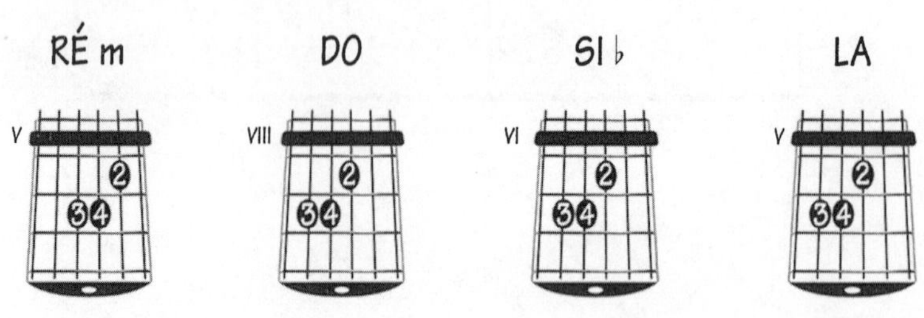

Exercice n° 13 (rythmique N° 2) — 13 — Inspiration : Rock - Folk - Beatles

LA / RÉ	MI	LA / RÉ	MI

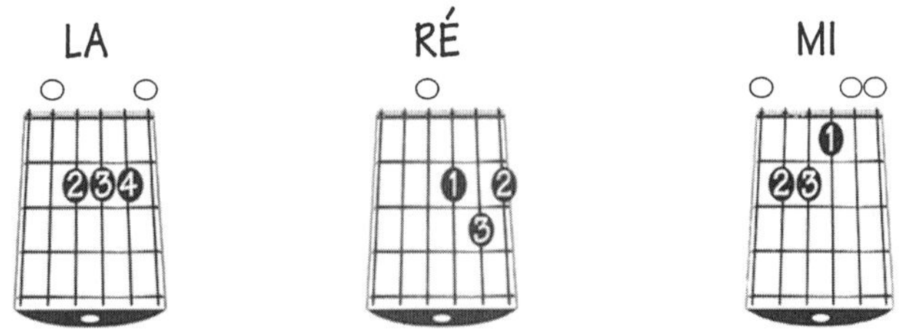

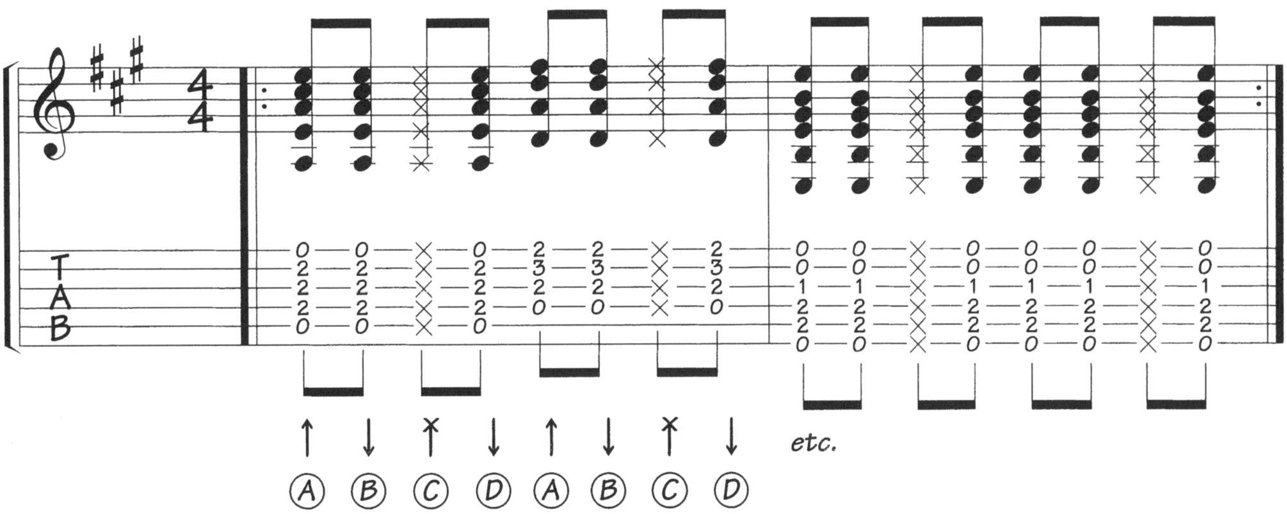

Exercice n° 14 (rythmique N° 2) — 14 — Inspiration : Nicoletta

Sans solfège ni tablature. Une grille à travailler tranquillement. L'enchaînement MIm, RÉ ne devrait pas trop poser de problèmes.

MI m	MI m	MI m	MI m
RÉ	RÉ	MI m	MI m

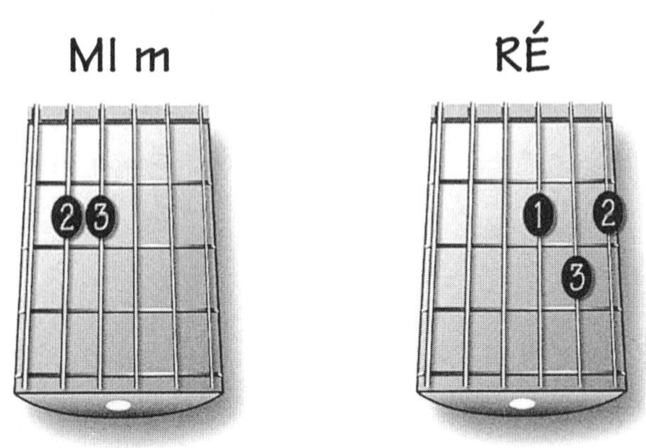

Exercice n° 15 (rythmique N° 2) 15 Inspiration : Dire Straits

DO 7	SOL	RÉ	SOL

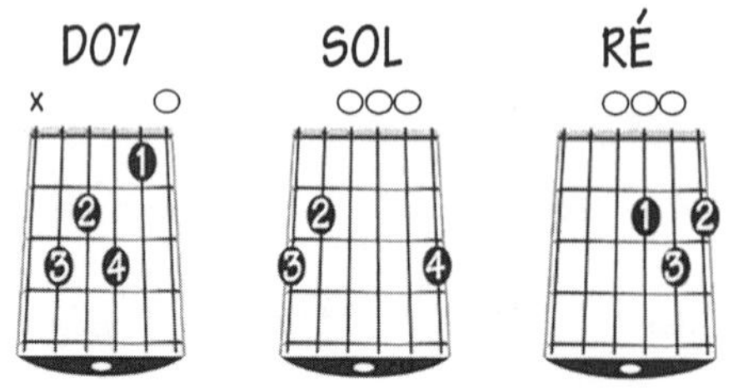

Exercice n° 16 (rythmique N° 2) 16 Inspiration : Rock - Cabrel

16 mesures sur un rythme endiablé avec des accords pas trop durs.

MI m	MI m	MI m	MI m	SOL	SOL	SOL	SOL
DO	DO	LA m	LA m	MI m	MI m	MI m	MI m

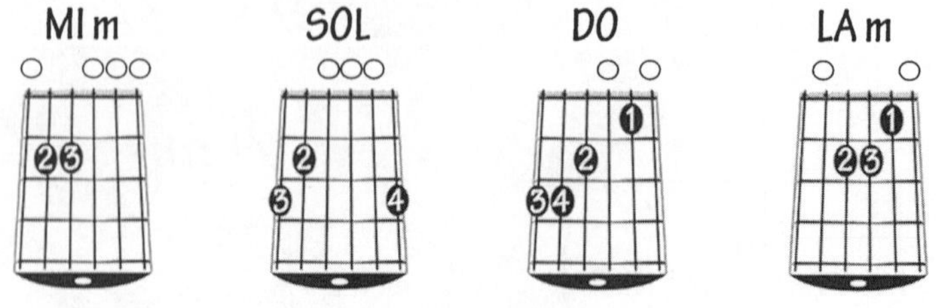

Rythmique N° 3 sans médiator (passe partout)

Accompagnement ballade, folk (Neil Young, Cat Steven, Beatles ...)

A

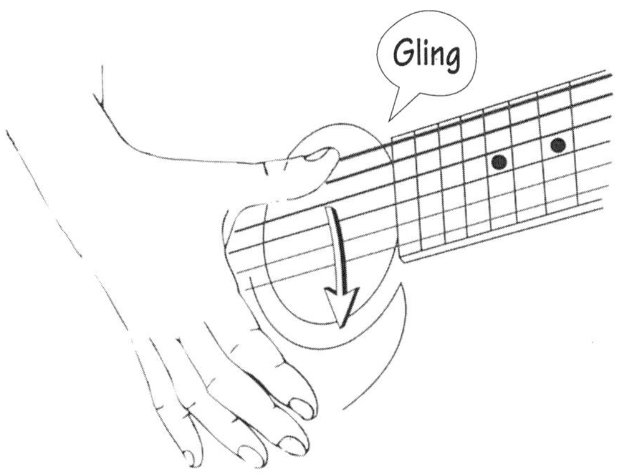

Le pouce gratte les cordes vers le bas (bien faire sonner les cordes).

B

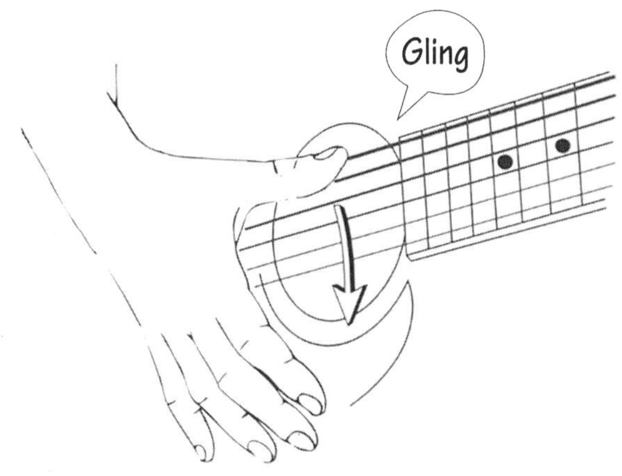

Le pouce gratte les cordes vers le bas.

C

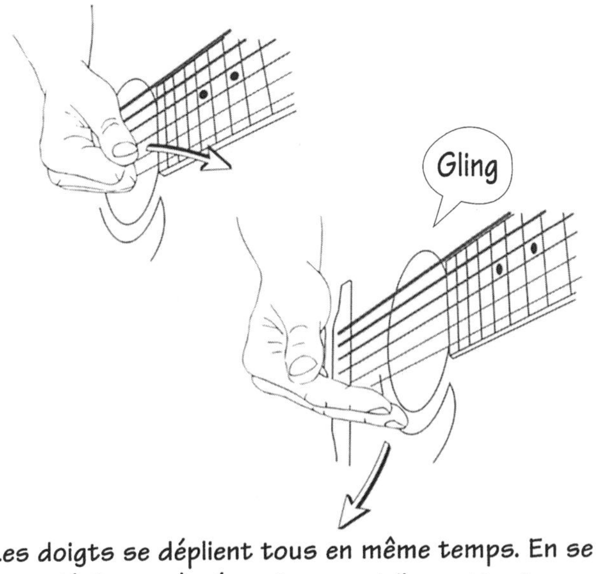

Les doigts se déplient tous en même temps. En se dépliant très énergiquement ils grattent les cordes qui résonnent.

D

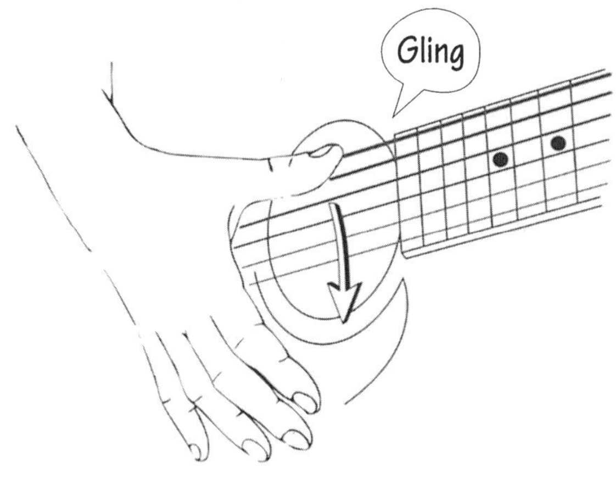

Le pouce gratte les cordes vers le bas (attention : ne pas oublier cette étape).

Cette rythmique toute simple mais bien agréable, permet d'accompagner des chansons aux tempos plus lents du style : Hey Jude, Let it be, etc. Le résultat étant assez immédiat, cette rythmique devrait vous aider à prendre confiance.

Exercice n° 17 (rythmique N° 3) 17 Inspiration : Neil Young

Quatre mesures à travailler. Pour chaque mesure on compte 1 2 3 4.

Ⓐ Ⓑ Ⓓ : le pouce gratte les cordes vers le bas.

Ⓒ : les doigts frappent les cordes en se dépliant.

SI m	SI m	MI	MI

SI m

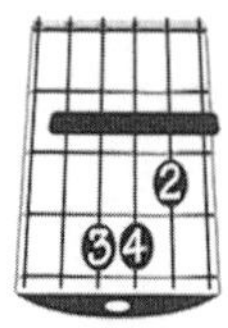

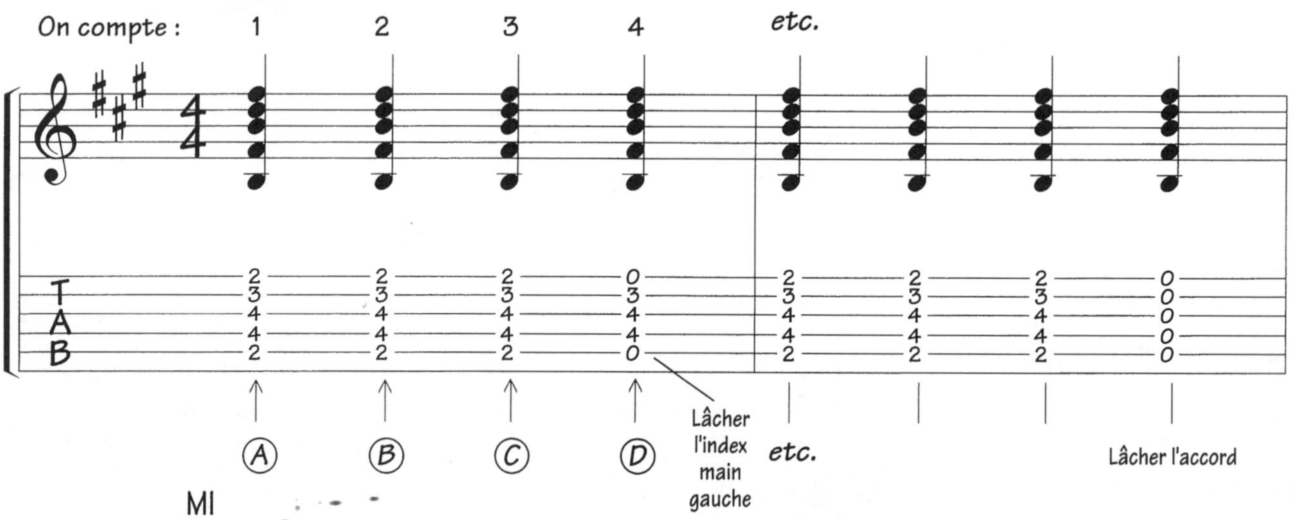

MI

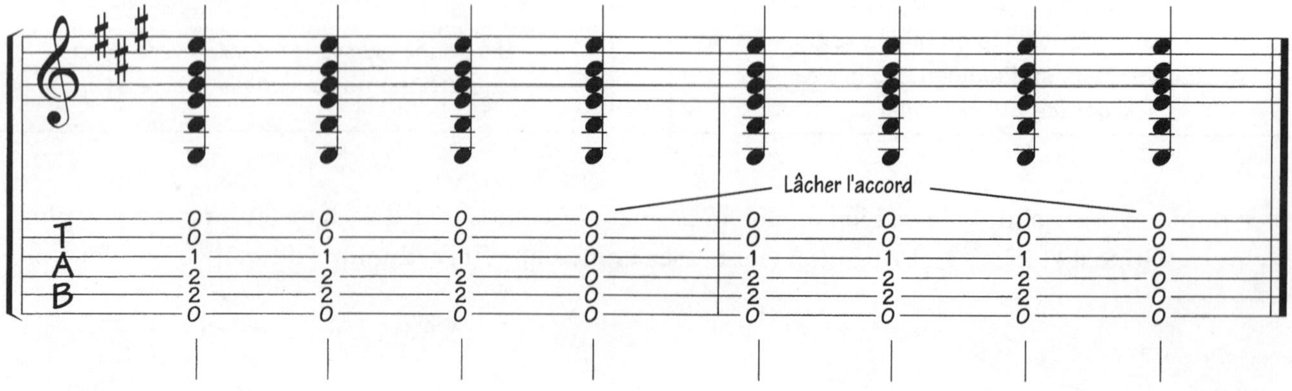

On pourra lâcher l'accord à la fin de chaque mesure lorsqu'il y a changement de position. A la fin de la 1ère mesure le fait de lâcher uniquement l'index donnera un effet intéressant.

Exercice n° 18 (rythmique N° 3) — 18 — Inspiration : Cat Stevens

Huit mesures à travailler. Pour chaque mesure on compte 1, 2, 3, 4. Même schéma avec uniquement la grille d'accords. Il est bon de s'y habituer. Sur le dernier temps de chaque mesure on pourra lâcher l'accord si on le désire.

RÉ	RÉ	SOL	SOL	LA 7	LA 7	SOL	RÉ

RÉ

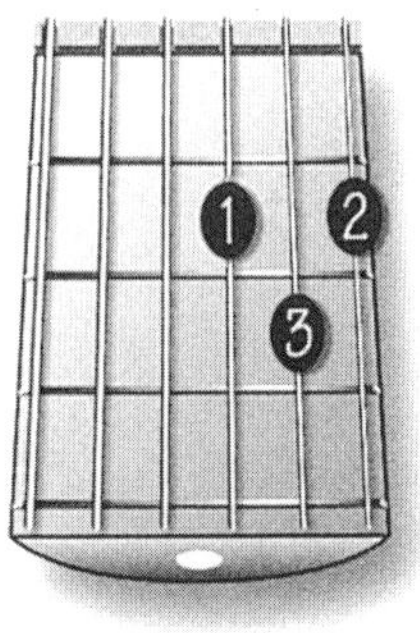

SOL

LA 7

Exercice n° 19 (rythmique N° 3) — 19 — Inspiration : Beatles

Une grille classique tout à fait dans l'esprit Beatles. Là encore vous ne serez ni les premiers ni les derniers à travailler cette grille. Ça fait parfois du bien de ne pas se sentir seul !

DO	SOL	LA m	FA	DO	SOL	FA	DO

DO

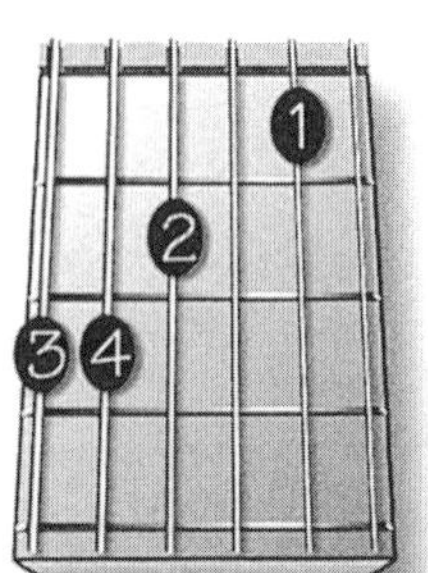

SOL

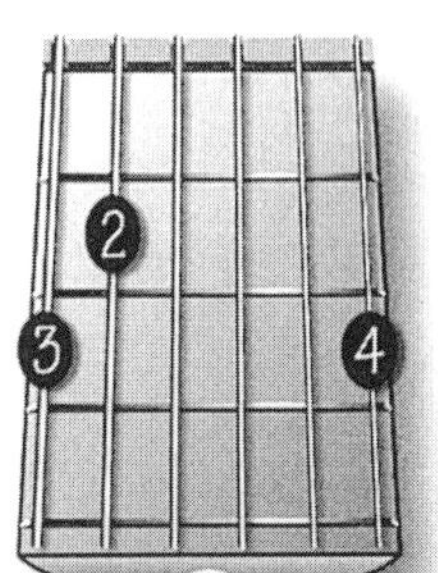

LA m

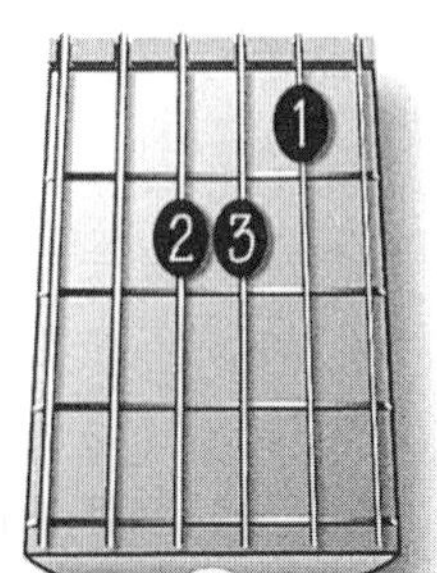

FA

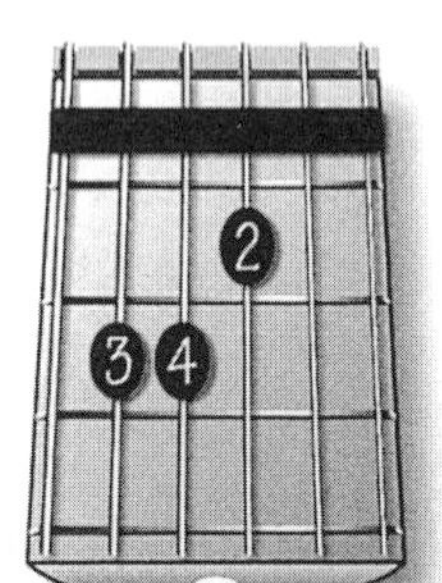

Exercice n° 20 (rythmique N° 3) 20 Inspiration : Cat Stevens

SOL	SI m	DO	LA m
SOL	Mi m	LA m	RÉ 7

Une suite d'accords très classique qui vous fera peut être penser à une chanson de Cat Stevens.

MI m

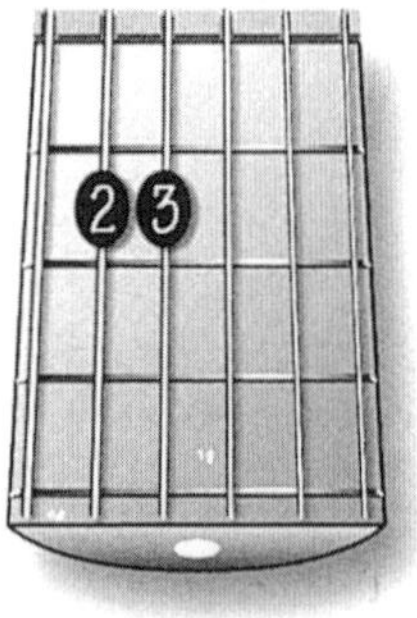

SOL

SI m

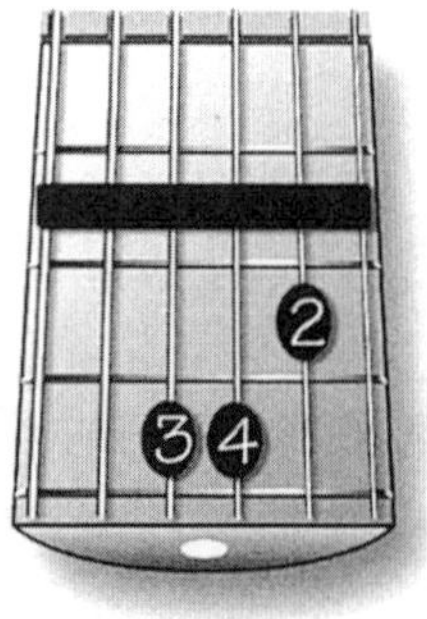

DO

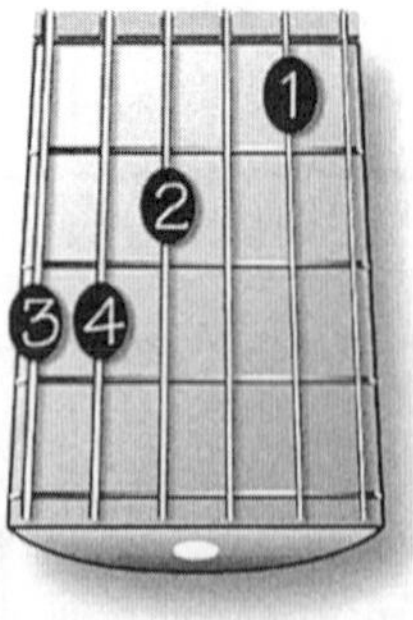

LA m

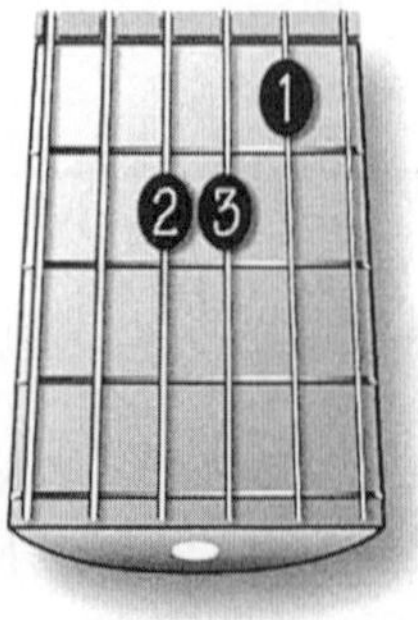

RÉ 7

Les effets de base 21

Voici quatre effets (parmi d'autres) très utilisés par tous les guitaristes. Ils contribuent largement à rendre votre jeu plus subtil surtout si vous les enchaînez rapidement. Travaillez chaque effet séparément et bientôt ça deviendra une seconde nature. rendez-vous dans deux mois.

Hammer-on

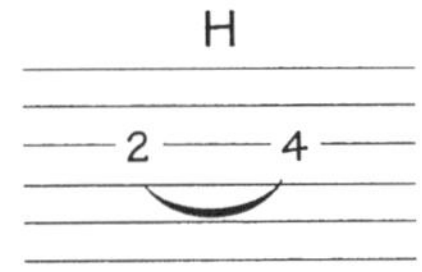

La 1ère note est jouée par la main droite. Le ***hammer*** est noté avec un **H**.

La 2ème note est obtenue uniquement par le martèlement du doigt de la main gauche sur la corde et la case demandées. C'est en fait le prolongement de la note précédente. À cette 2ème étape on ne se sert pas de la main droite.

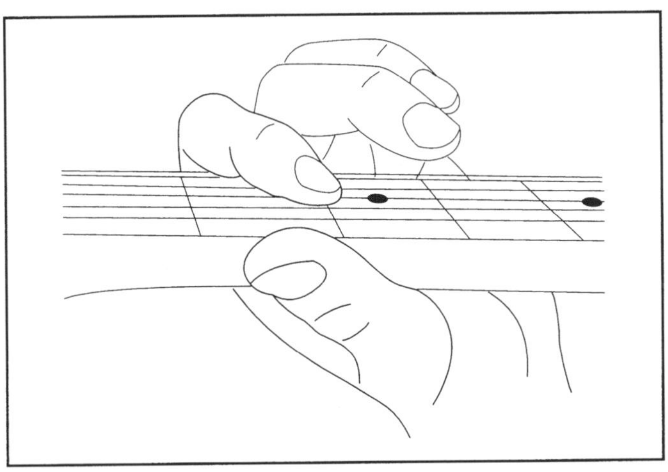

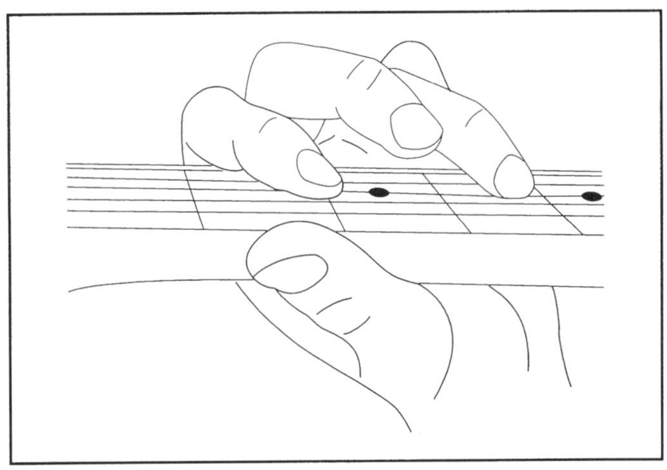

Pulling-off

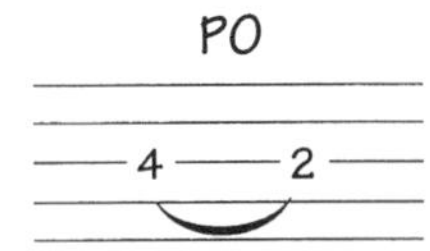

La 1ère note est jouée normalement par la main droite. Le ***pulling-off*** est noté avec un **PO**.

La 2ème note est obtenue dans la foulée sans l'aide de la main droite. Il suffit de lâcher la corde tout en la tirant vers le bas avec le doigt de la main gauche.

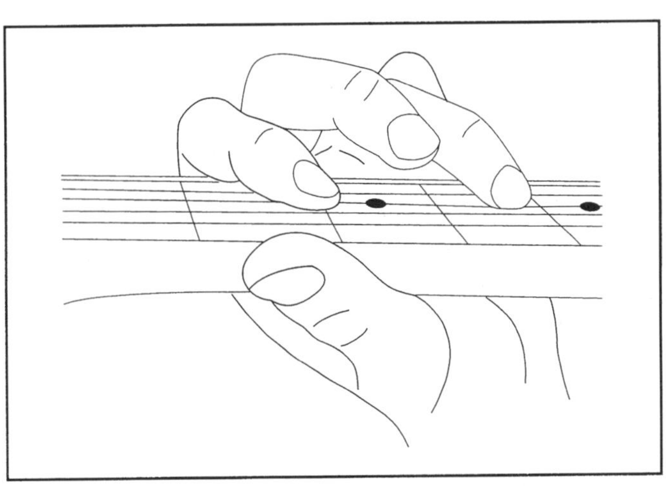

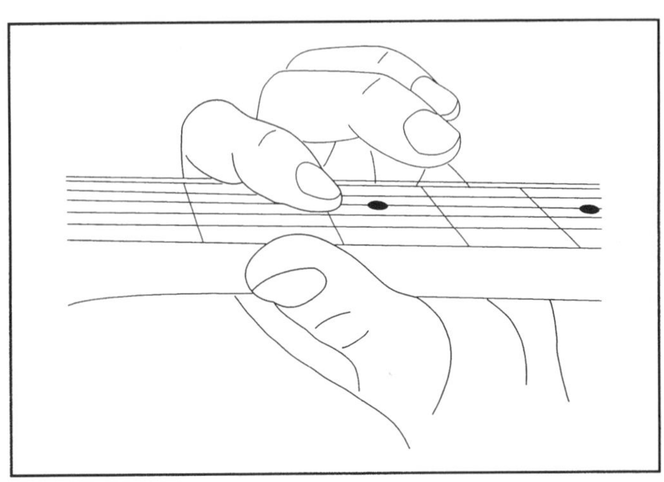

Choke

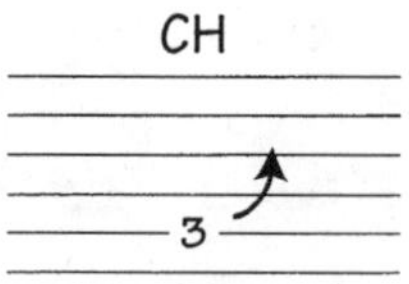

La note est jouée normalement par la main droite. Le ***choke*** est noté avec un **CH**.

Mais le doigt tire sur la corde vers le haut ou le bas suivant le sens de la flèche sur la tablature. On obtient ainsi une note plus aiguë d'un demi-ton. La main droite ne joue pas.

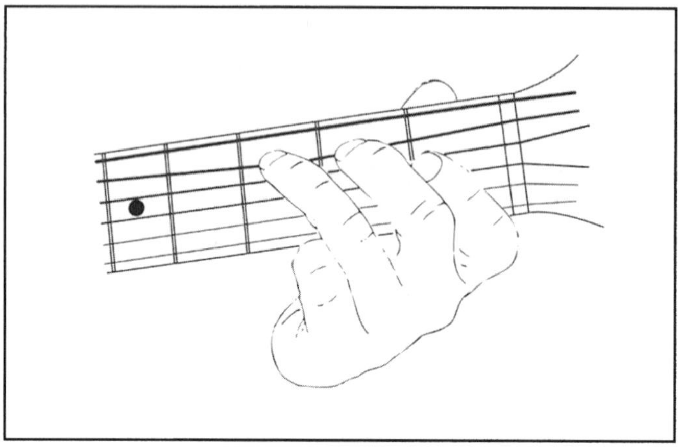

Slide

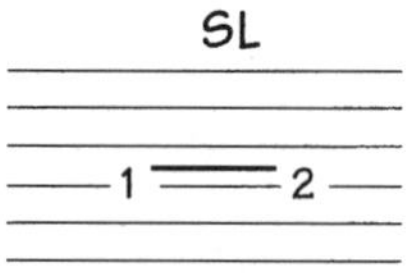

La 1ère note est jouée normalement par la main droite. Le ***slide*** est noté avec un **SL**.

Puis le doigt glisse jusqu'à la note demandée par la partition (attention on ne change pas de corde). La main droite ne joue pas. On profite de l'élan de la note précédente.

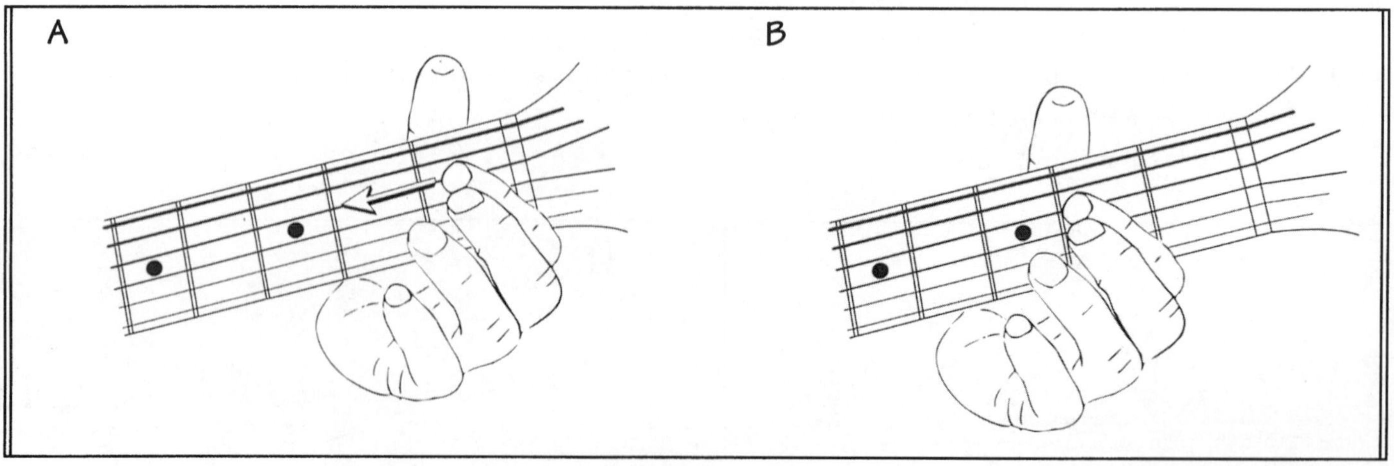

Pulling off

Exercice n° 21 — 21

Succession de pulling off sur la 1ère corde. Cet exercice assez amusant rendra bien si vous le jouez à un bon tempo. La régularité est capitale, bien plus que la vitesse.
Accompagnement sur un accord de MI.

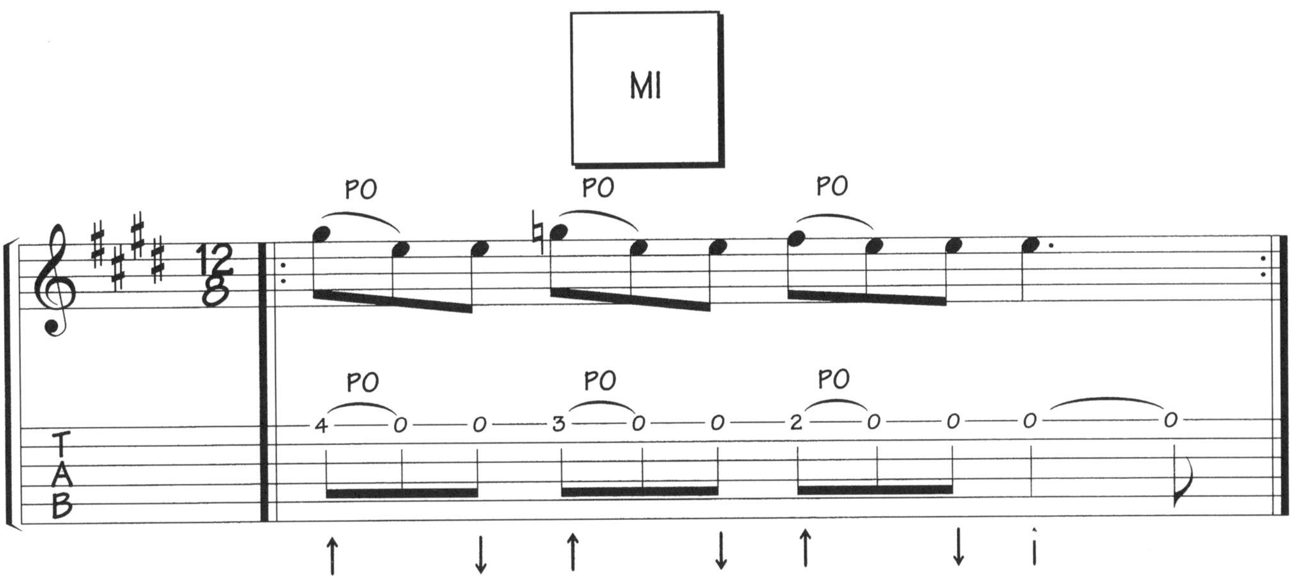

Exercice n° 22 — 22

Variante de l'exercice n°21, avec une sorte d'arpège intégré. Toujours plus loin dans la difficulté !

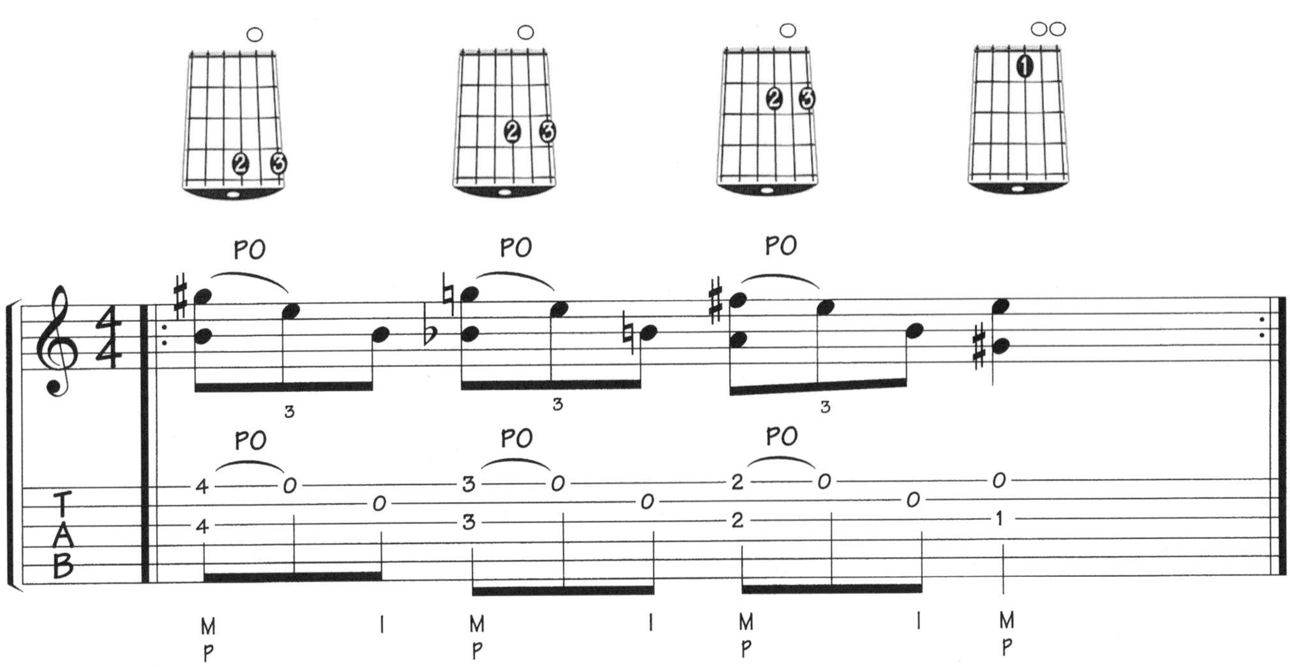

Hammer on

Exercice n° 23

23

LA m	MI m	LA m	MI m

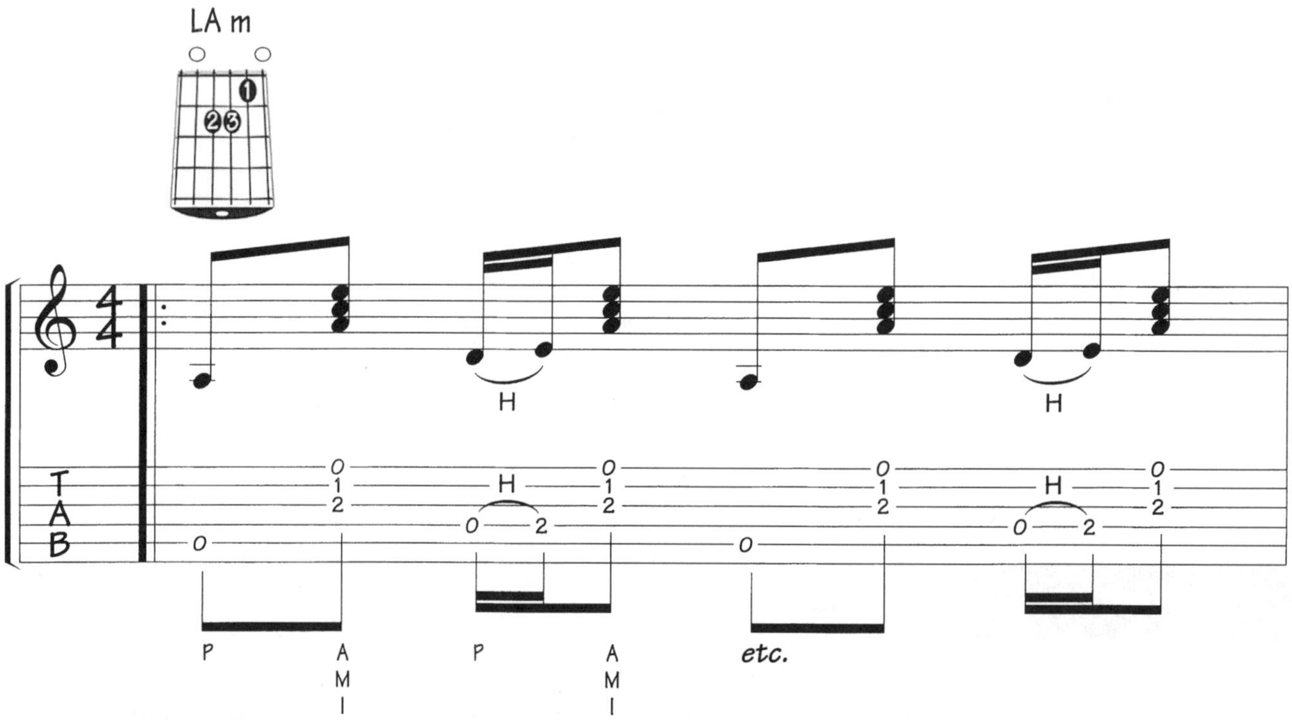

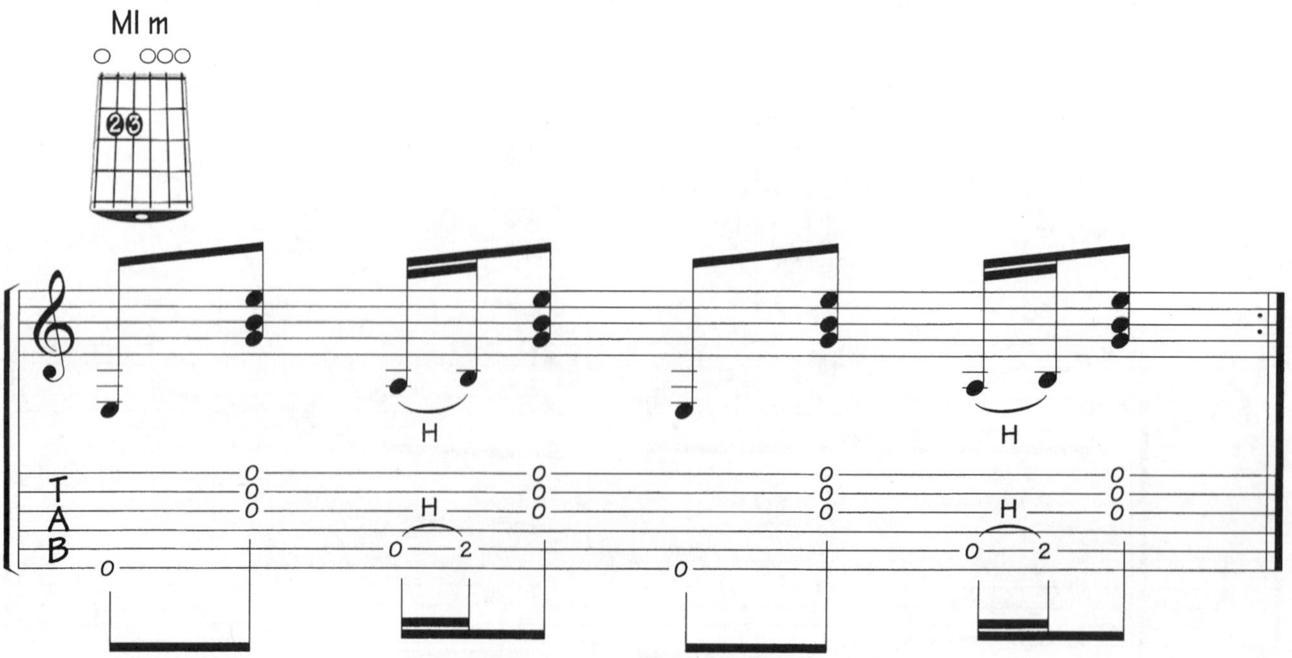

Rock blues

Rock blues typique avec basses étouffées

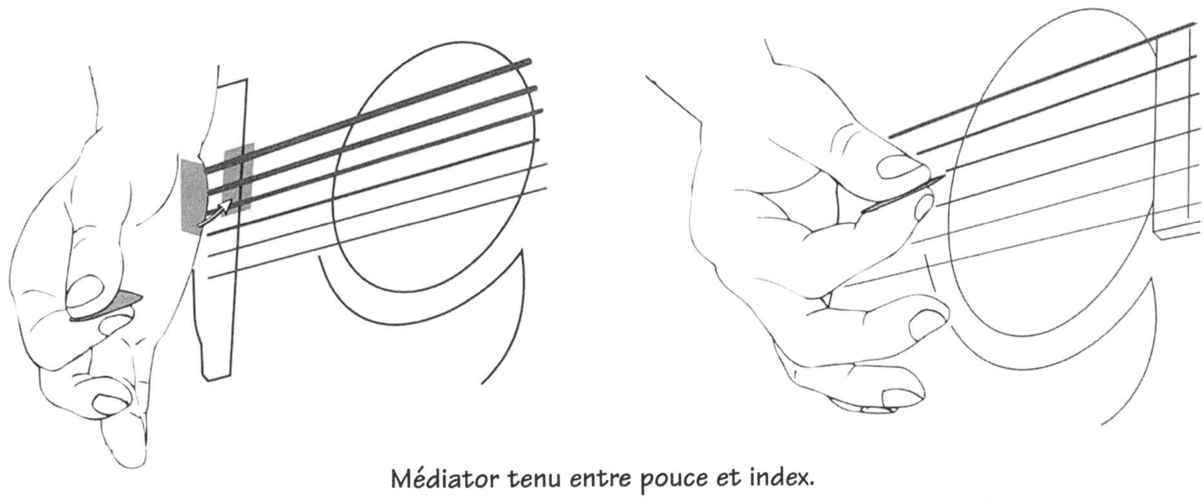

Médiator tenu entre pouce et index.

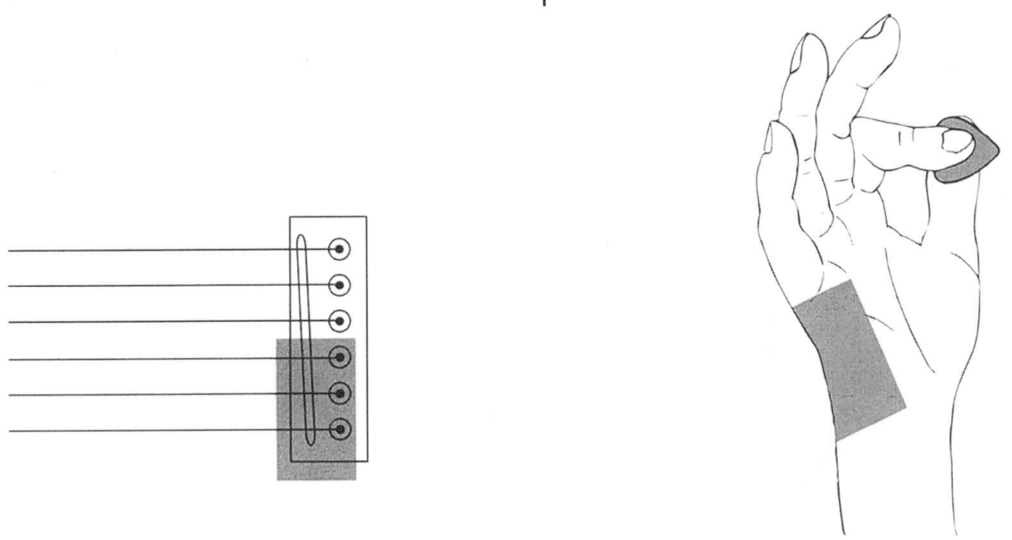

La tranche de la main droite se plaque contre les basses (cordes graves). Le son est audible mais comme qui dirait "compressé". Typique et du meilleur effet.

Blues rock et plans typiques

Quelques plans et intro typiques dans le style blues rock. On a beau dire, un bon blues des familles ça met quand même en appétit. Le médiator est vivement conseillé. La mesure est à quatre temps ternaire (12/8). On compte régulièrement 1 et puis, 2 et puis, 3 et puis, 4 et puis,1 etc.

Quoiqu'il en soit au bout d'un moment il vaut mieux essayer de ressentir le blues que de compter, vous verrez on fini par y arriver. Les exercices sont là pour vous encourager. Pour les plans rythmiques il est de bon ton d'étouffer les basse (voir schéma). Ce n'est pas obligatoire mais bon, ça se fait souvent. A vous de juger. On attaque !

Positions blues rock typique

Main gauche

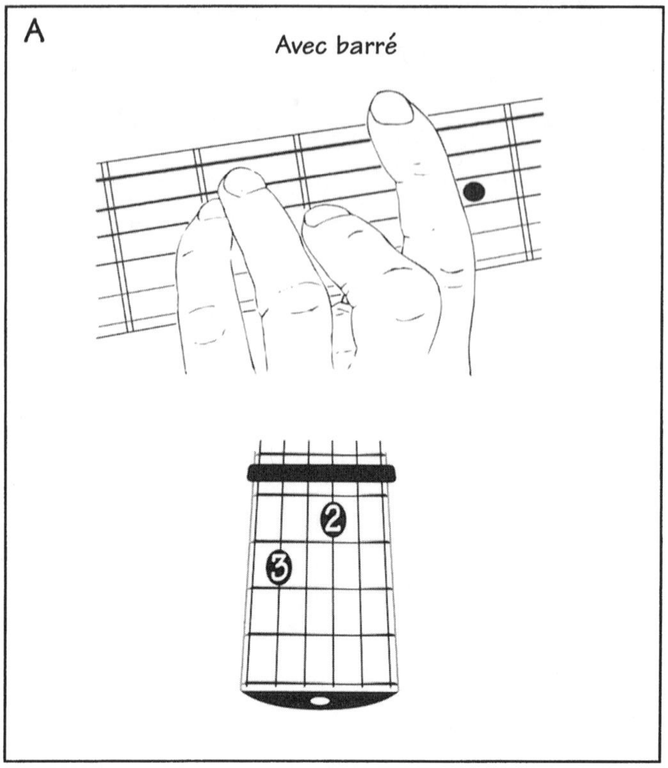

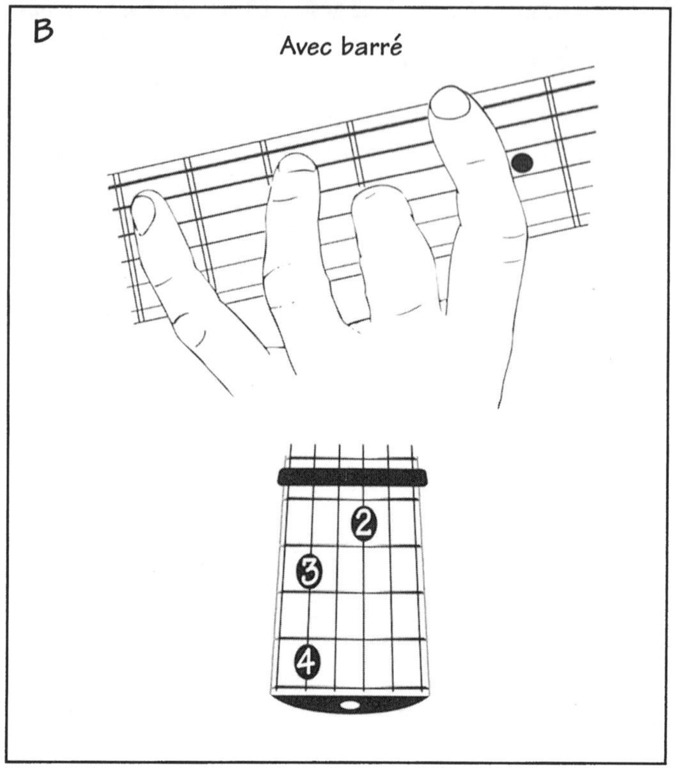

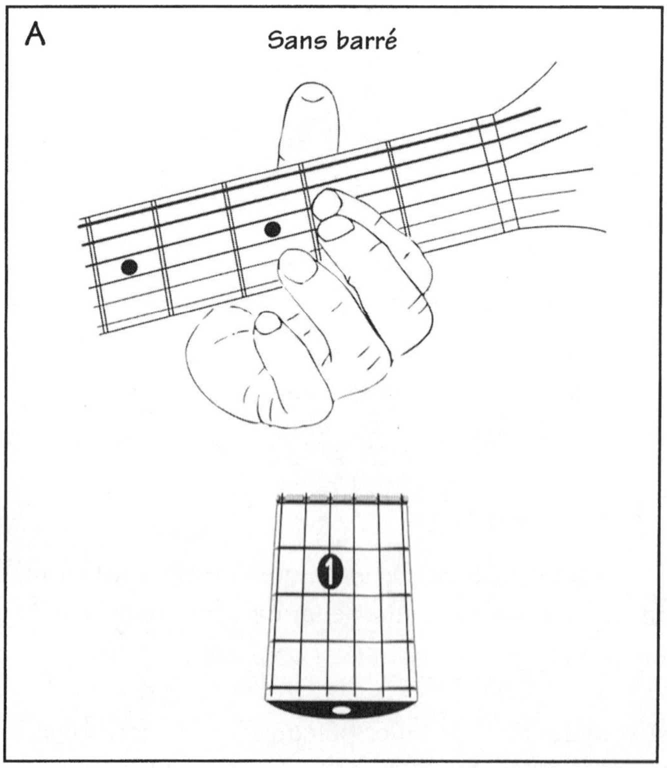

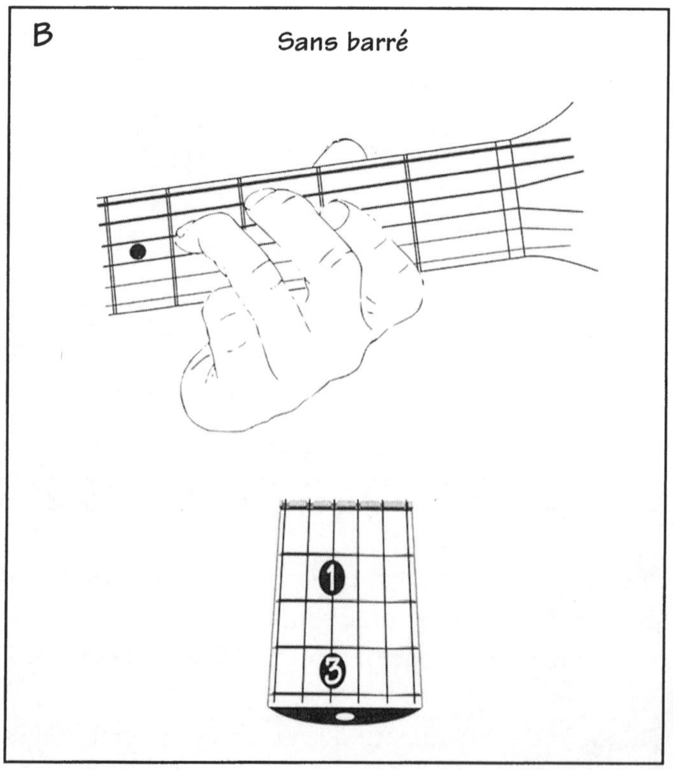

Exercice n° 24

24 Inspiration : **Rock – Rolling Stones – Beatles Chuck Berry...**

Voici la base d'un plan rock universel (Stones, Beatles, Chuck Berry...). Ici, on ne fait résonner que deux cordes. C'est l'alternance des deux positions de la main gauche qui donne le feeling rock. N'oubliez pas de compresser le son en plaçant la tranche de la main droite sur les basses (cordes 4, 5 et 6 voir schéma page 47).

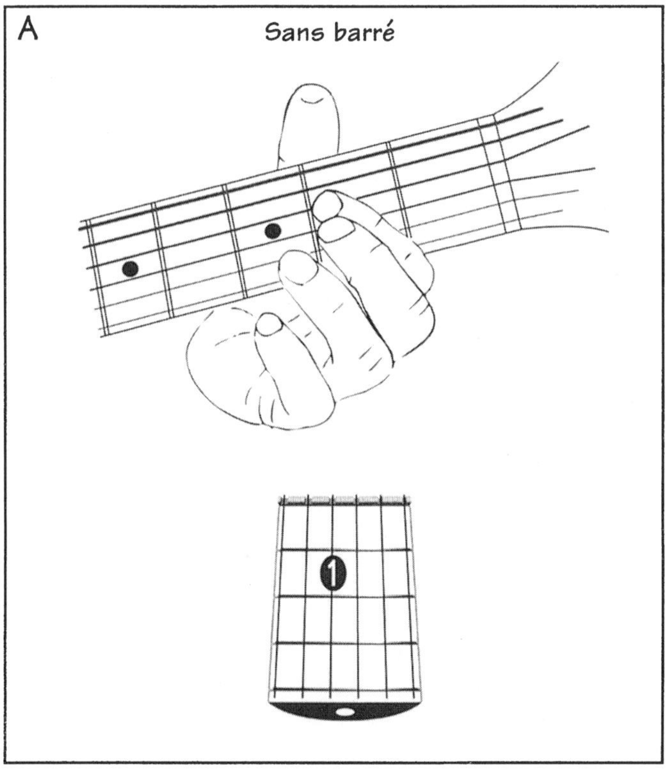

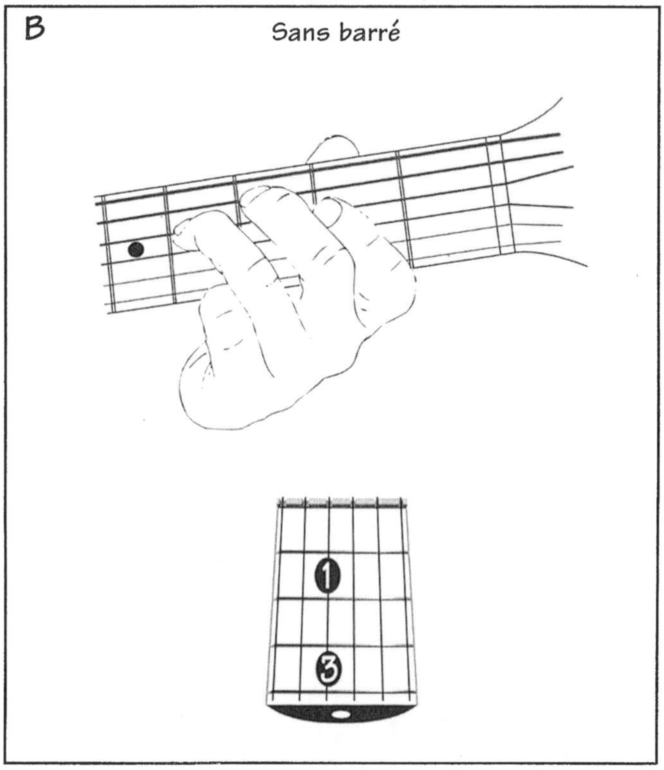

Exercice n° 25 — 25 — Inspiration : Rock - Variation

Variation sur un même thème. Le fait de relâcher la main droite à la dernière croche de chaque mesure rajoute un peu de piment à cette rythmique de base. Veillez à bien respecter l'opposition : cordes compressées et cordes qui résonnent.

Exercice n° 26 — 26 — Inspiration : Rock - Variation

Autre variation. Le petit H entre les notes représente le hammer bien sympathique dans cet exercice. A travailler consciencieusement pour un bon résultat ultérieur.

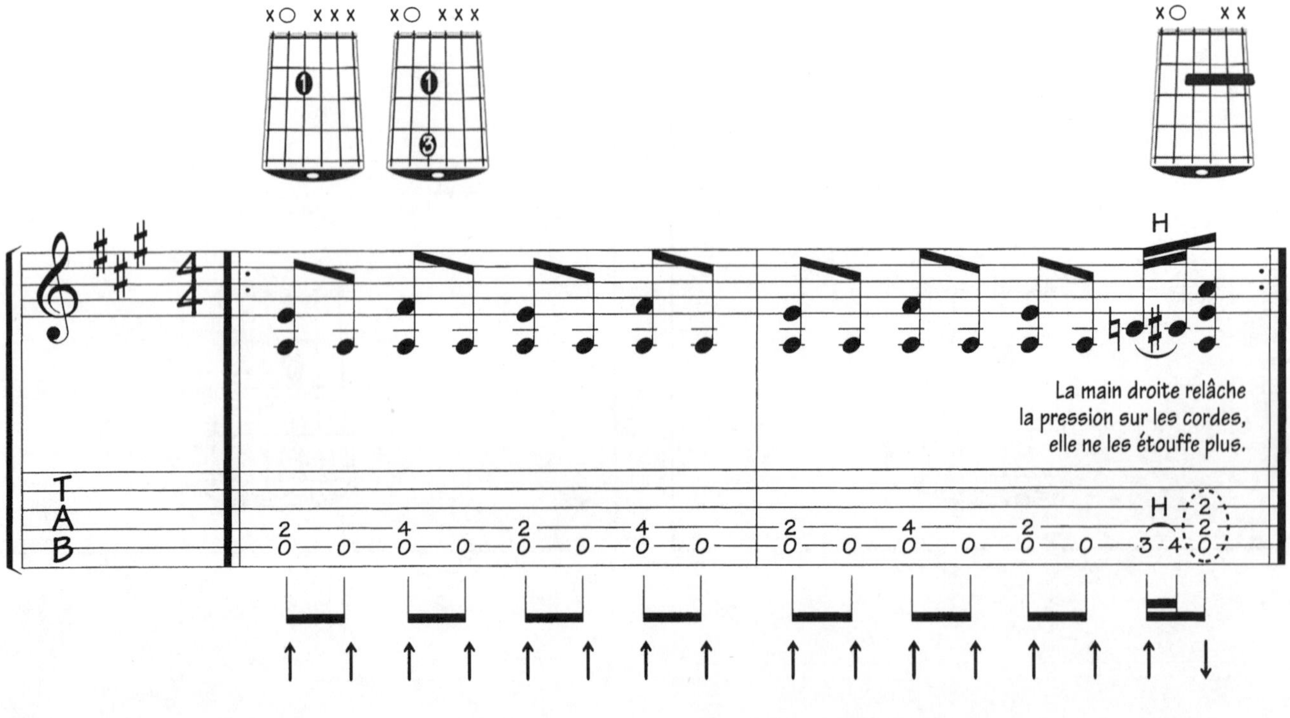

Exercice n° 27

27 Inspiration : **Rock – Rolling Stones – Beatles Chuck Berry...**

Encore une variante

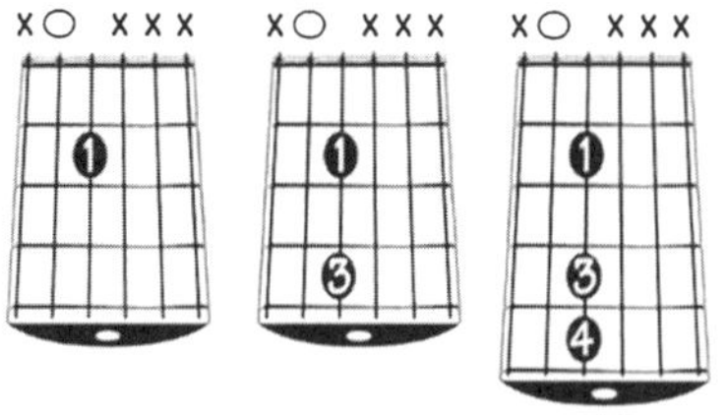

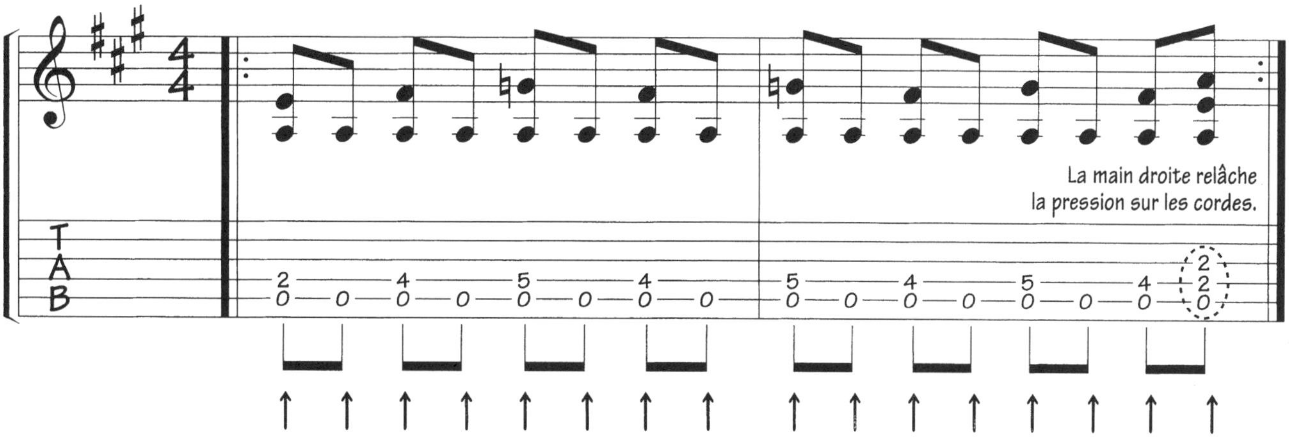

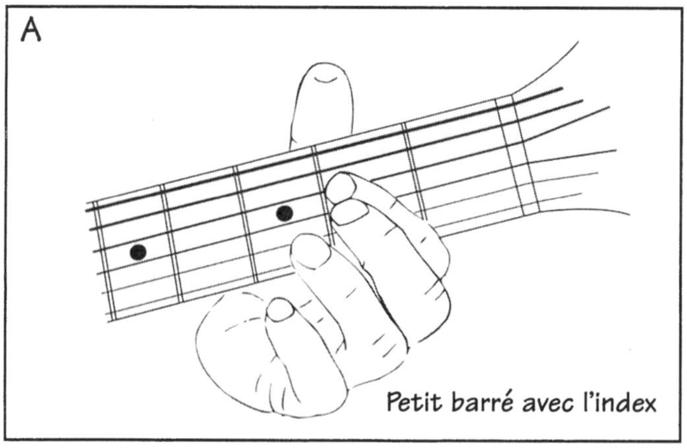

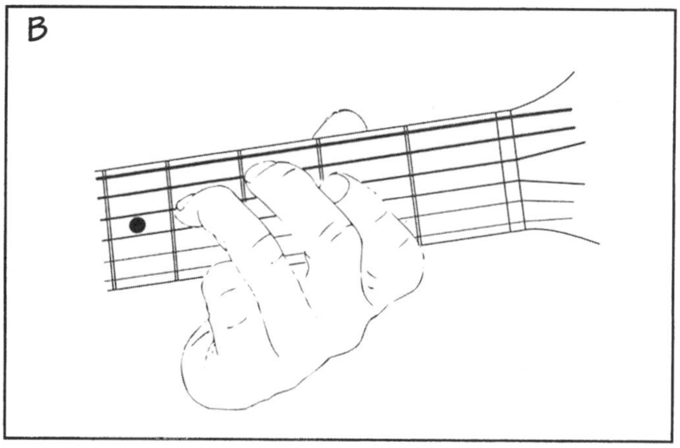

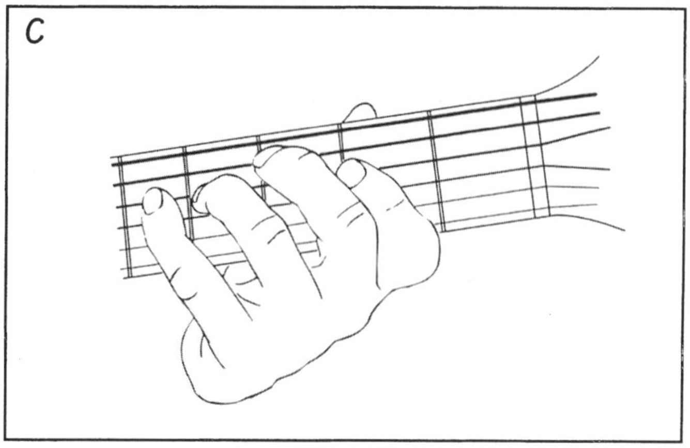

Travail des accents

Exercice n° 28 28 **Inspiration : Rock**

L'accentuation d'un temps ou d'un contretemps est un plus dans la rythmique. Voici un exemple simple que l'on peut travailler sans avoir une trop grande technique. N'oubliez pas le choke (CH) à la dernière croche de la 2ème mesure, ça donne un effet intéressant dont il serait dommage de se priver.

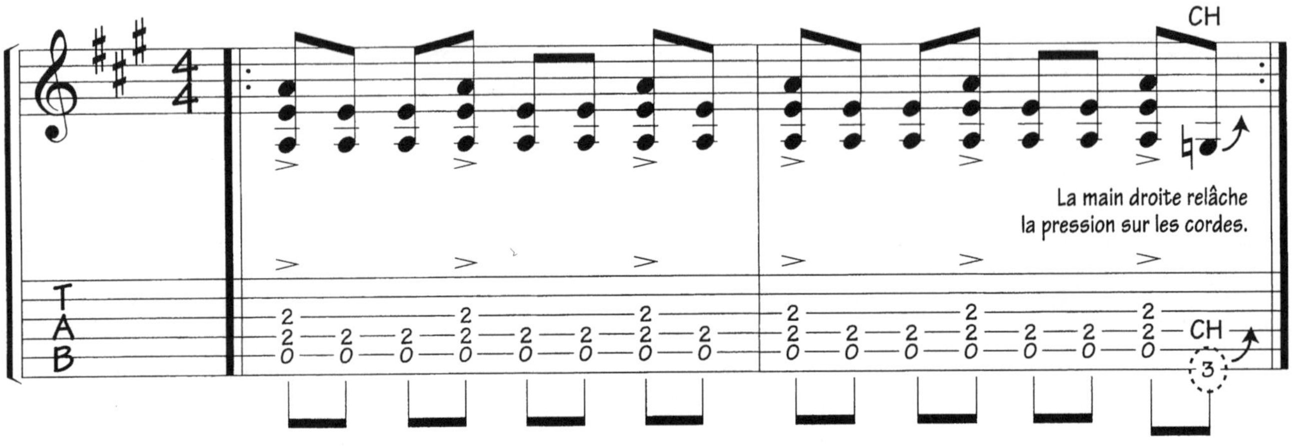

 29

Inspiration : Rock en 12 mesures

Un rock à travailler avec sérieux si on veut être efficace. Chaque mesure sera du type décrit ci-dessous.

4/4

LA	LA	LA	LA	RÉ	RÉ
LA	LA	MI	MI	LA	LA

LA

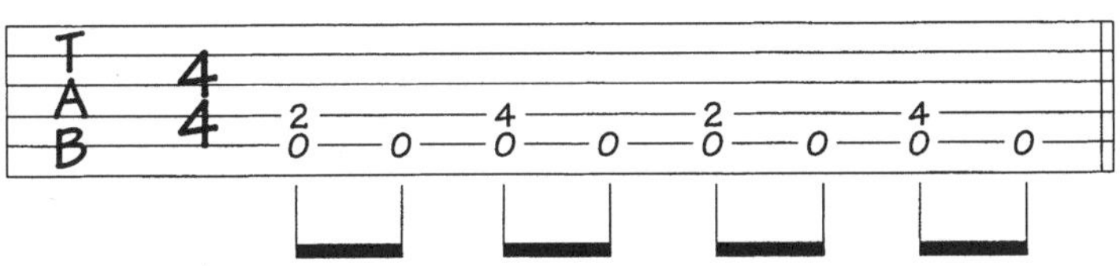

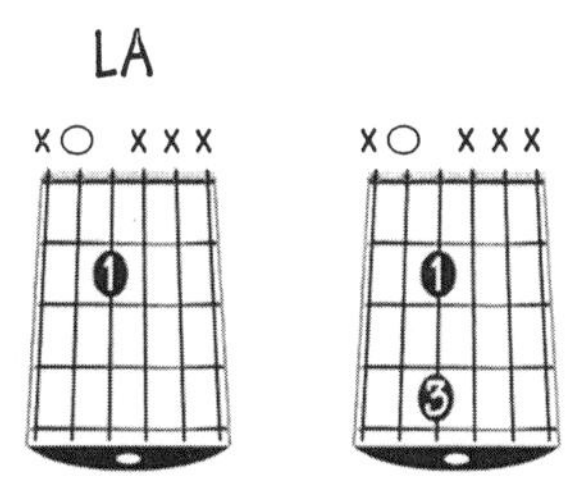

RÉ

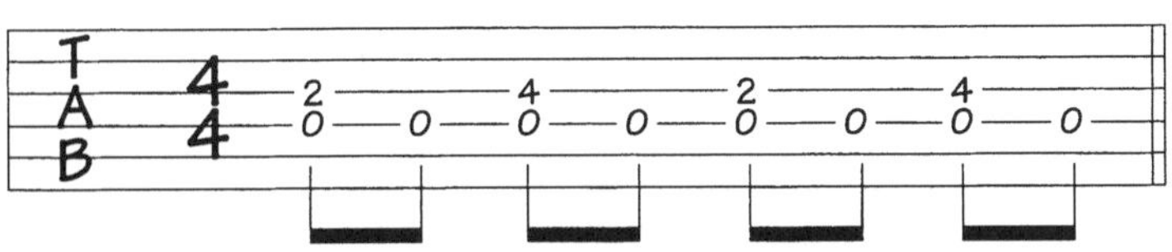

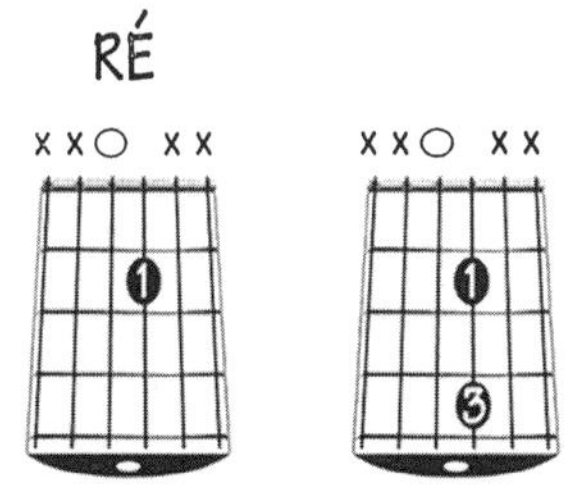

MI

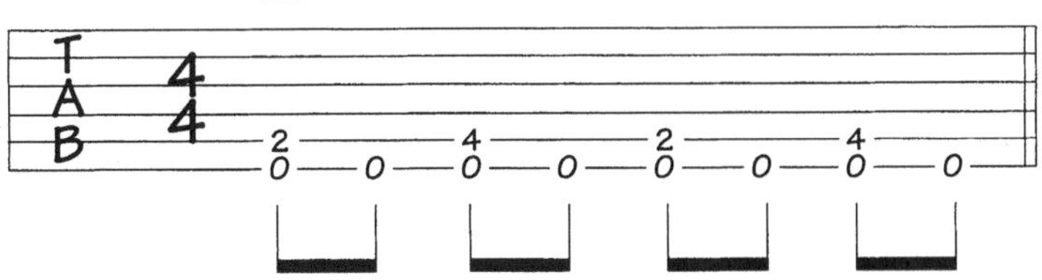

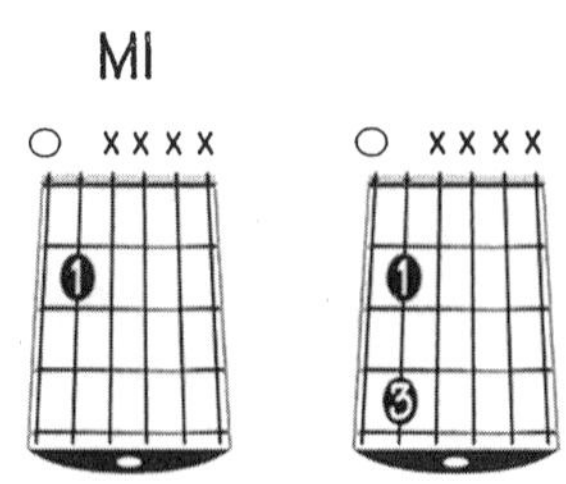

Exercice n° 30 — 30 — Inspiration : Intro blues typique

À travailler avec le médiator (si possible).

Très bon exercice pour travailler l'aller et retour avec le médiator.

Exercice n° 31 — 31 — Inspiration : Intro blues typique

Intro typique blues rock en MI majeur avec hammer on, pull off et slide à jouer si possible au médiator. Du meilleur effet si vous le travaillez régulièrement et sans précipitation.

Exercice n° 32 — 32 — Inspiration : Intro blues typique

Intro obligée du blues ; sans commentaire, on ne se lasse pas.

Exercice n° 33 — 33 — Inspiration : Plan blues

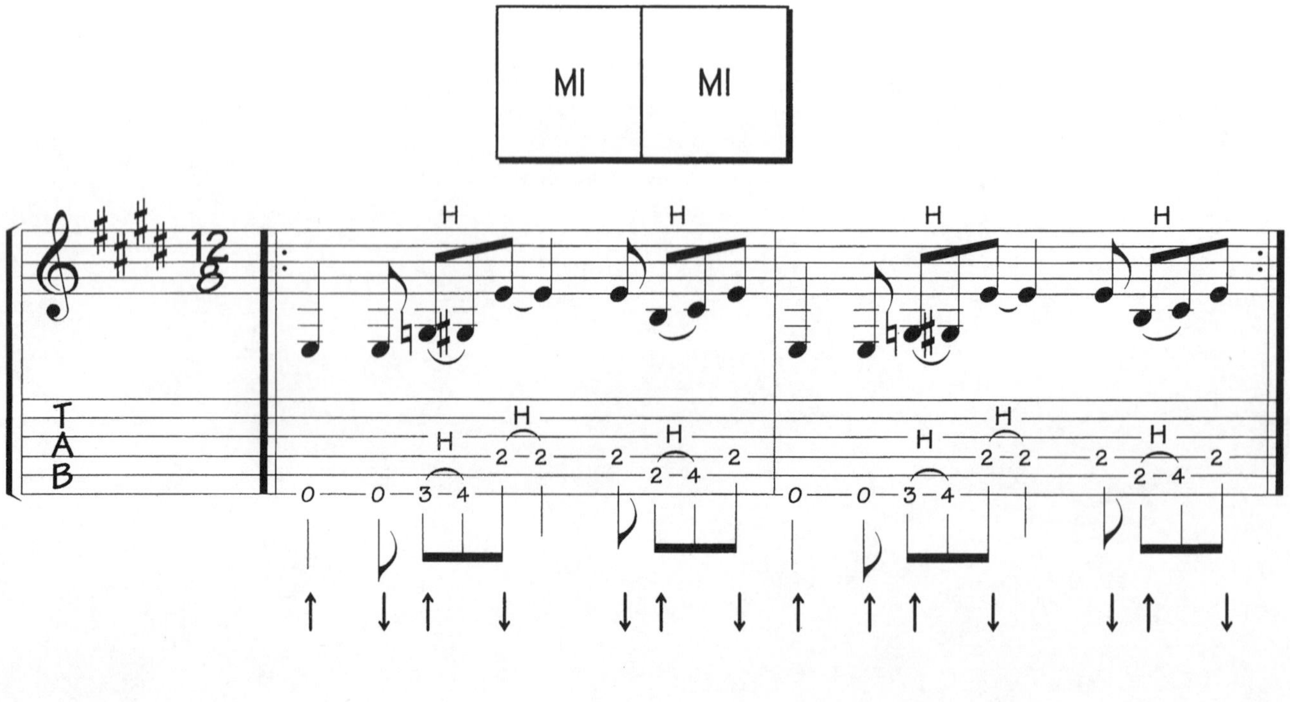

Plan Rock ternaire

Exercice n° 34 — 34 — Inspiration : Rolling Stones, Rod Stewart

A travailler avec les doigts.

Petit barré 2ème case avec l'index. L'accord est étouffé juste après avoir résonné en tapant avec la main droite sur les cordes correspondantes. Ce qui donne ces accord un peu "piqués" la montée de base à la dernière mesure est bien sympathique à travailler.

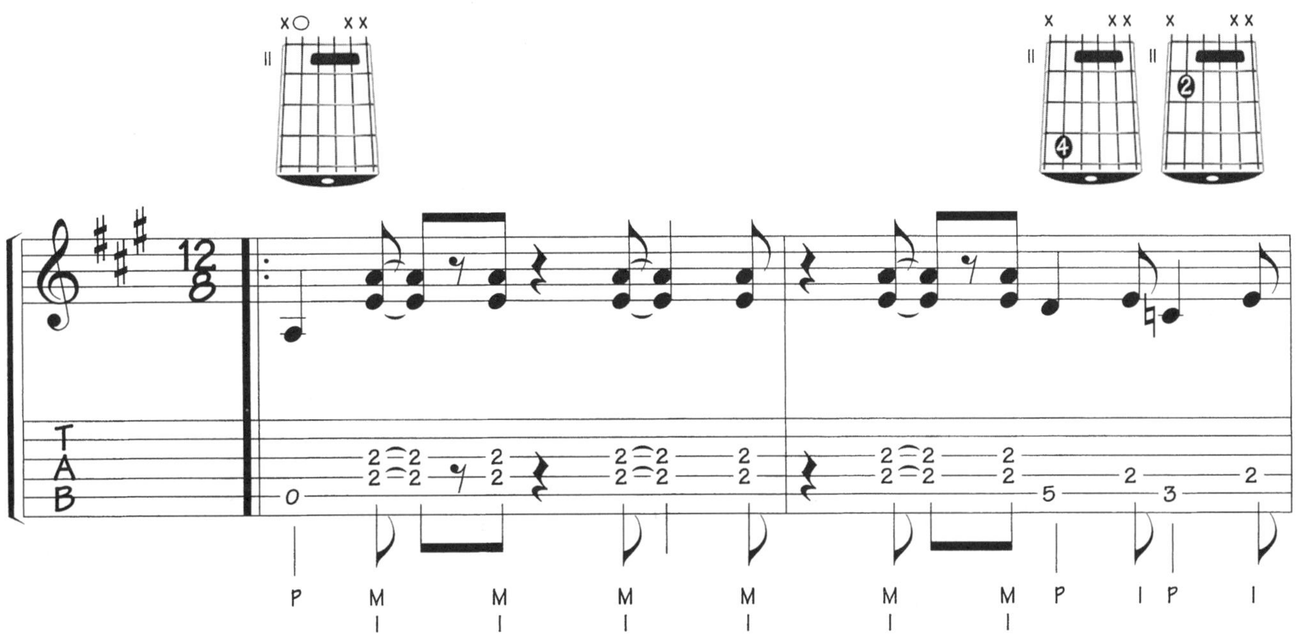

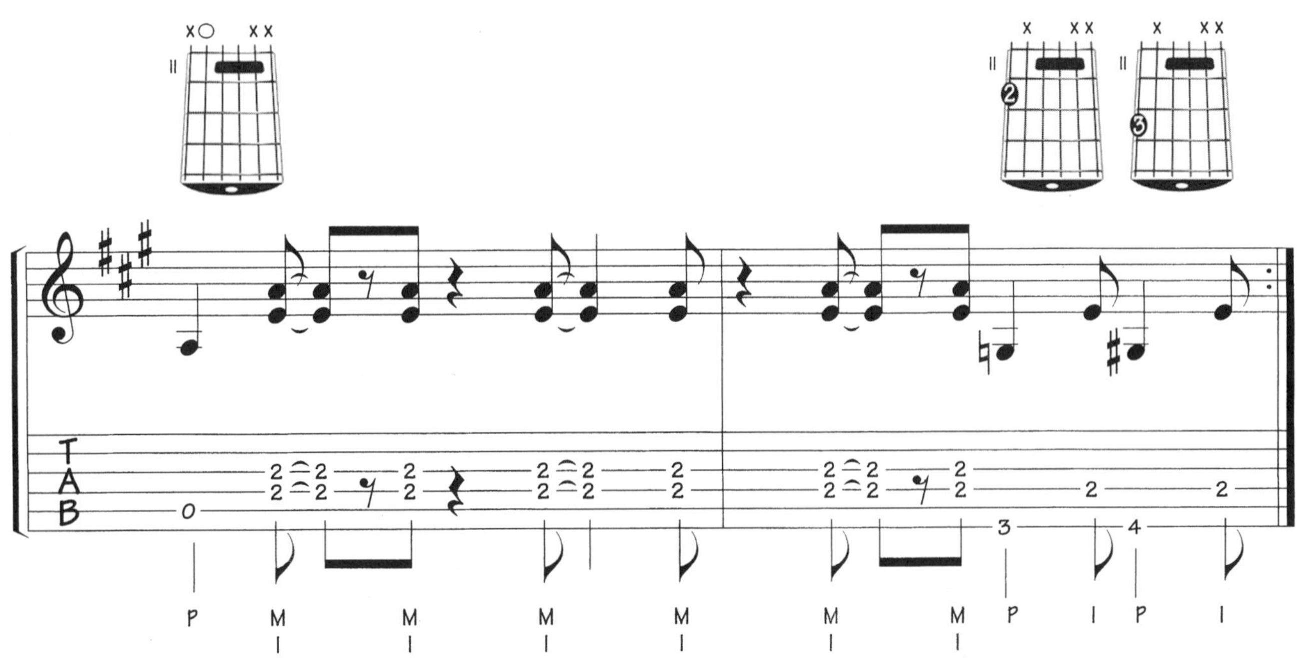

Exercice n° 35

35 **Inspiration : Rolling Stones, Rod Stewart**

À travailler avec les doigts.

Même style que l'exercice précédent. Le passage délicat est dans les pulling-off (PO). De la régularité de ces derniers dépend la réussite de cet exercice.

Binaire / ternaire

Exercice n° 36 36

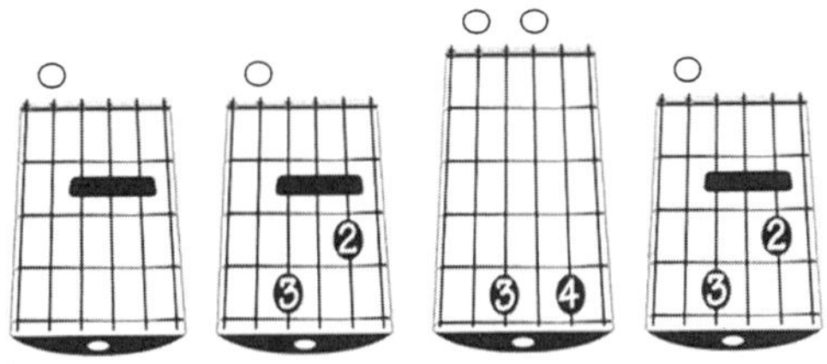

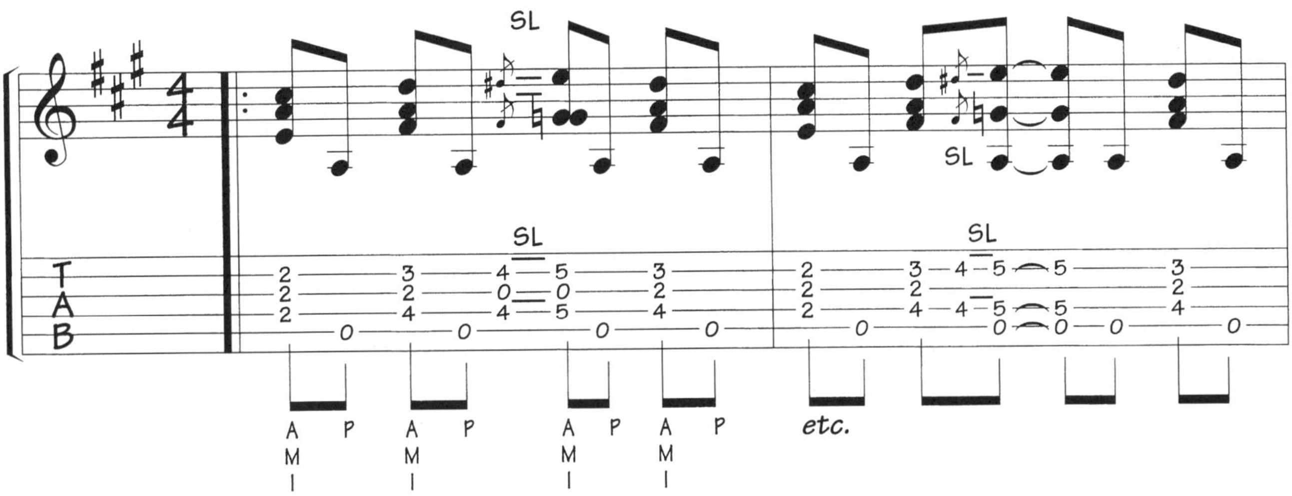

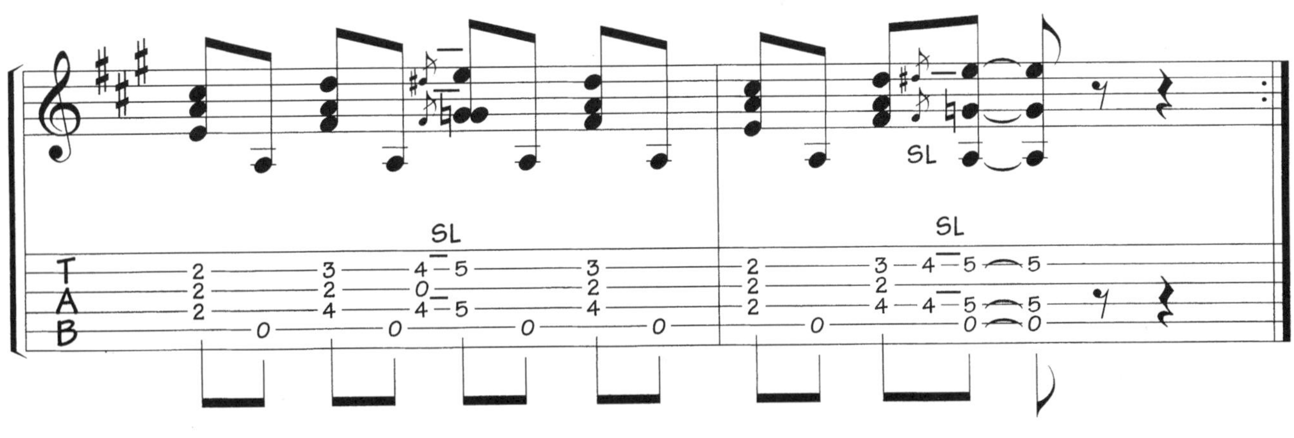

À travailler sans médiator cet exercice comparatif permet de bien sentir la différence entre l'esprit :

- binaire (bien régulier)
- ternaire (qui swingue)

N'hésitez pas à réécouter ces deux versions du même exercice.

Funk, reggae, latino, flamenco

Un mouvement incessant du médiator en double croches qui gratte les cordes en "aller-retour" (une fois vers le bas, une fois vers le haut). Les cordes résonnent lorsque la flèche est en caractère gras. Le reste du temps les doigts de la main gauche relâchent la pression sur les cordes mais restent posés sur celles-ci de manière à empêcher les cordes de résonner (×).

Exercice n° 37

37

Inspiration : Funk

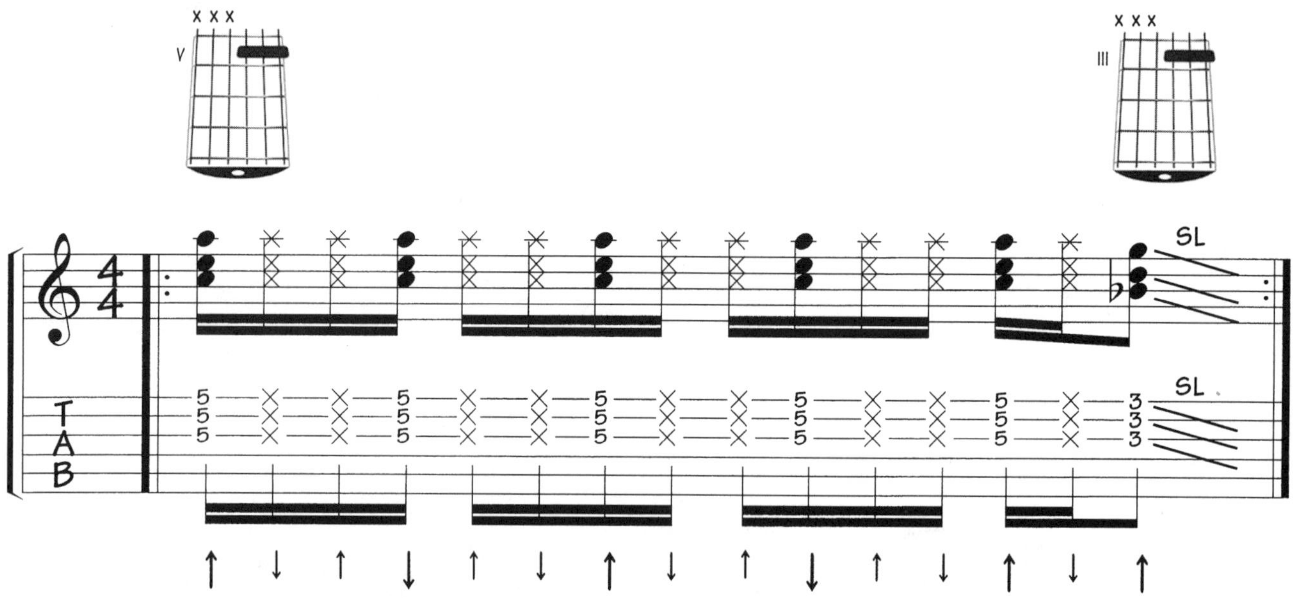

Pour ce genre de rythmique je préfère tenir le médiator à trois doigts (fig. 2 page 16). Je trouve qu'on a plus de souplesse qu'avec deux doigts.

Exercice n° 38

38

Inspiration : Funk (James Brown)

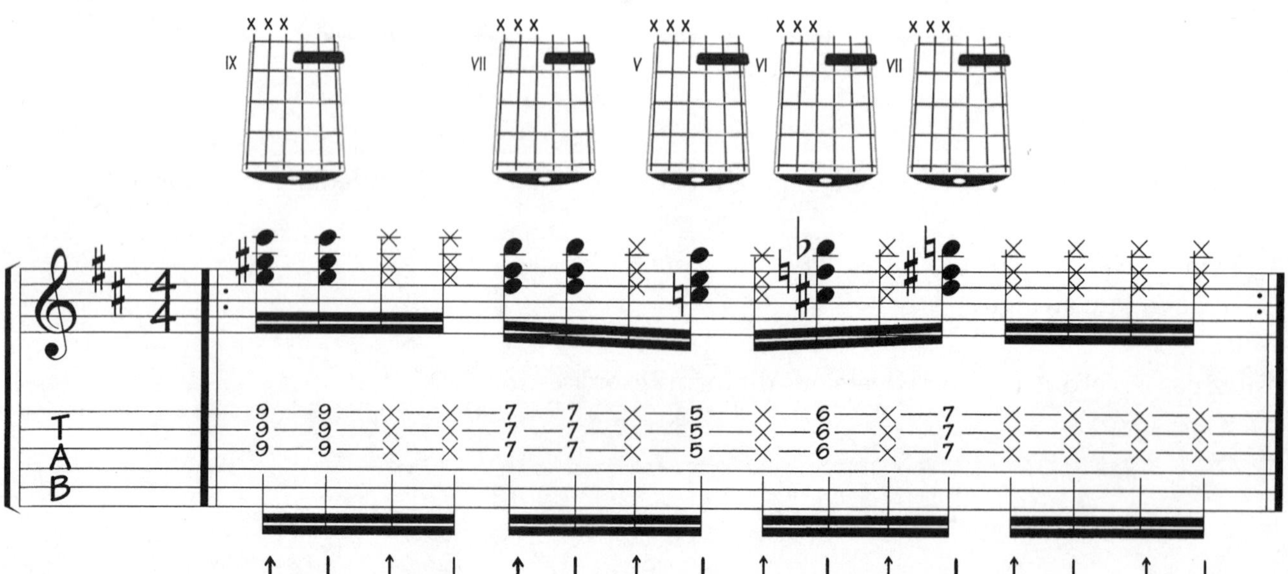

Une variante, toujours en aller et retour du médiator.

Reggae

Coup de médiator vers le bas.

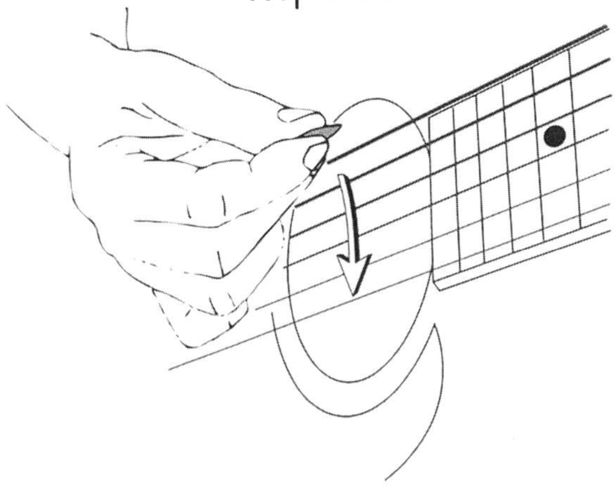

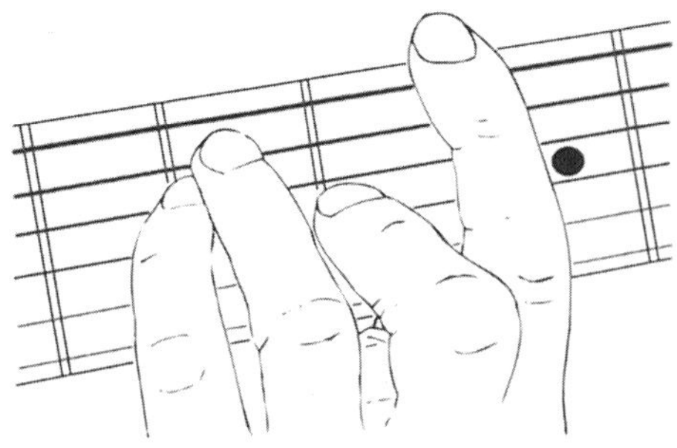

En même temps les doigts de la main gauche exercent une rapide pression sur les cordes pour que l'accord résonne très peu de temps.

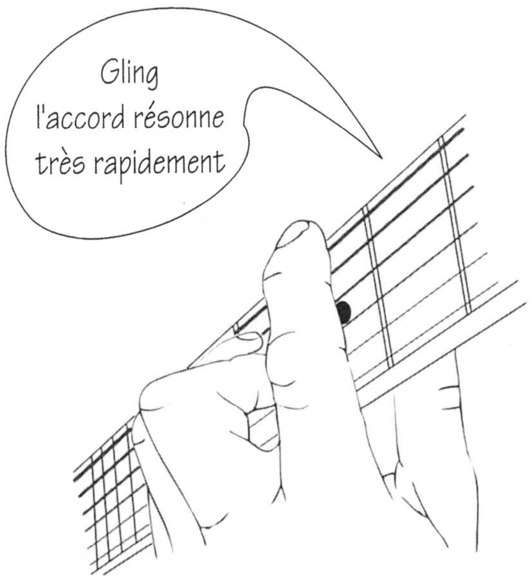

Immédiatement après les doigts de la main gauche relâchent la pression, _mais restent posés sur les cordes_. L'accord est étouffé il n'y a plus de son.

Attention :

Ici l'accord est étouffé par la main gauche (et non par la main droite). La main gauche relâchant la pression, l'accord ne peut plus sonner (écoutez l'illustration sonore).

Exercice n° 39 — 39 — Inspiration : Reggae, Bob Marley, Lavilliers

Trois accords avec petit barré pour l'index. Le reggae n'est pas évident à mettre en place. Comptez bien 1, 2, 3, 4. La base rythmique est de donner un coup de médiator vers le bas sur le **2ème** et le **4ème** temps. Attention on est vite perdu au début, mais avec un peu d'habitude ça va mieux.

Défauts rencontrés

Accords joués sur le 1er et le 3ème temps. Main gauche qui ne relâche pas assez vite la pression sur les cordes. L'accord sonne trop longtemps.

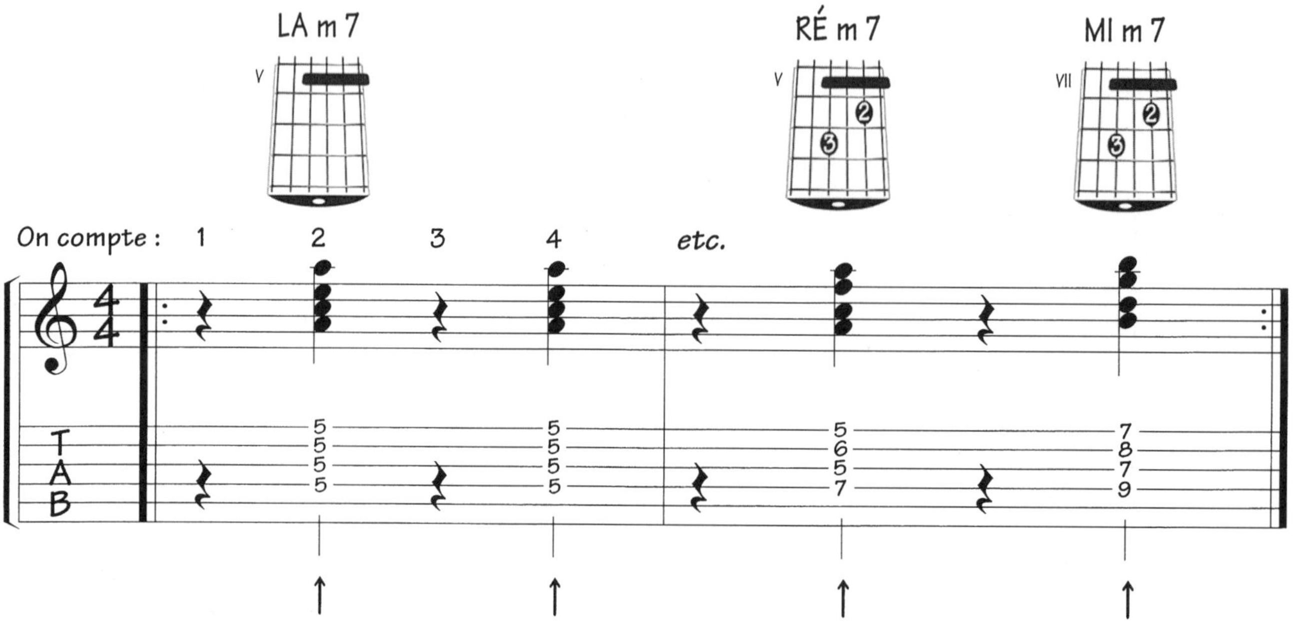

Exercice n° 40 — 40 — Inspiration : Reggae, Bob Marley, Lavilliers

Voici une variante très souvent employée qui consiste à donner un coup de médiator vers le haut juste après avoir donné un coup de médiator vers le bas. On garde le même principe d'étouffer le son avec la main gauche et non avec la main droite.

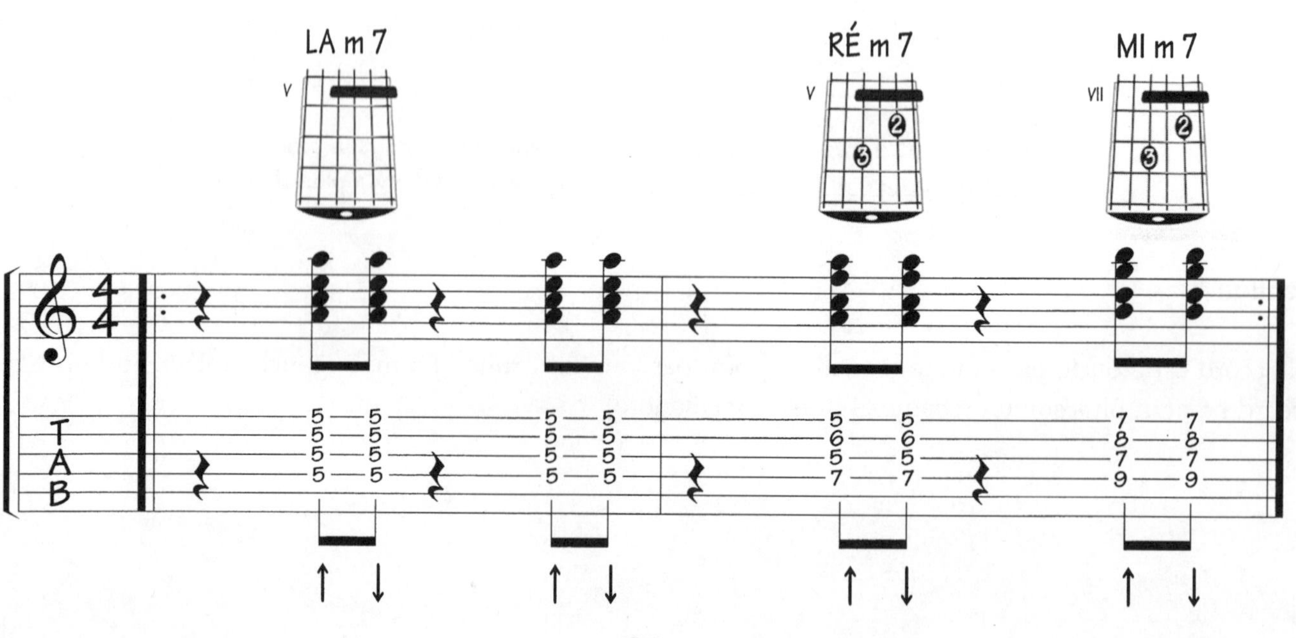

Exercice n° 41 41 Inspiration : Police

À noter que dans cet exercice, la main droite comme dans les rythmiques funk n'arrête pas de faire des allers et retours. C'est en fait la main gauche qui donne la cadence en exercant ou non une pression sur les cordes. Quand la pression est exercée, l'accord résonne, quand les doigts relâchent la pression l'accord est étouffé, tout en restant posés sur les cordes.

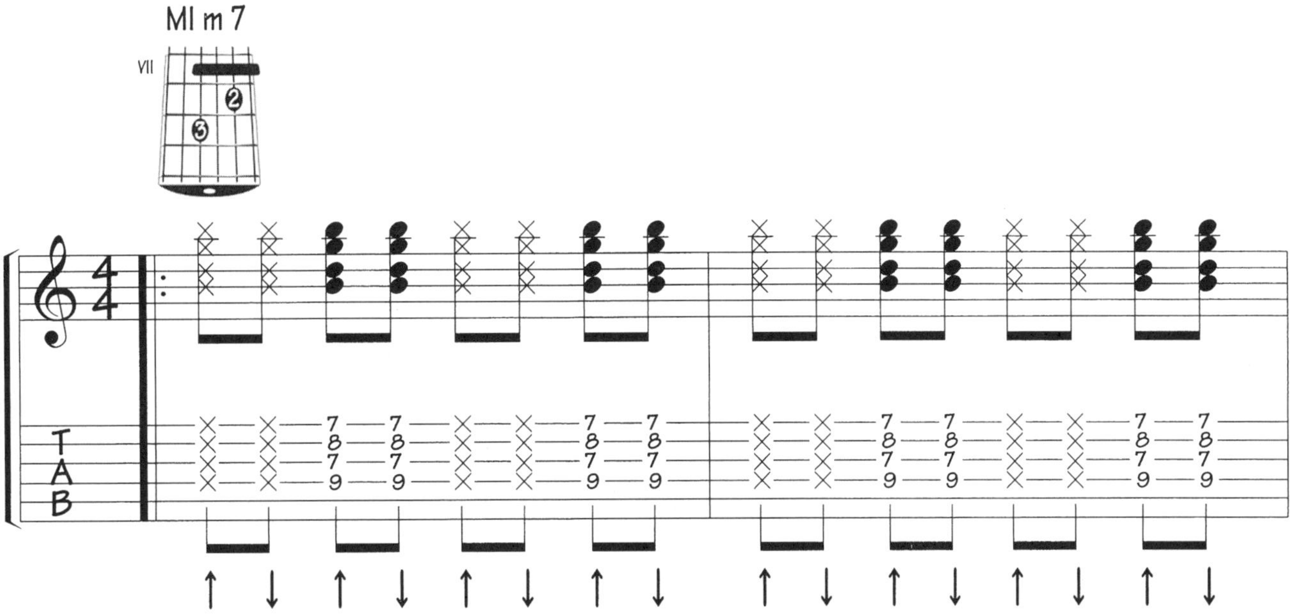

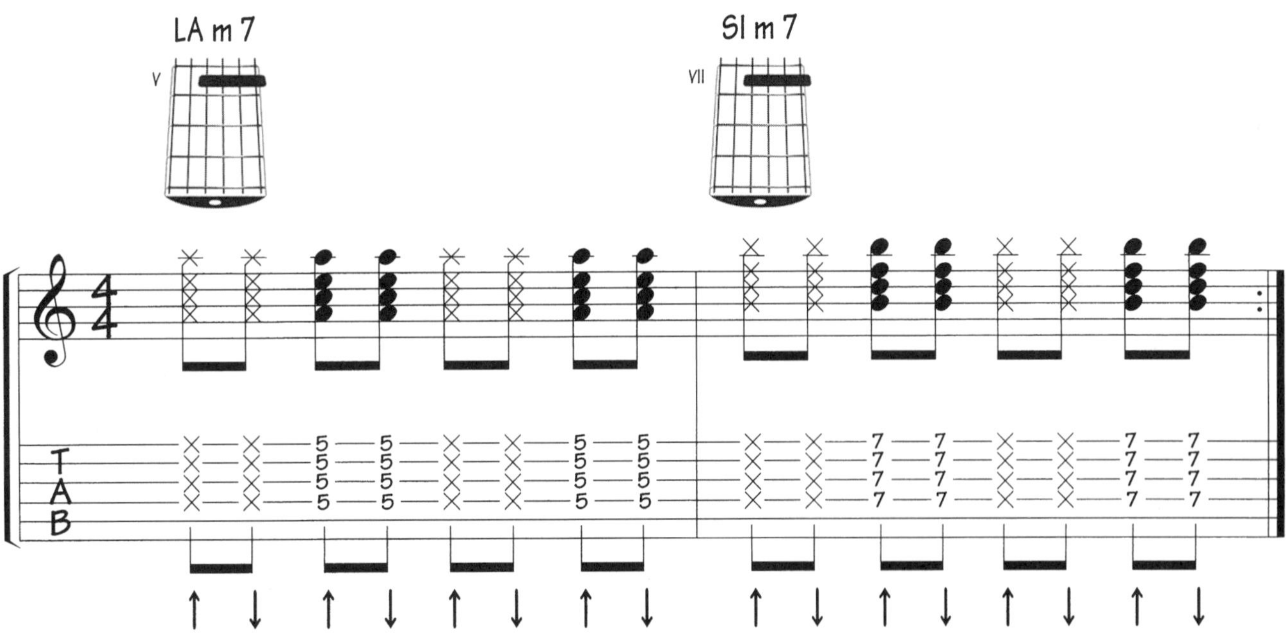

Exercice n° 42 — 42 — Inspiration : Chacha, Santana

La rythmique n'est pas franchement compliquée, en revanche ça balance pas mal. Le signe (×) indique que les doigts de la main droite tapent toutes les cordes. On obtient un bruit de percussion (Tchac) et les cordes sont étouffées.

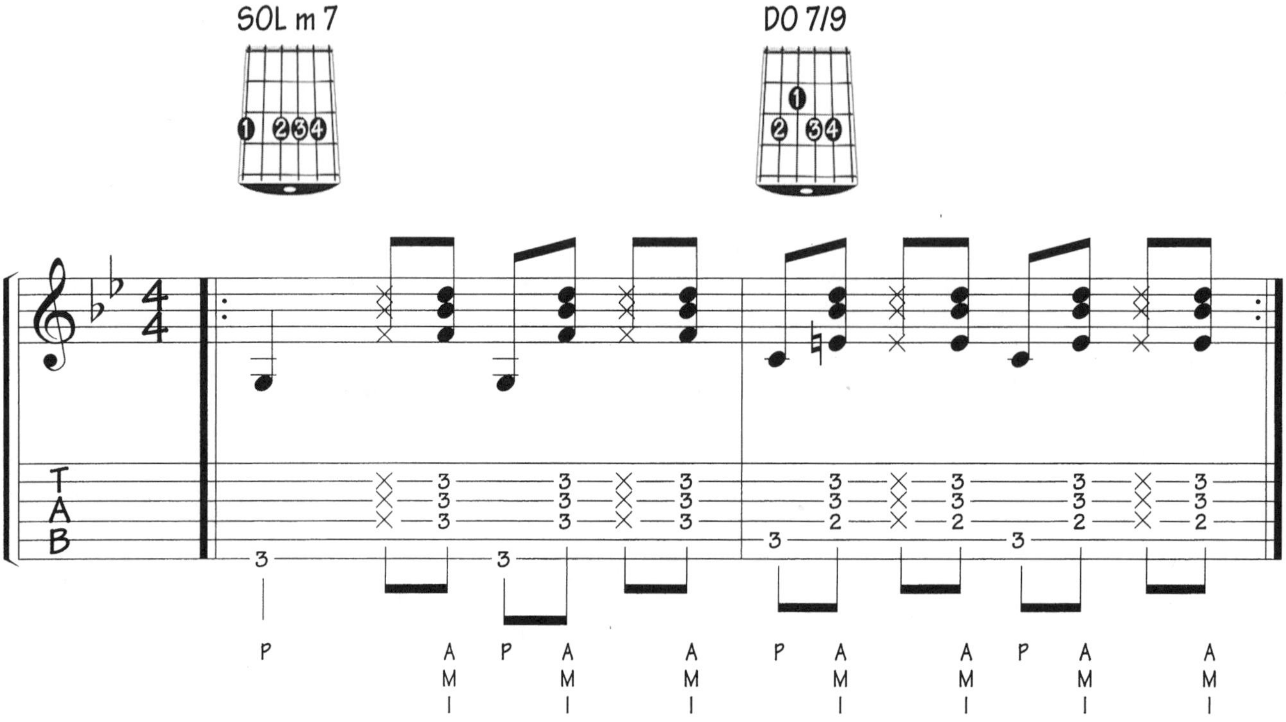

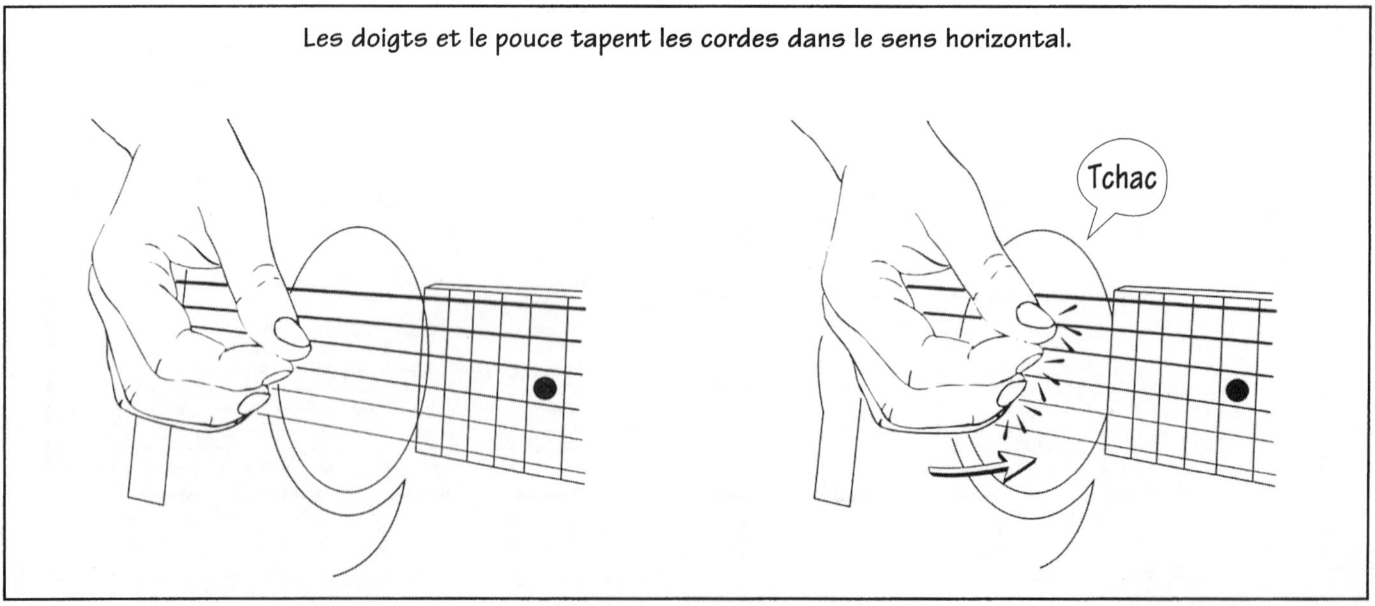

Bien maîtrisée cette rythmique sera du meilleur goût pour accompagner vos improvisations dans le style Santana : "frissons garantis".

Exercice n° 43

43

Inspiration : Bossa nova

Ah ! La Bossa nova !… Un balancement caractéristique, des harmonies subtiles, quel bonheur ! Les «fanas» de la Bossa trouveront d'autres ouvrages plus spécialisés.

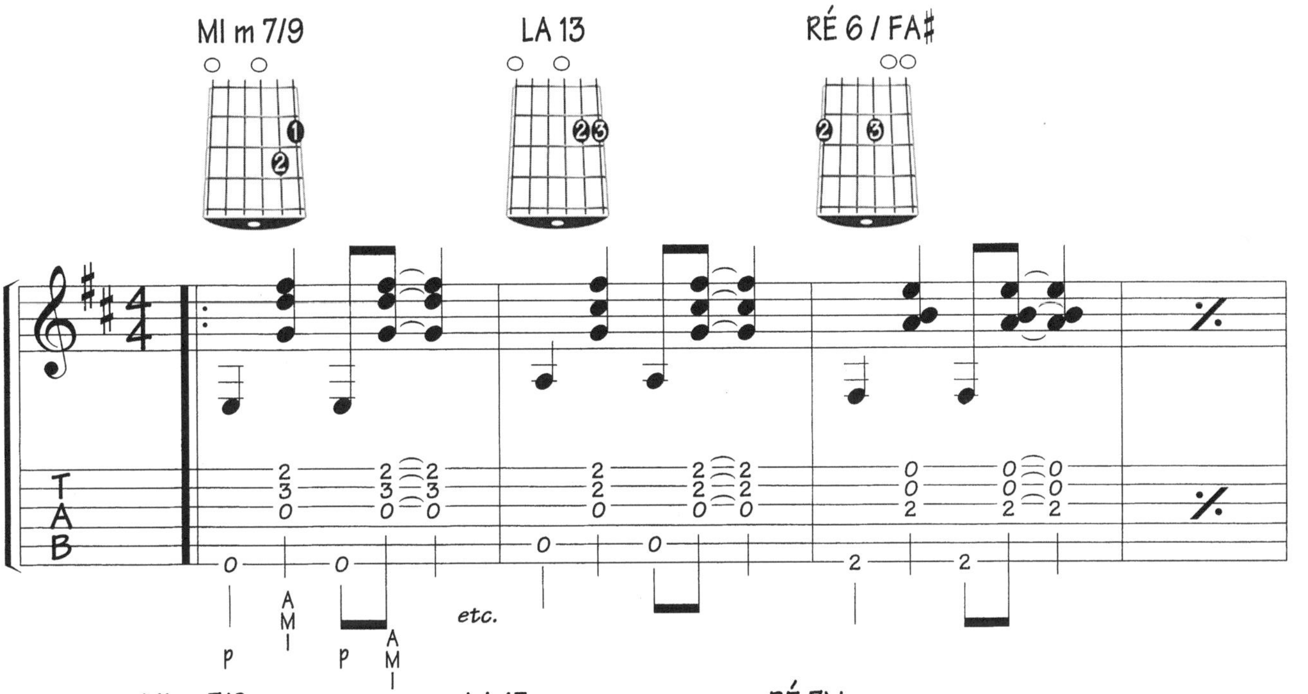

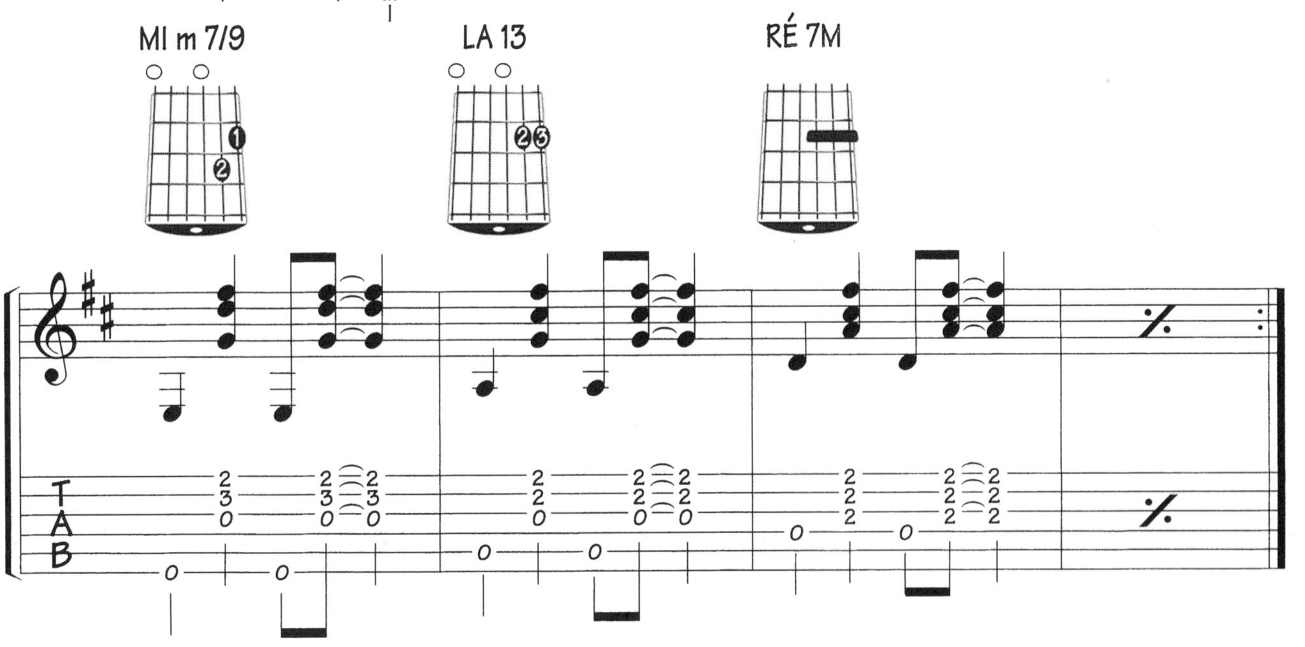

Bossa Nova

Exercice n° 44 — 44 — Inspiration : Tom Jobin, Jorge Ben

Petit enchaînement avec une formule syncopée très caractéristique. Travaillez lentement au début pour favoriser la mise en place de la main droite.

Rythmique espagnole n°1

Quelques variations sur fond d'inspiration espagnole, très en vogue depuis quelques années, notamment avec les Gipsy Kings. Les variations sont nombreuses mais en voici quelques unes que l'on pourra travailler seul et ensuite pourquoi pas à plusieurs guitares ce qui ajoute encore un certain charme. Glissez ces plans rythmiques au hasard des soirées et vous verrez comme ça plaît. On gagne à tous les coups.

Dans l'exercice n°45 on n'étouffe les cordes que sur le 4ème temps. L'exercice n°47 sera sympathique à enchaîner puisque les cordes sont étouffées sur le 2ème et sur le 4ème temps. On aura une sensation de progression dans la rythmique. La première pourra servir pour un couplet, la 2ème pour un refrain.

A

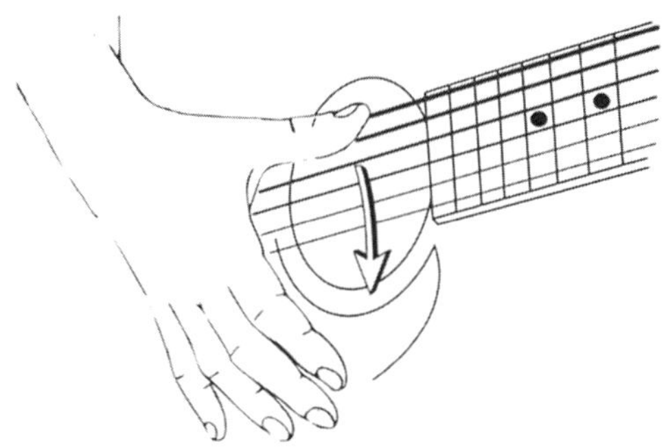

Le pouce gratte les cordes vers le bas.

B

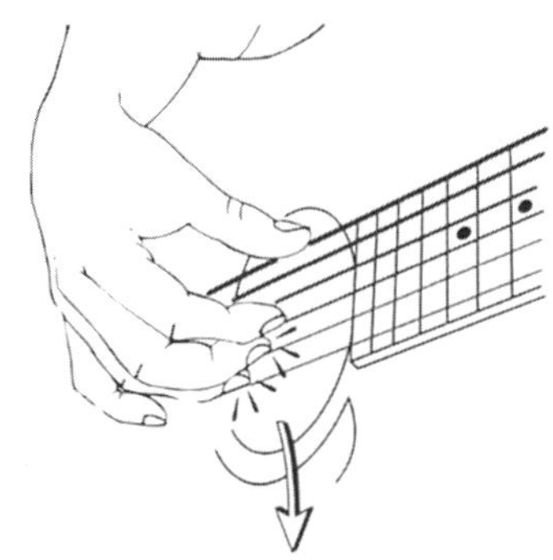

Le majeur et l'annulaire se déplient en même temps et frappent les cordes.

C

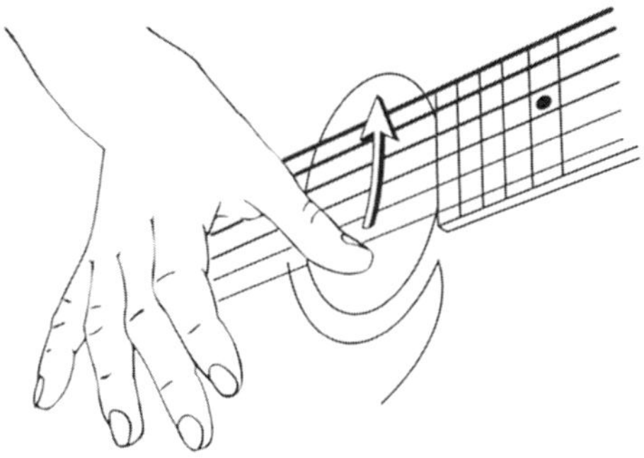

Le pouce gratte les cordes vers le haut.

D

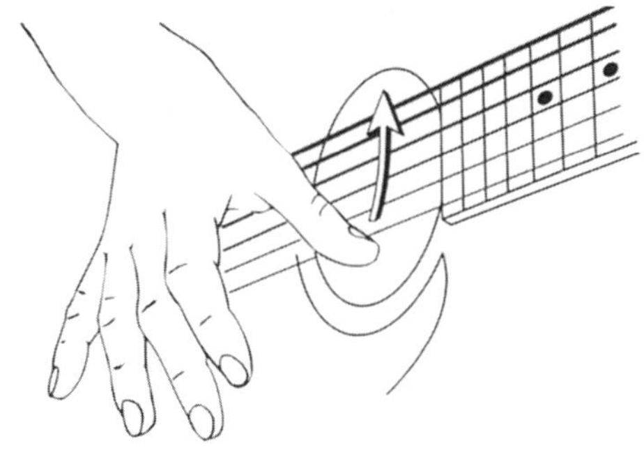

Le pouce gratte les cordes vers le haut.

E

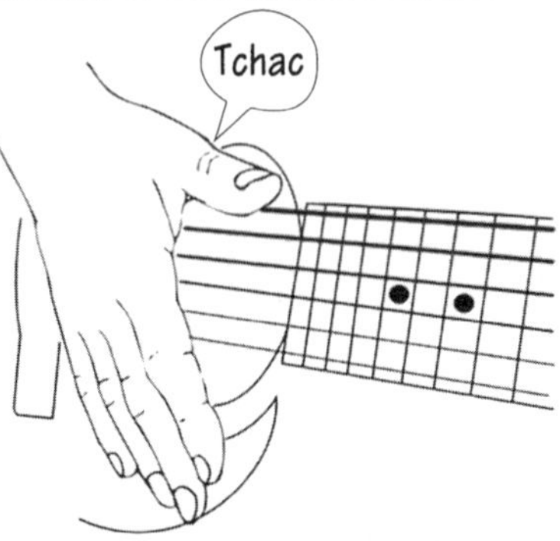

Le plat de la main se plaque contre les cordes et les empêche de résonner.

F

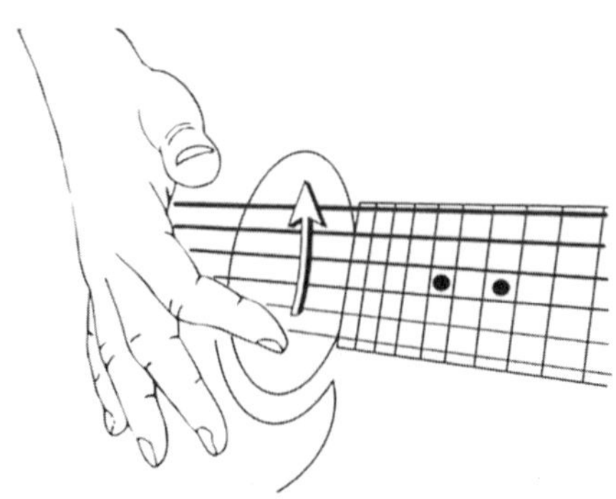

L'index gratte les cordes vers le haut.

Exercice n° 45

45

Inspiration : Gipsy Kings

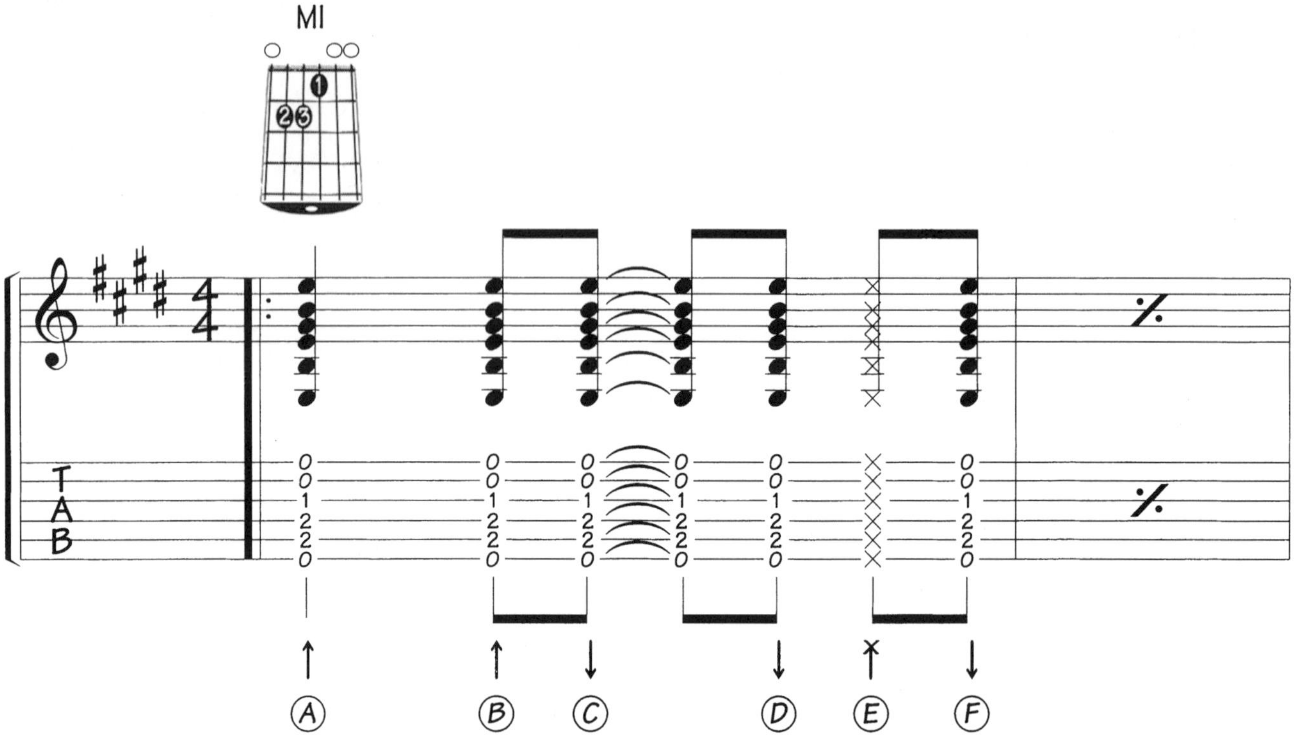

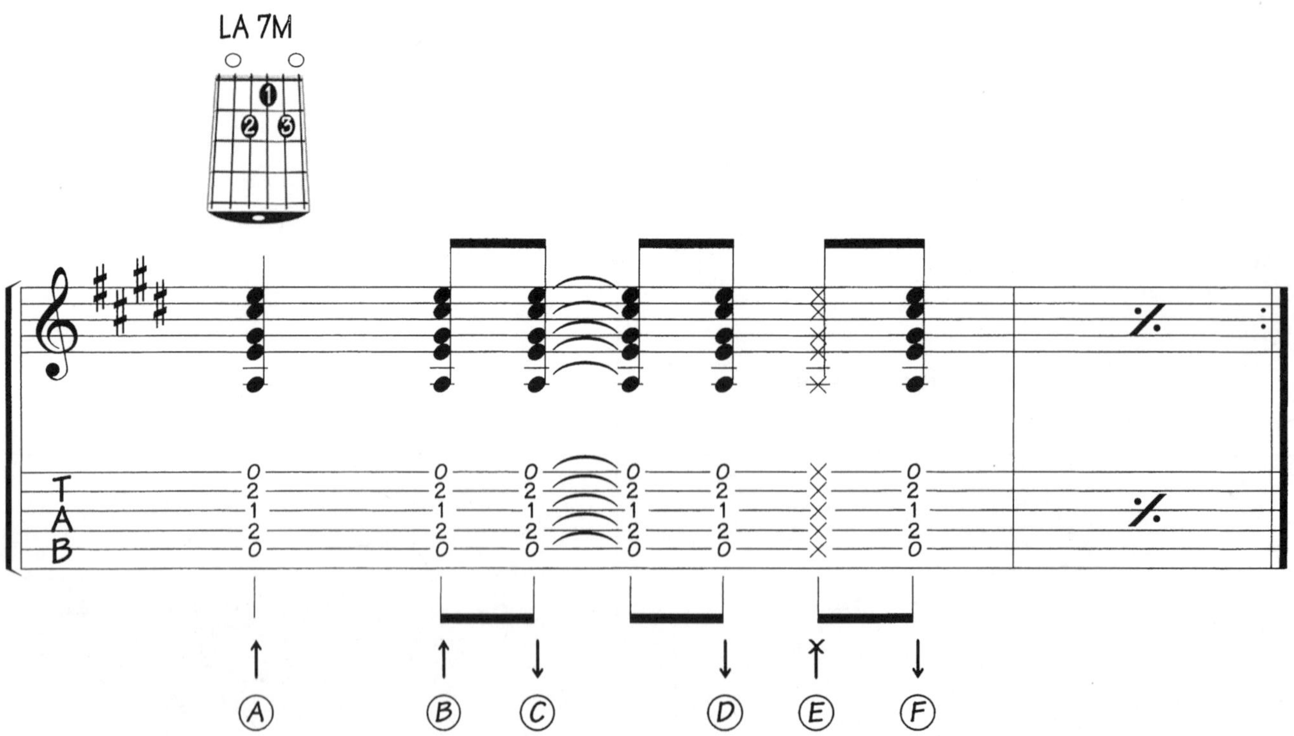

Exercice n° 46 — 46 — Inspiration : Lionel Richie

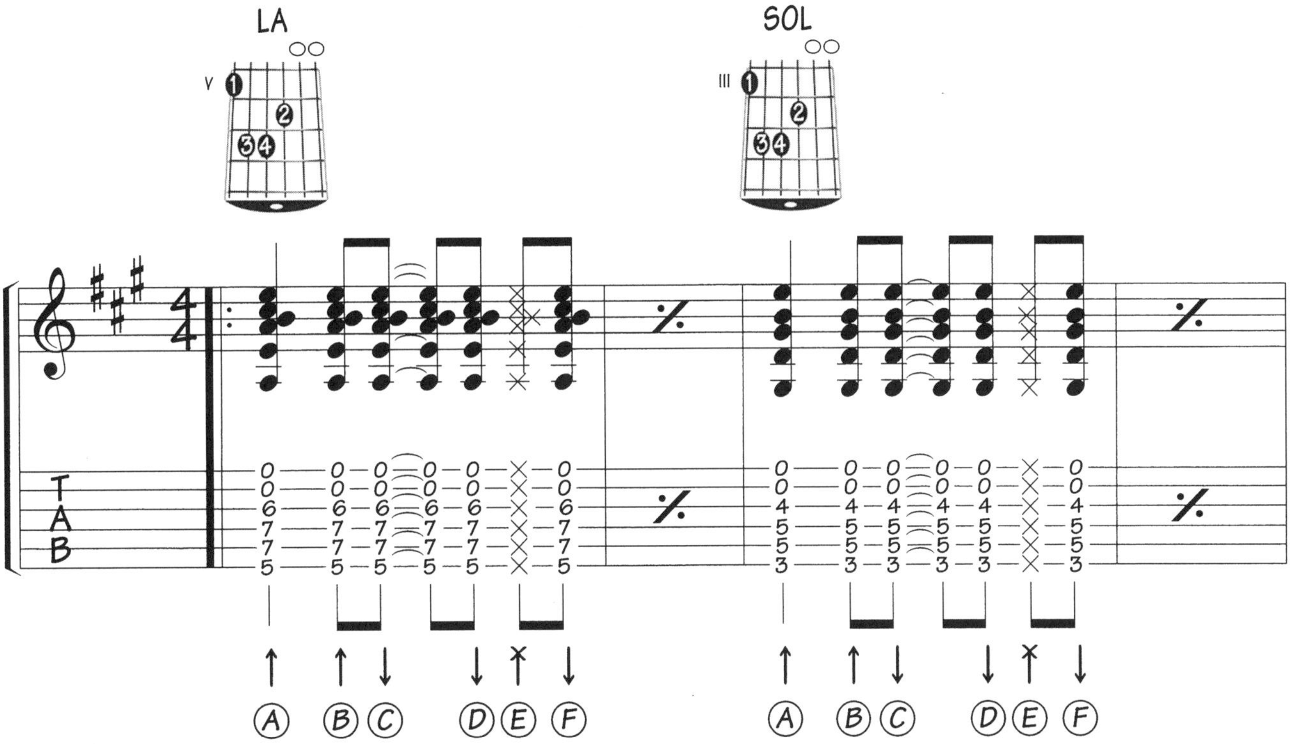

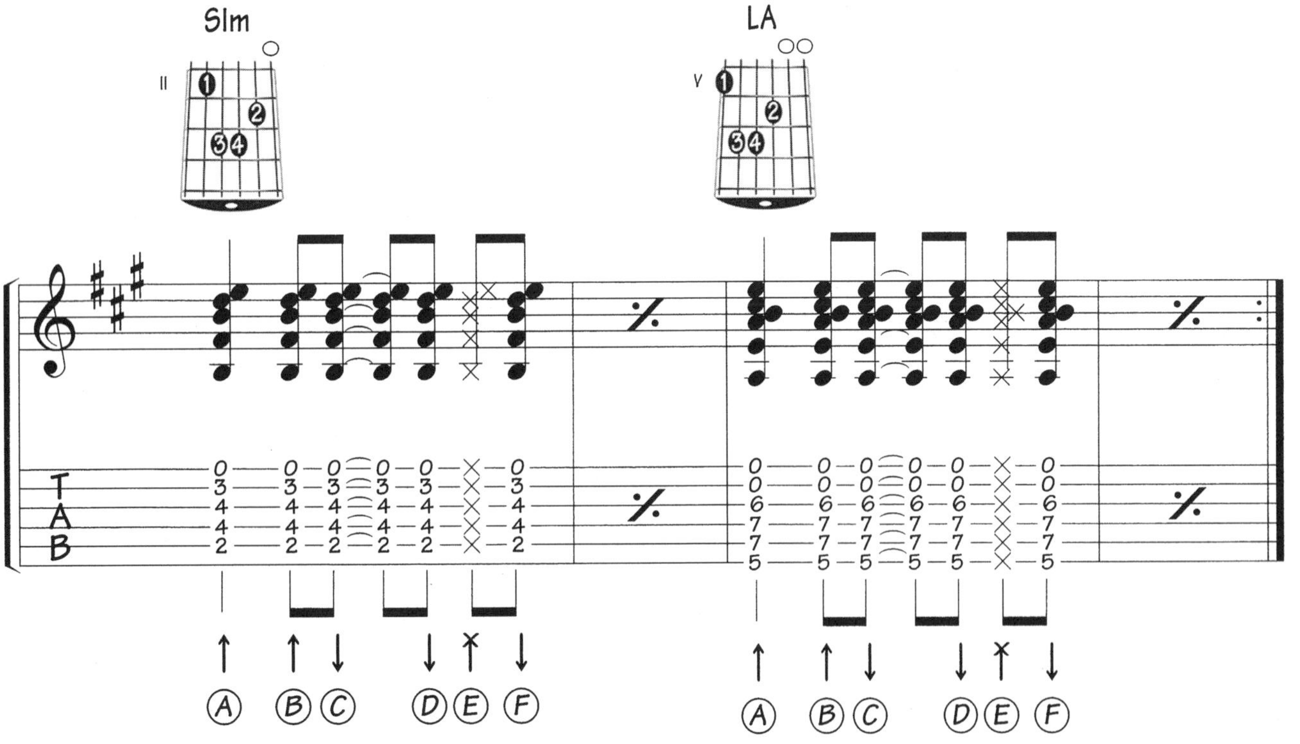

Rythmique espagnole n°2

A

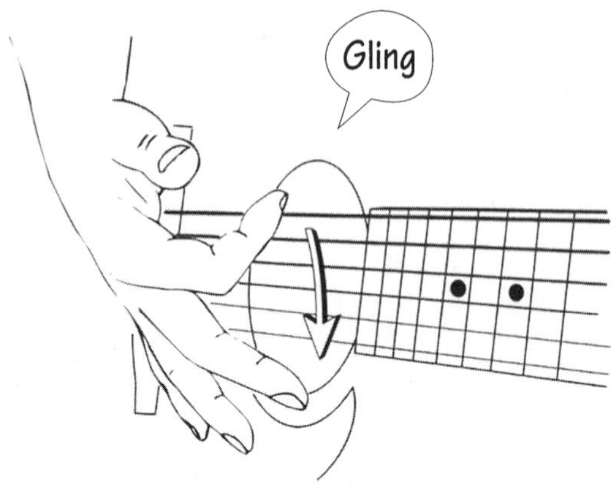

L'index gratte les cordes vers le bas.

B

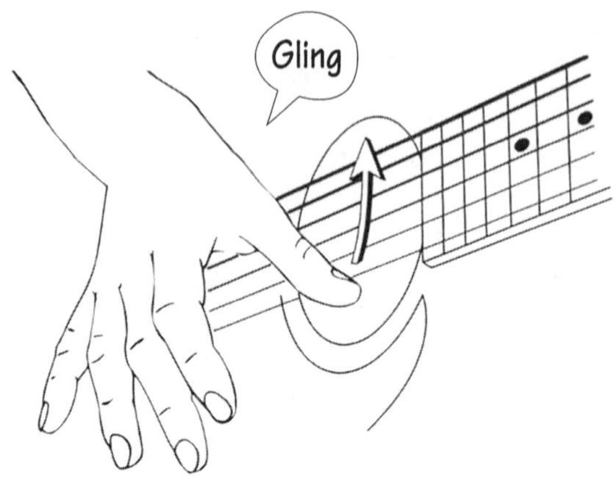

Le pouce gratte les cordes vers le haut.

C

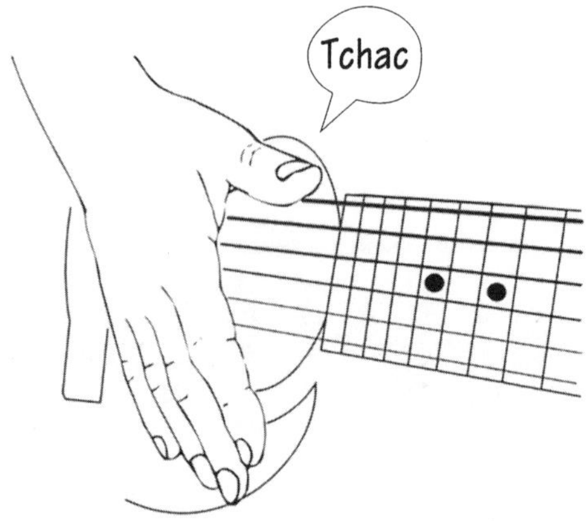

Le plat de la main tape contre les cordes et la caisse.

D

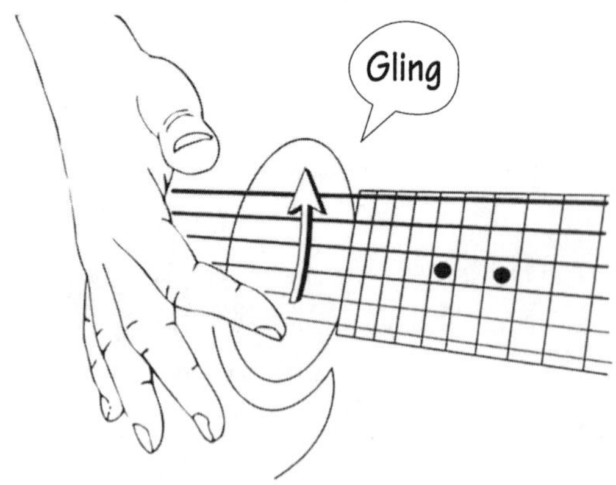

L'index remonte les cordes (pas le pouce).

Exercice n° 47 — 47 — Inspiration : Gipsy Kings

Je vous recommande de bien travailler cette rythmique qui sonne vraiment super à plusieurs guitares. Attention après avoir tapé le plat de la main sur les cordes, ***c'est l'index*** qui remonte les cordes, pas le pouce.

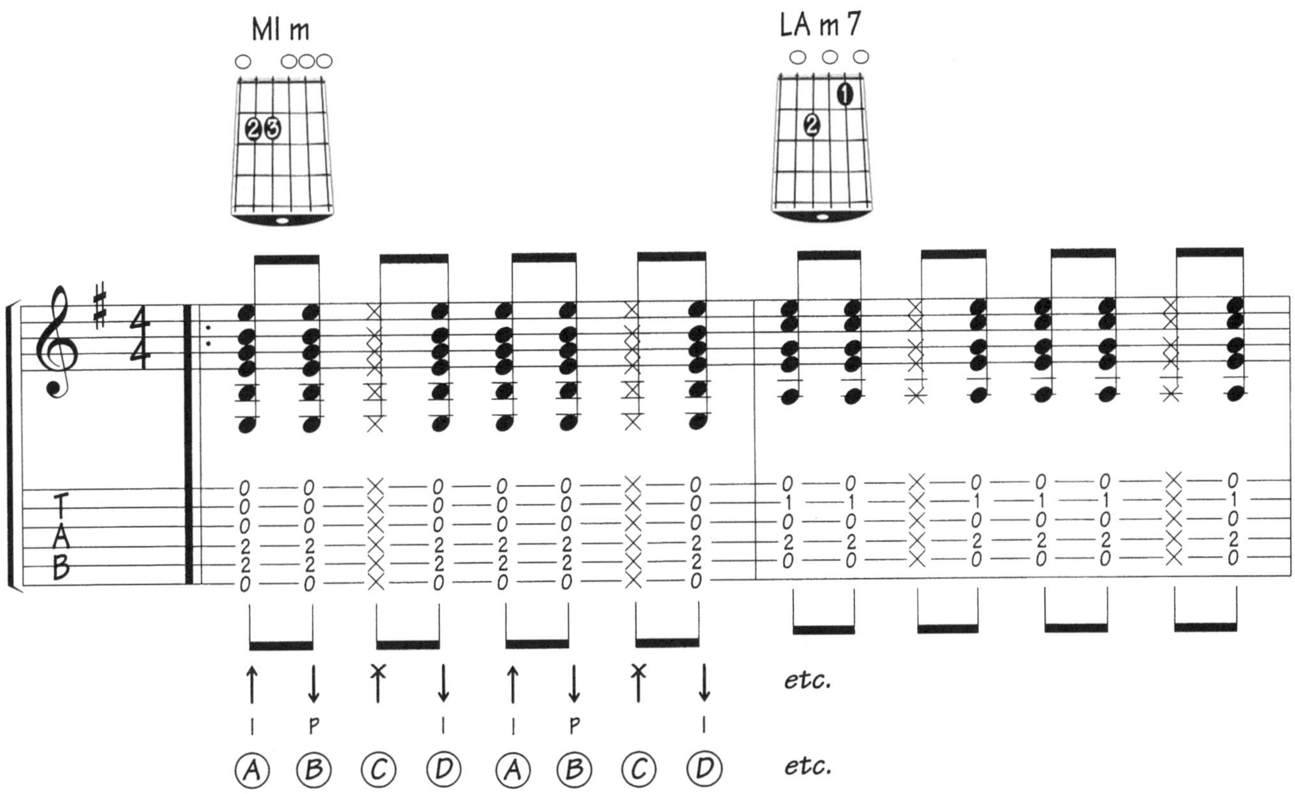

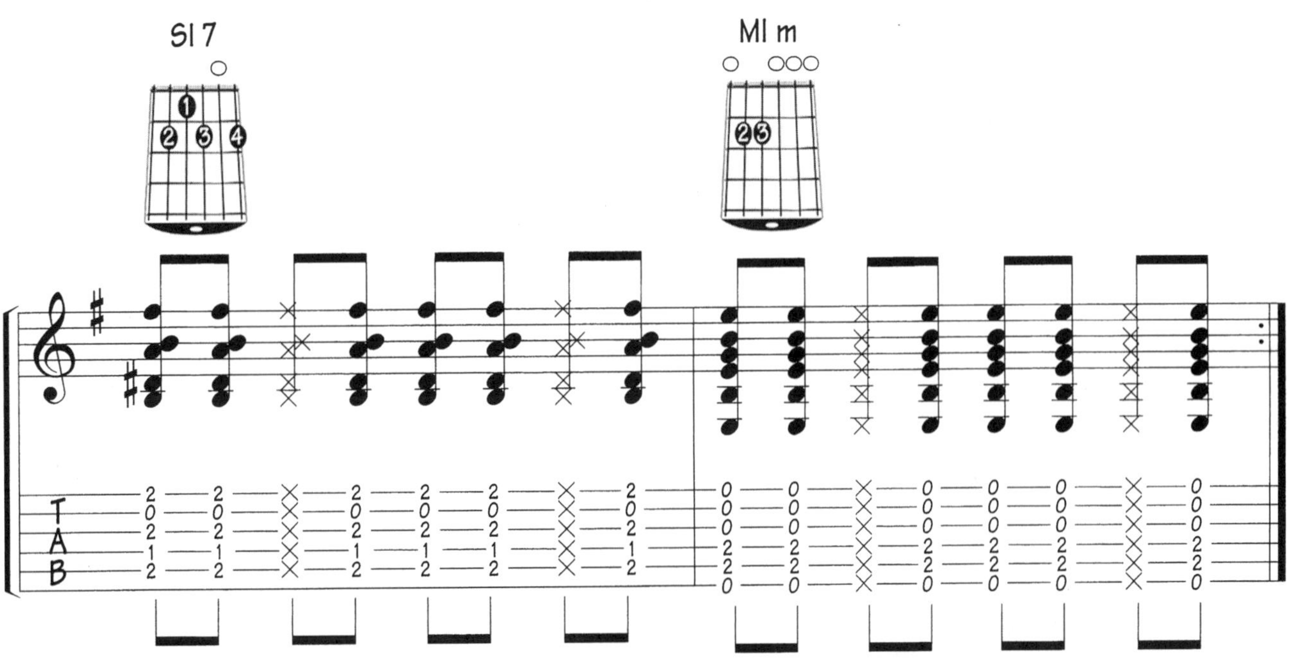

Rythmique espagnole n°3

A

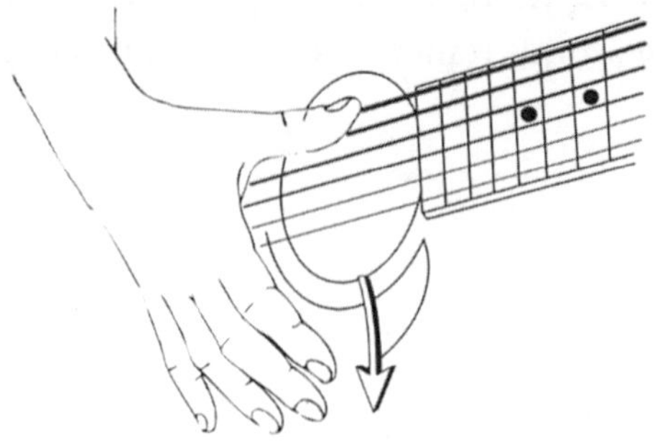

Le pouce gratte les cordes vers le bas.

B

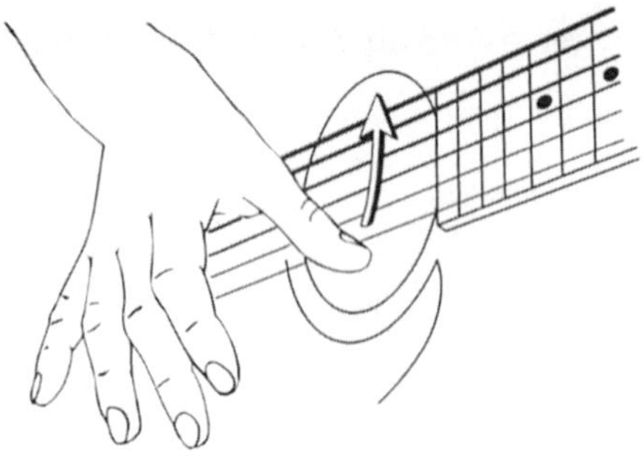

Le pouce gratte les cordes vers le haut.

C

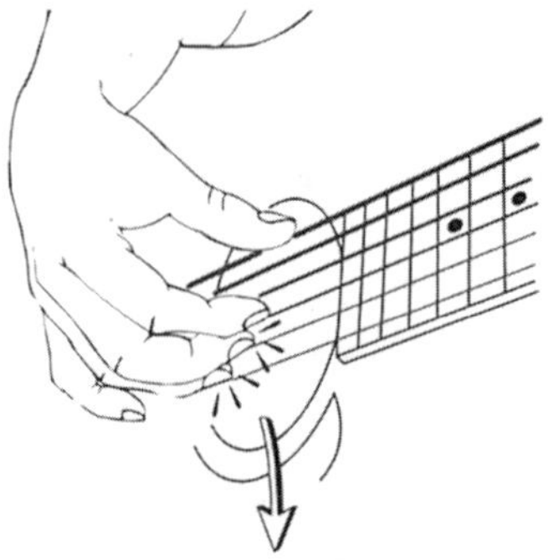

Le majeur et l'annulaire se déplient en même temps et frappent les cordes.

D

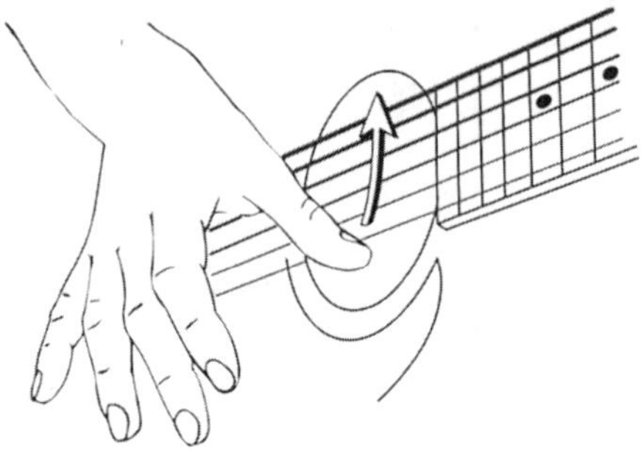

Le pouce gratte les cordes vers le haut.

E

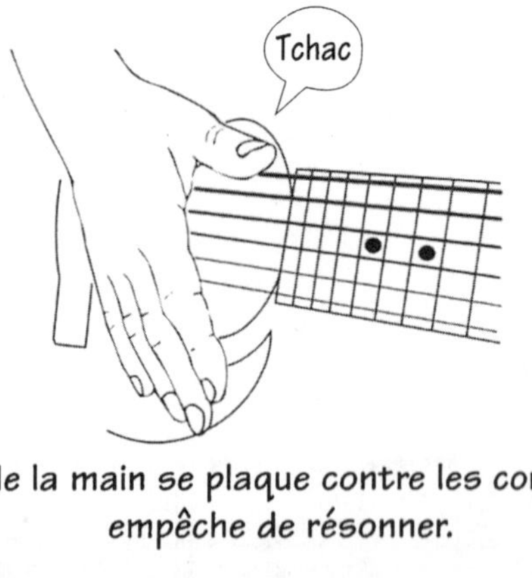

Le plat de la main se plaque contre les cordes et les empêche de résonner.

F

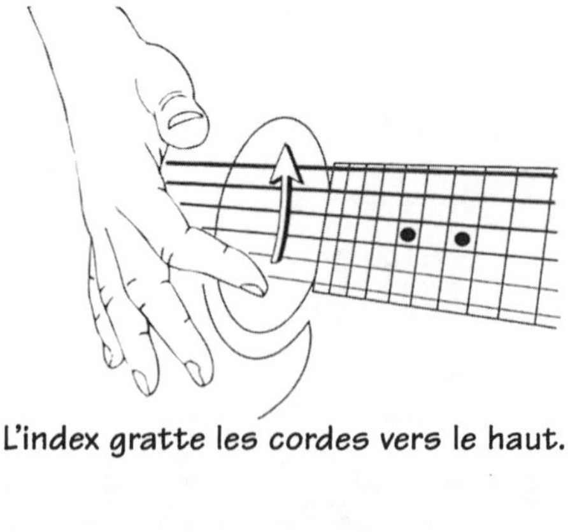

L'index gratte les cordes vers le haut.

G

L'index gratte les cordes vers le bas.

H

Le pouce gratte les cordes vers le haut.

Exercice n° 48

48

Inspiration : **Gipsy Kings**

Attention cette rythmique n'est pas évidente à mettre au point. Il faut bien la découper et la faire au ralenti. Pas de précipitation. Remarquez qu'ici c'est le 3ème temps qui est étouffé.

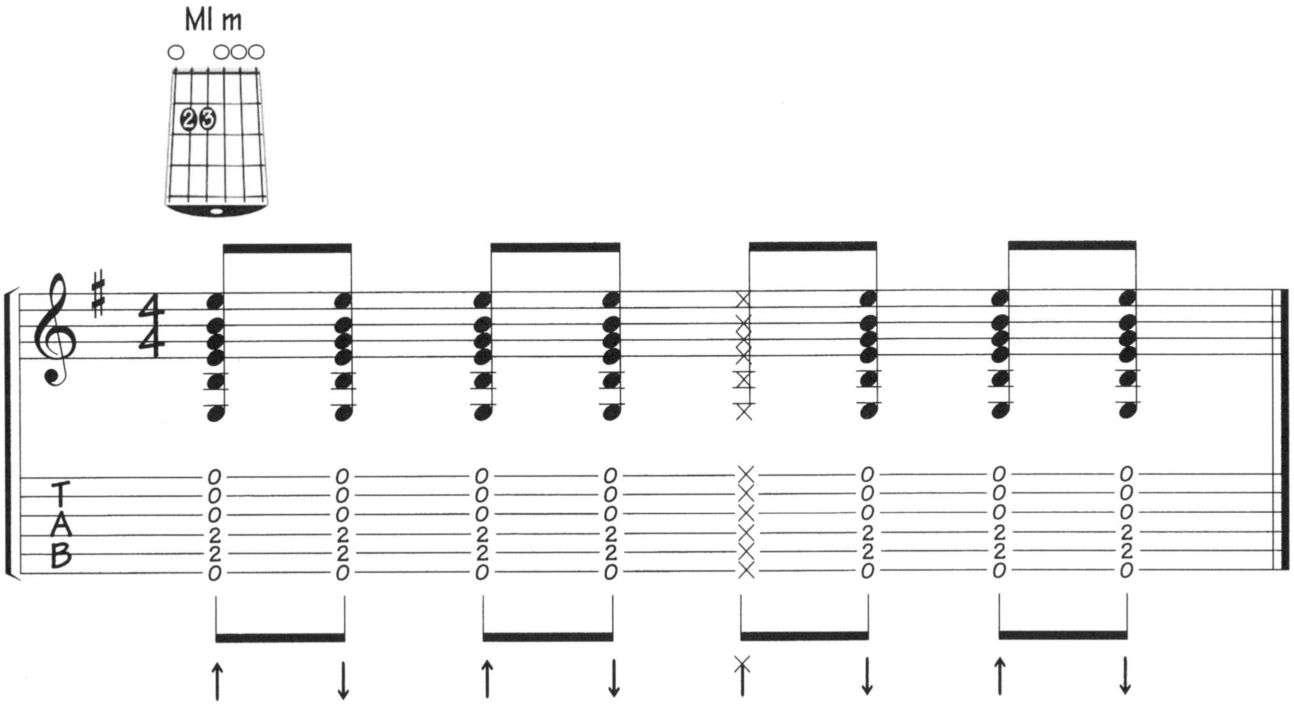

Exercice n° 49

49

Inspiration : **Gipsy Kings**

MI m	MI m	RÉ 7	RÉ 7	DO	DO	SI 7	SI 7

Les arpèges

Très utilisé dans de nombreux styles, l'accompagnement en arpèges est une façon plus douce d'accompagner le chant. La représentation musicale se fera sous forme de tablature. L'accompagnement ne sera efficace que s'il est bien régulier. En général les doigts de la main droite se répartissent le travail de la façon suivante :

- le pouce joue la basse (corde MI, LA ou RÉ)
- l'index joue la 3ème corde (SOL)
- le majeur joue la 2ème corde (SI)
- l'annulaire joue la 1ère corde (MI aigu)

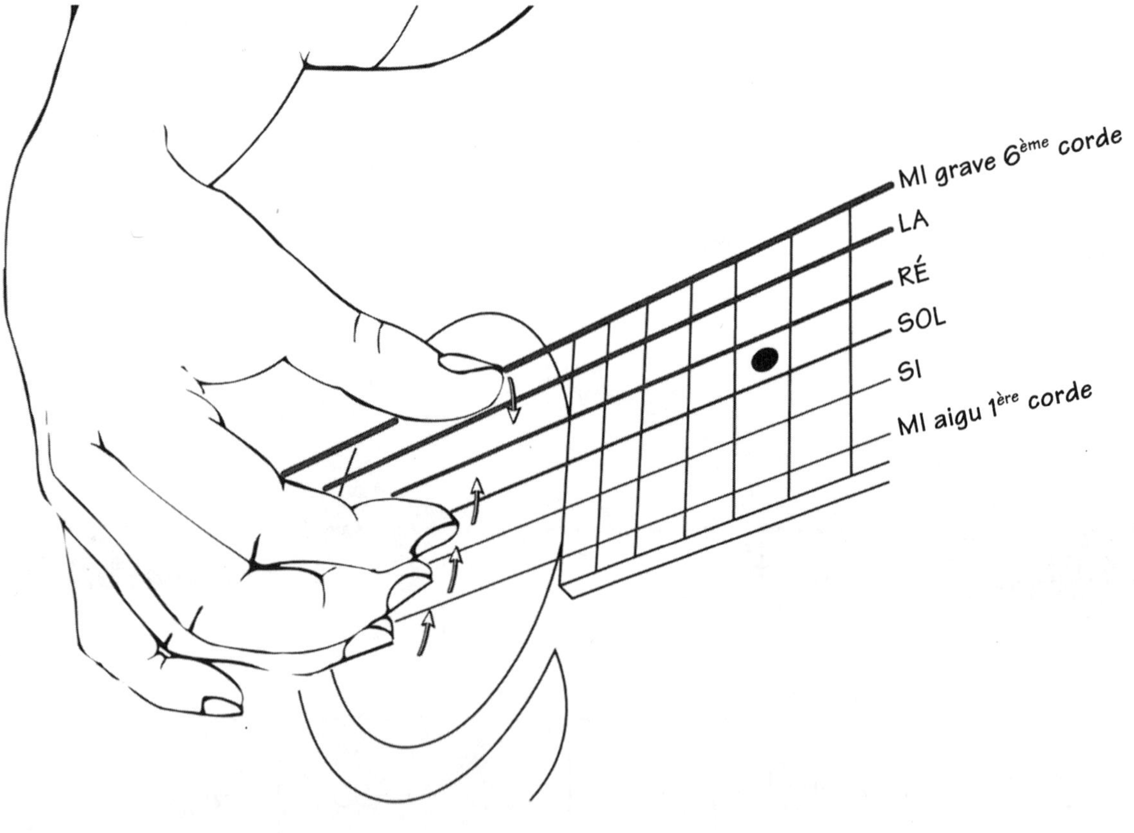

Sans plus attendre, voici quelques exercices d'application dans différents styles.

Exercice n° 50

50

Ces quatre accords forment une suite hyper connue qu'il est bon de maîtriser rapidement. On pourra travailler chaque accord séparément.

DO	LA m	RÉ m	SOL 7

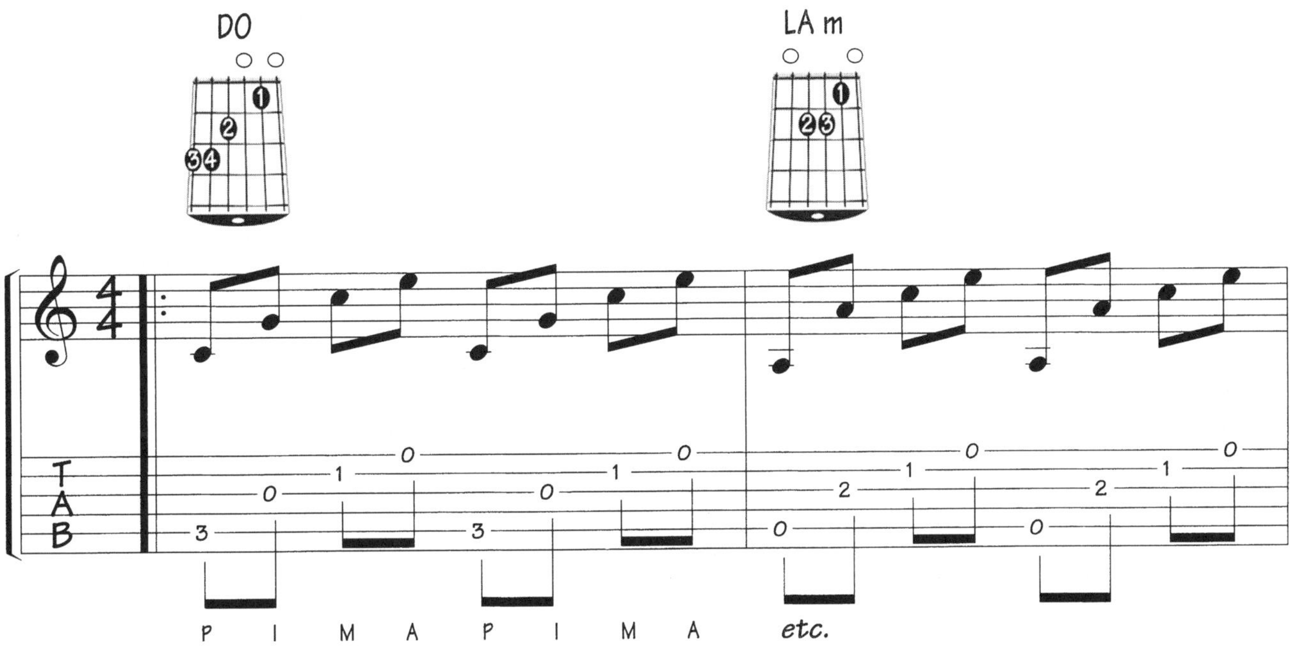

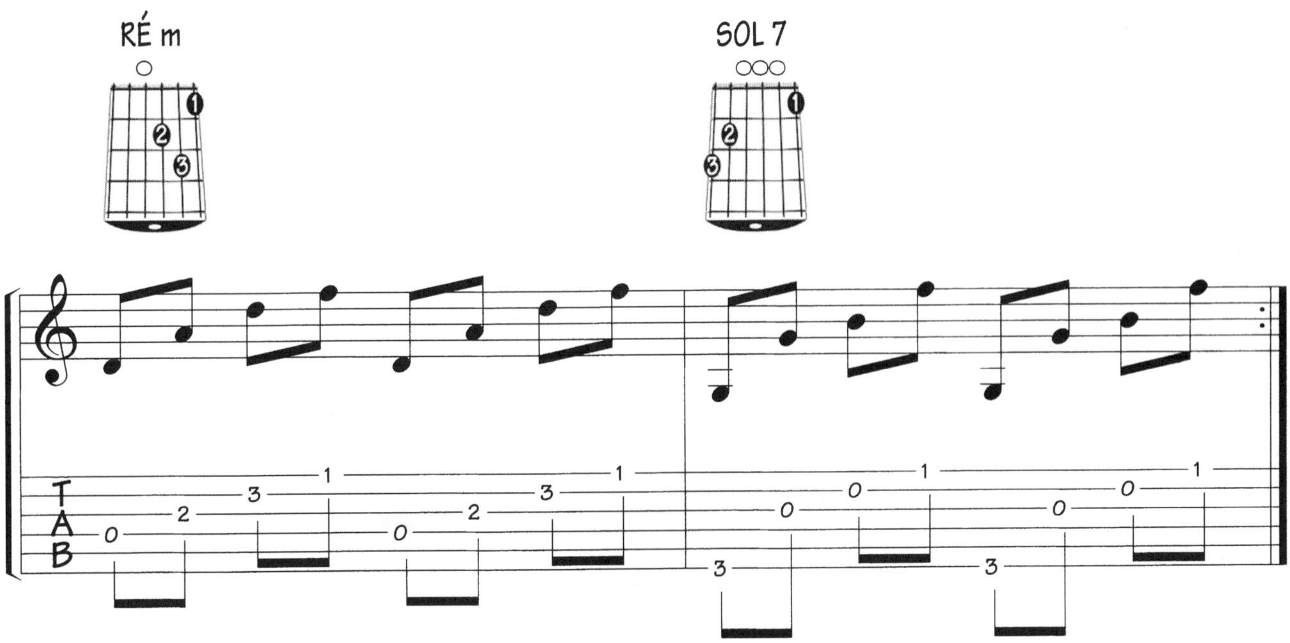

Exercice n° 51

51

Inspiration : Moustaki

DO	MI m	FA	DO

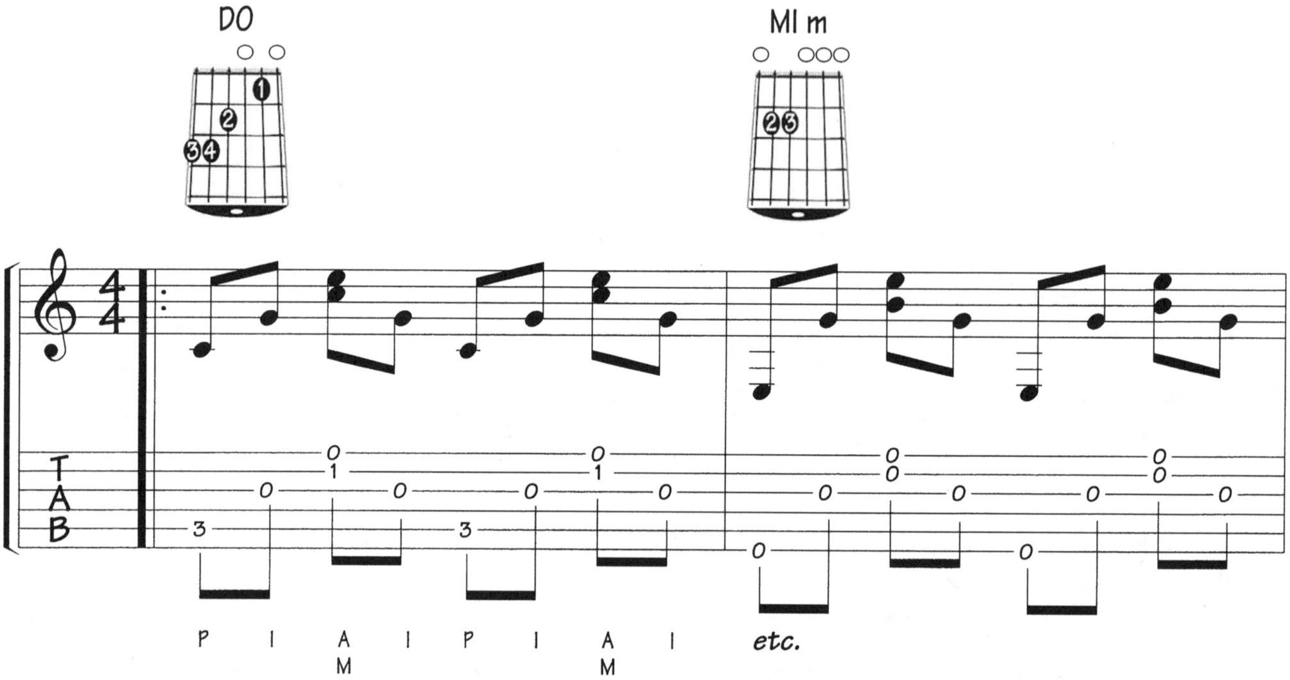

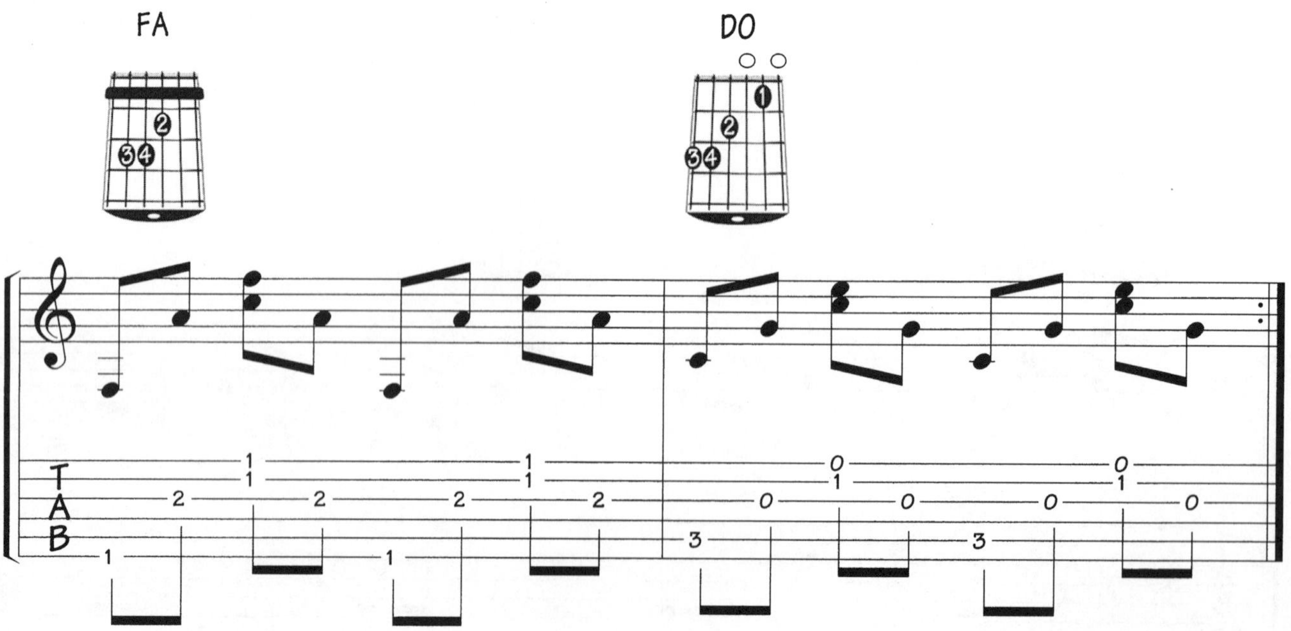

Exercice n° 52 — 52 — Inspiration : Leonard Cohen

LA m	LA m	DO	DO

LA m

On compte : 1 et 2 et 3 et etc.

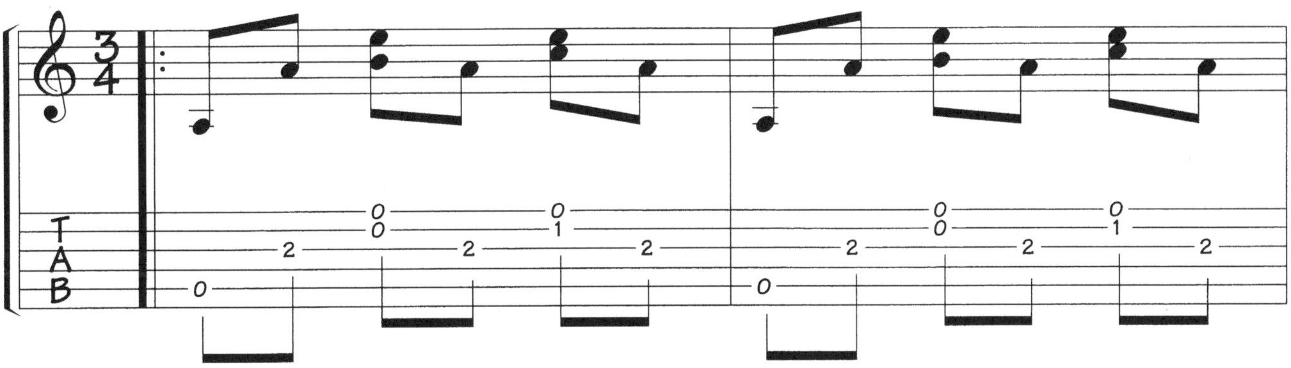

P I A I A I etc.
M M

DO

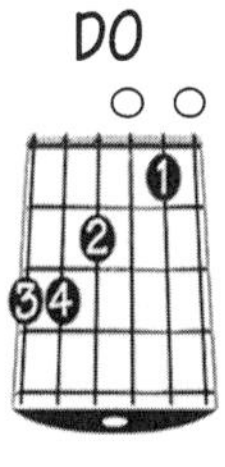

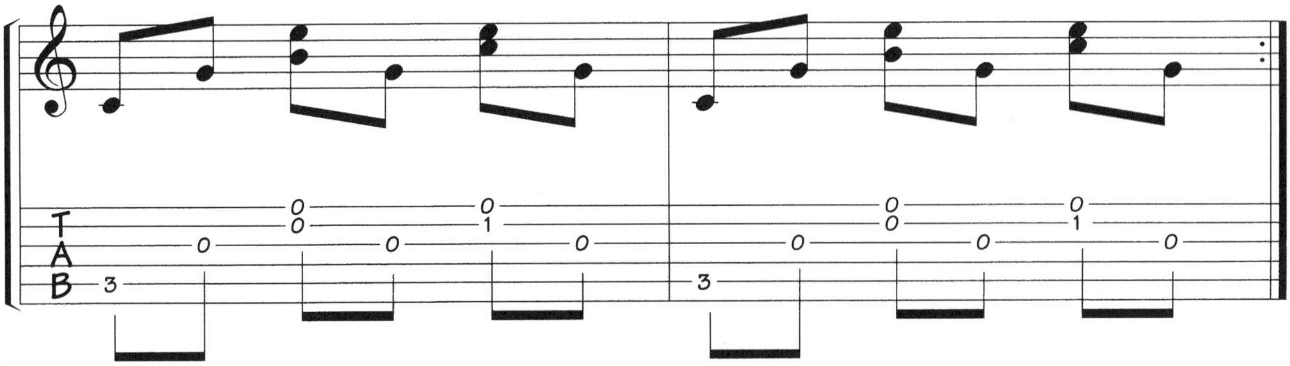

Exercice n° 53 — 53 — Inspiration : Leonard Cohen, Moustaki

Arpège très agréable toujours sur une mesure à trois temps. Ceux qui ont du mal avec l'accord SI m peuvent le remplacer par RÉ.

LA	LA	SI m	SI m
RÉ	RÉ	LA	LA

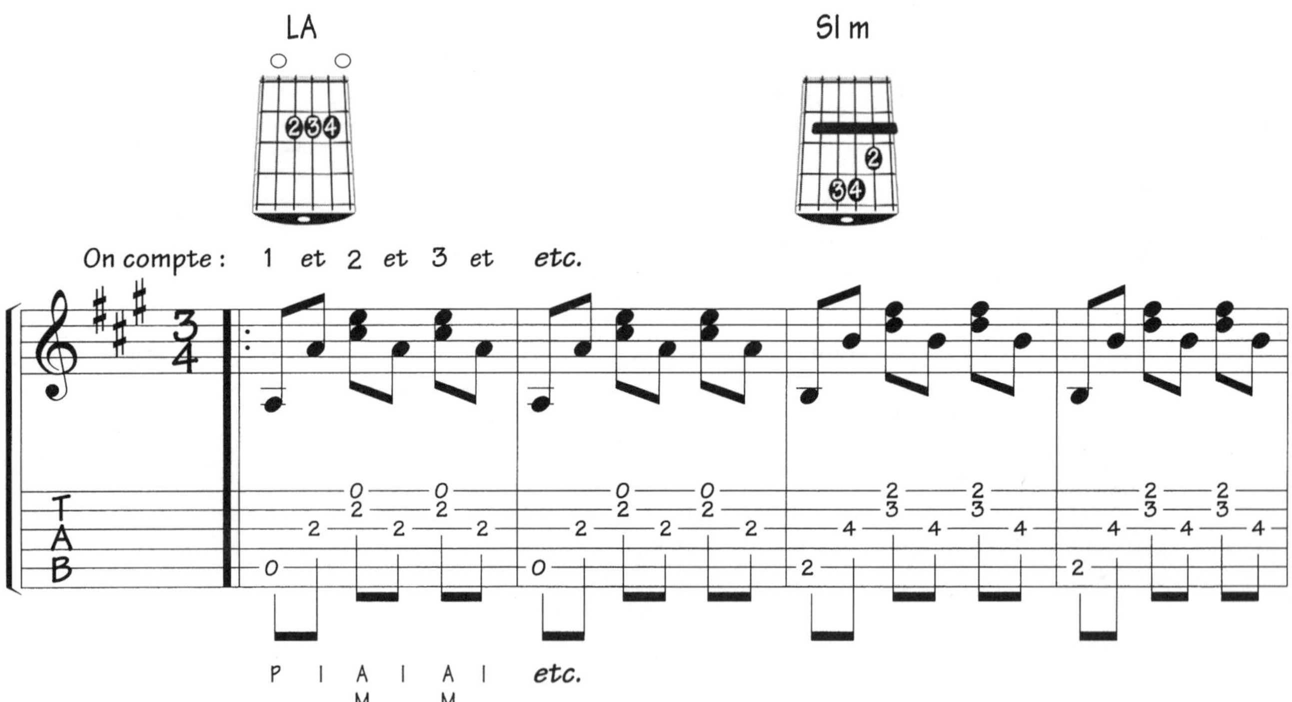

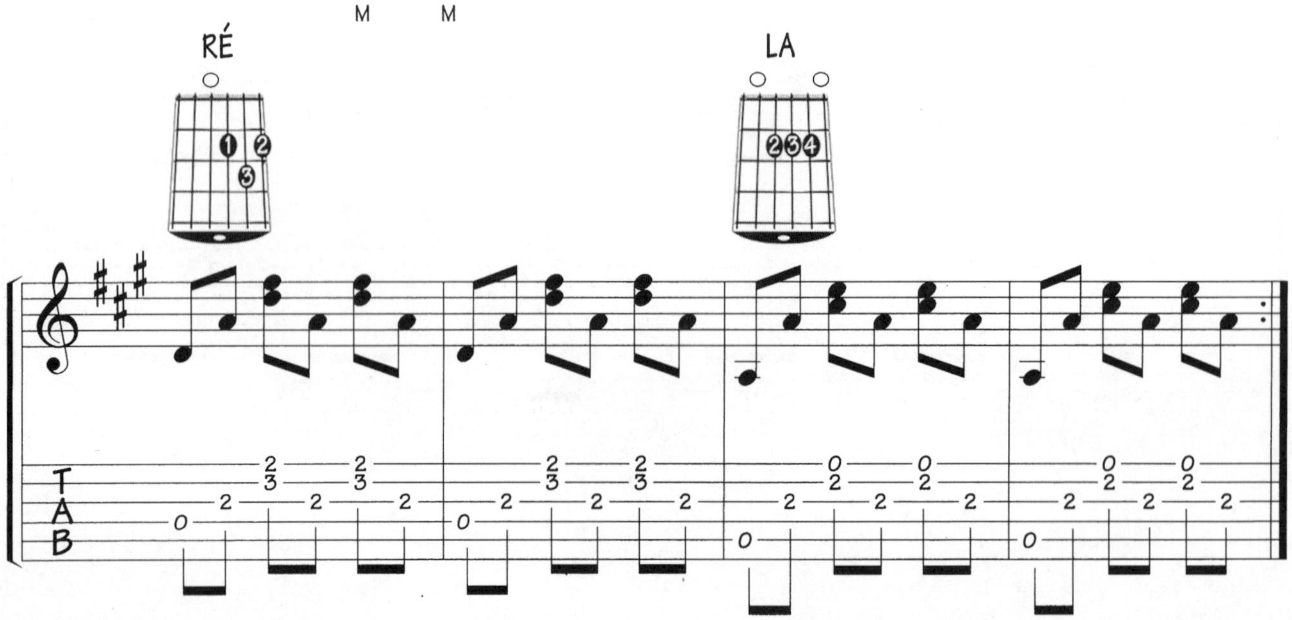

Exercice n° 54 — 54 — Inspiration : **Brassens**

Rythmique typique Georges Brassens. À noter le rôle actif du pouce qui joue un mouvement de basses alternées. Un petit plus à la dernière mesure : la montée de basse à ne pas louper.

LA	MI	MI	LA

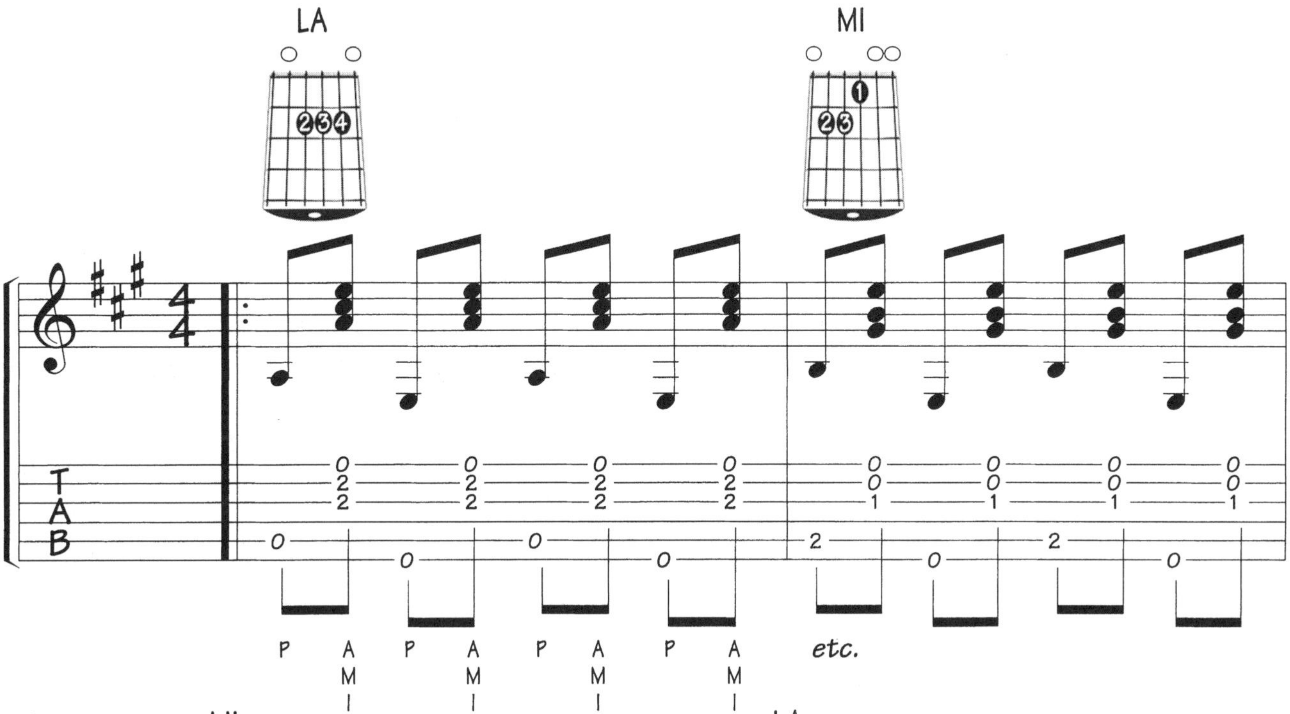

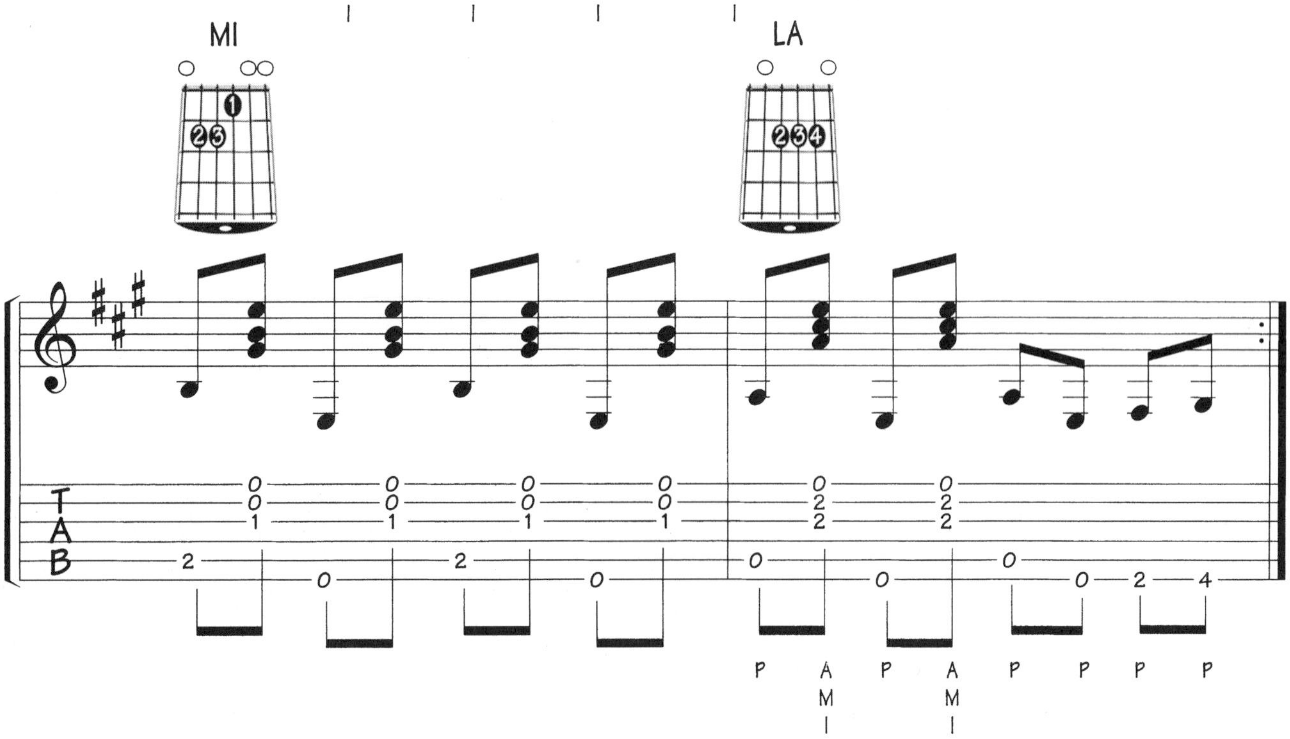

Exercice n° 55 — 55 — Inspiration : Brassens

Encore une rythmique typique Brassens.

LA m	LA m	MI	MI
MI	MI	LA m	LA m

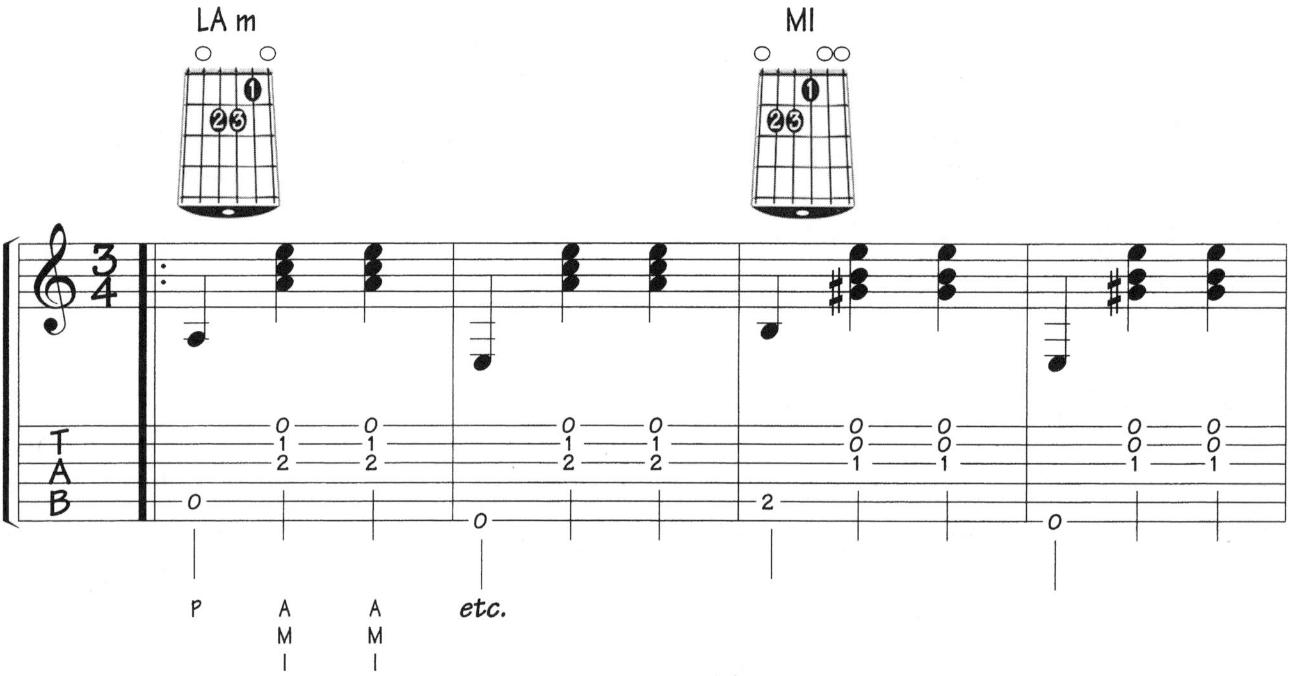

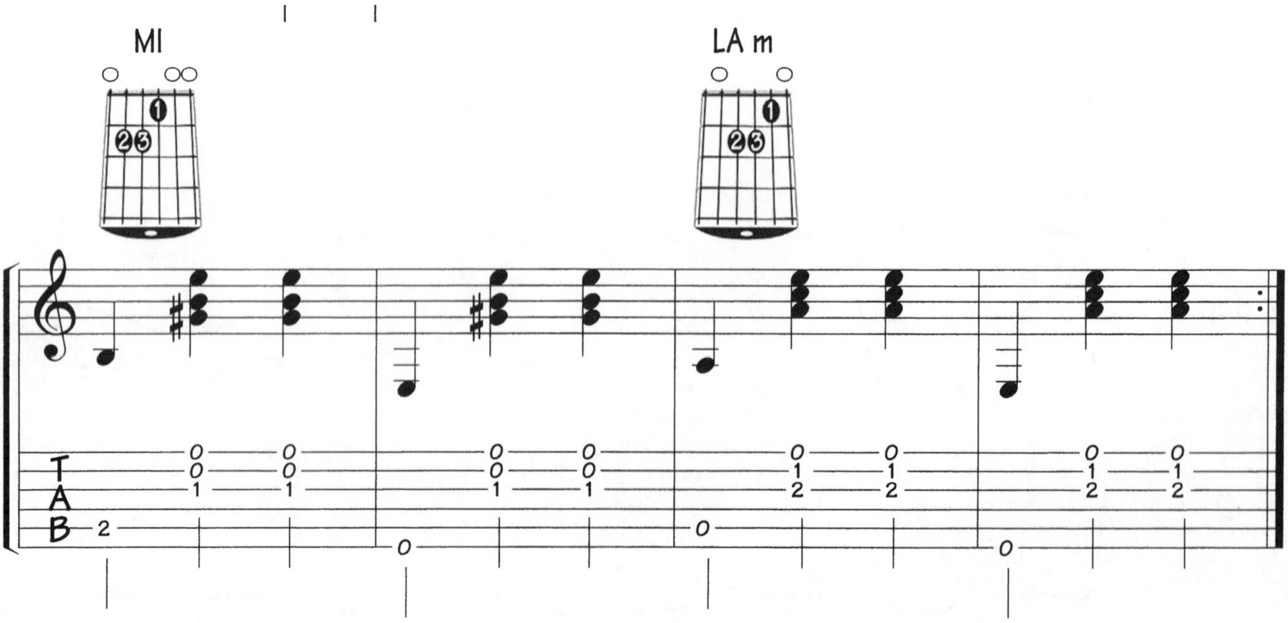

Exercice n° 56 — 56 — Inspiration : Françoise Hardy

Une grille d'accords qui a fait le tour du monde c'est toujours notre "anatole" sur laquelle tous les guitaristes ont débuté. Le passage obligé quoi !

DO / LA m	RÉ m / SOL 7

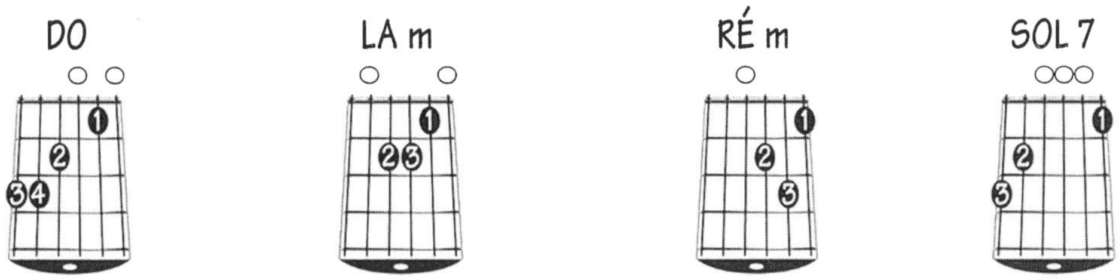

On compte : 1 et puis 2 et puis 3 et puis 4 et puis etc.

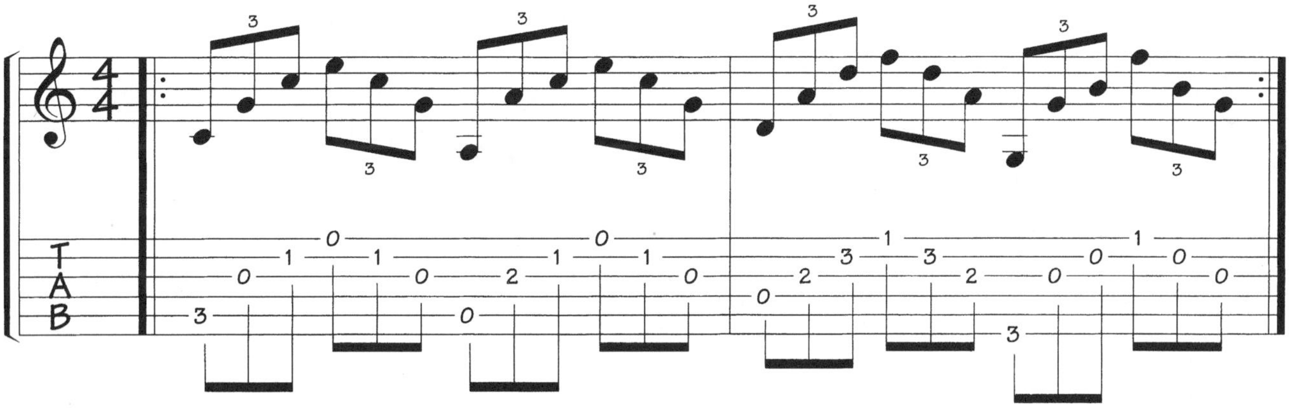

P I M A I M P I M A I M etc.

Exercice n° 57

57

Inspiration : Johnny Hallyday

Trois notes par temps. Arpège qui vous rappelle sûrement quelque chose. Le passage de l'accord FA n'est pas facile au début. Persévérez un peu, ça vaut le coup.

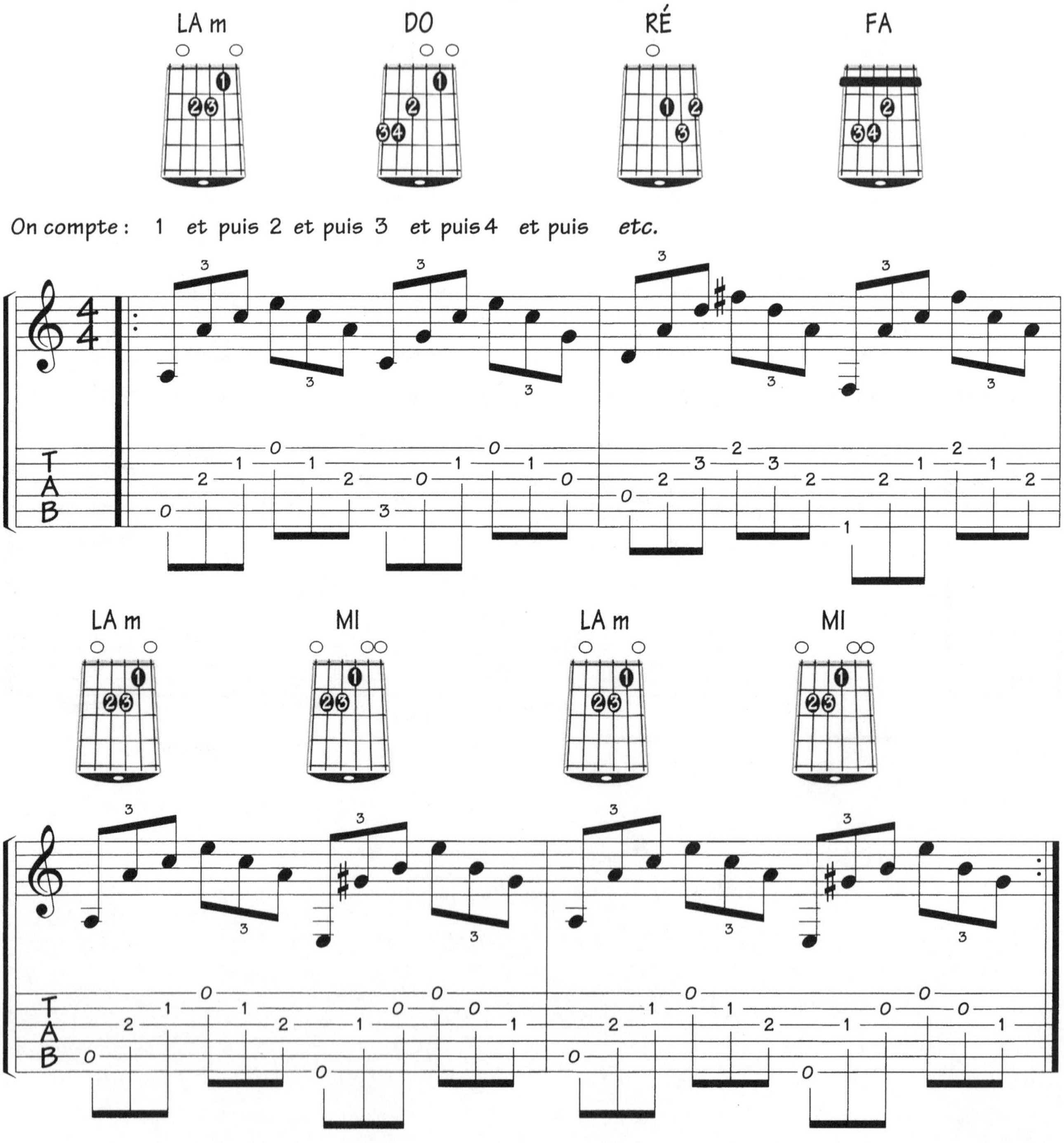

Un arpège très agréable quand il est bien maîtrisé. Au risque de nous répéter, il est important de travailler lentement et régulièrement cet exercice pour avoir un résultat satisfaisant.

DO / MI	LA m	DO / MI	LA m

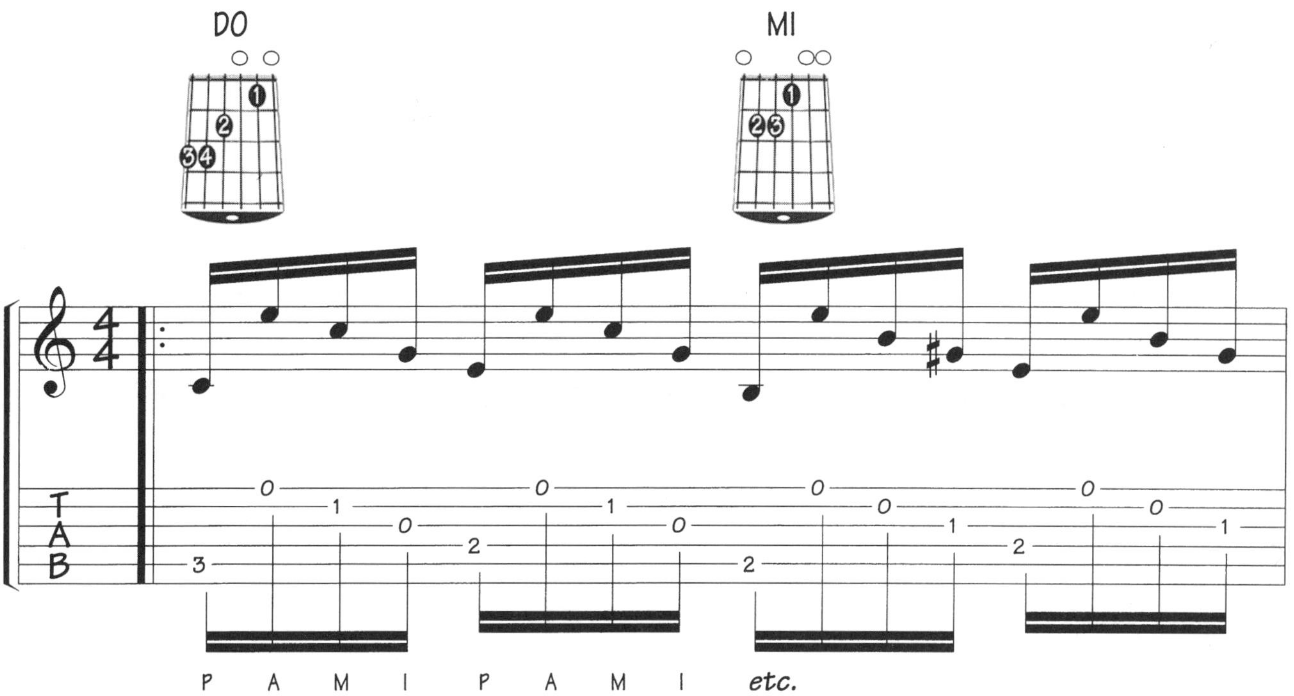

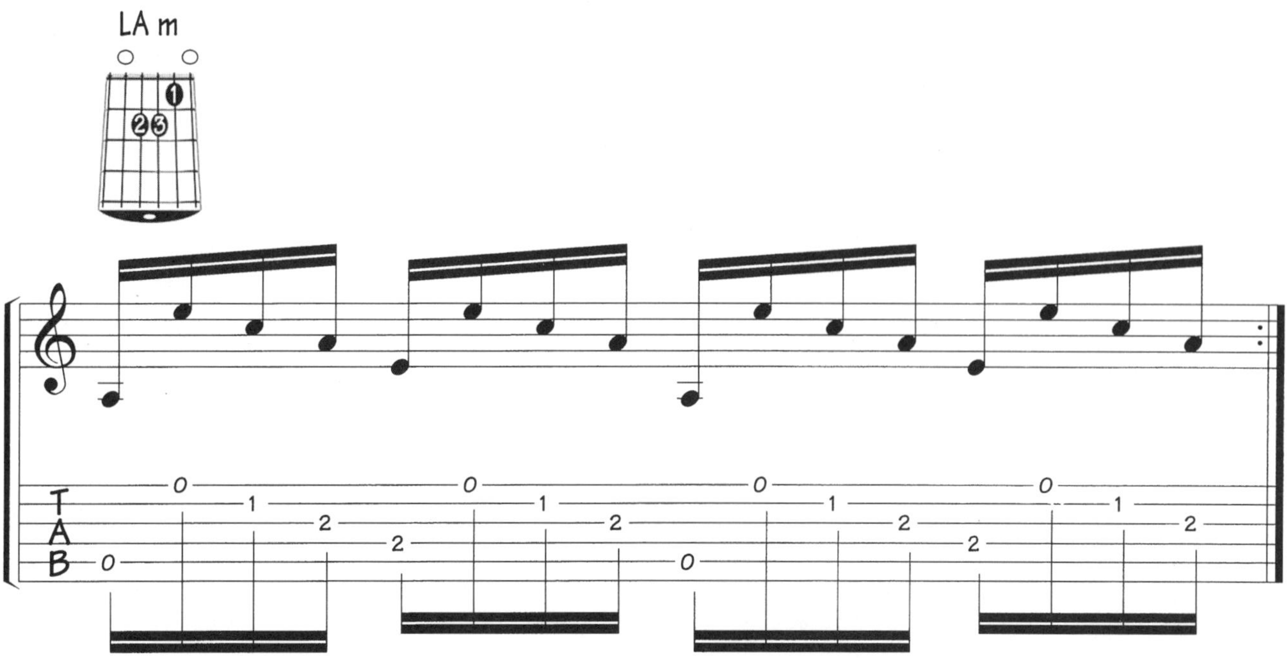

Exercice n° 59

59

Inspiration : **Cabrel**

Quatre notes par temps, travaillez bien la régularité. Si vous voulez être complètement dans l'ambiance exécutez cet exercice avec le capodastre à la 5ème case.

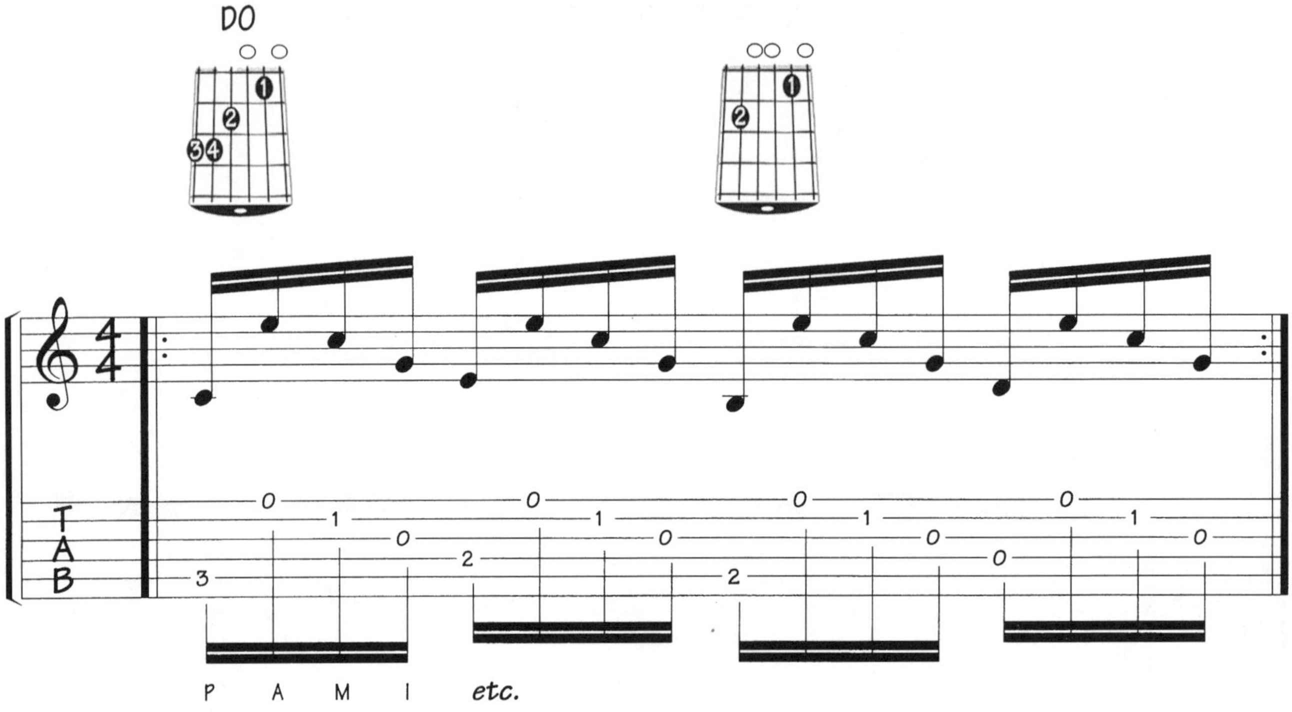

Exercice n° 60

60

Inspiration : Simon & Garfunkel, Dylan, Cabrel...

Arpèges très utilisés pour accompagner des musiques du style Cabrel, Simon & Garfunkel, Dylan et tant d'autres. Travaillez très lentement au début… Puis, peu à peu on gagne en vitesse et ça prend forme. Quand vous saurez enchaîner quelques accords simples avec cet arpège vous vous régalerez.

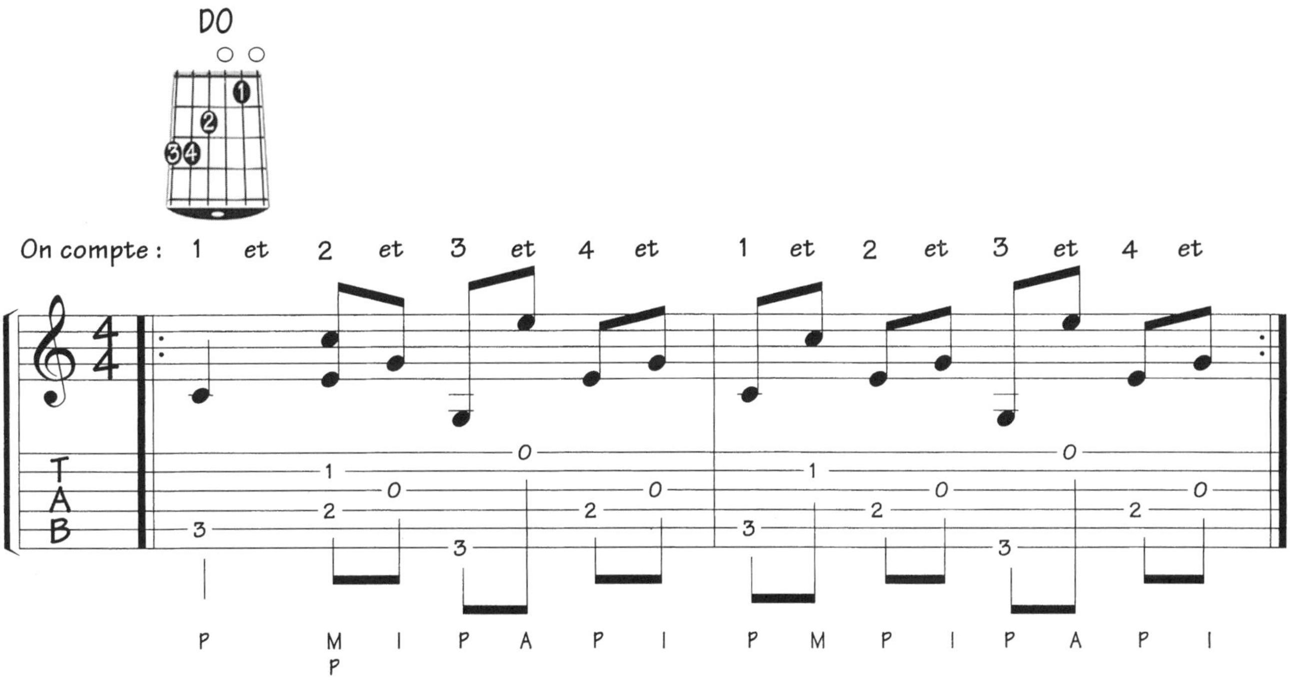

Attention au premier temps de la première mesure c'est une noire : la note dure un temps complet.

Exercice n° 61

61

Inspiration : Simon & Garfunkel

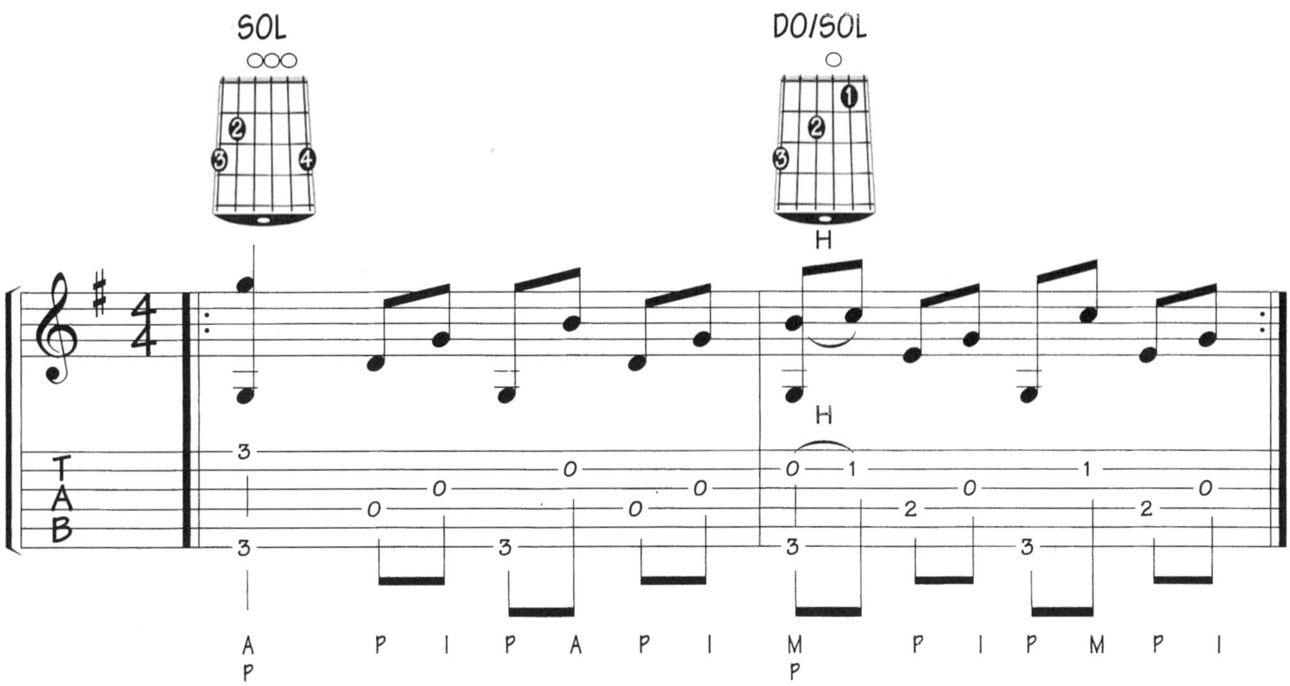

Exercice n° 62

62

Inspiration : **Simon & Garfunkel, Dylan**

Exercice n° 63

63

Inspiration : **Folk, Dylan**

Exercice n° 64

64

Inspiration : Simon & Garfunkel, Dylan, Cabrel...

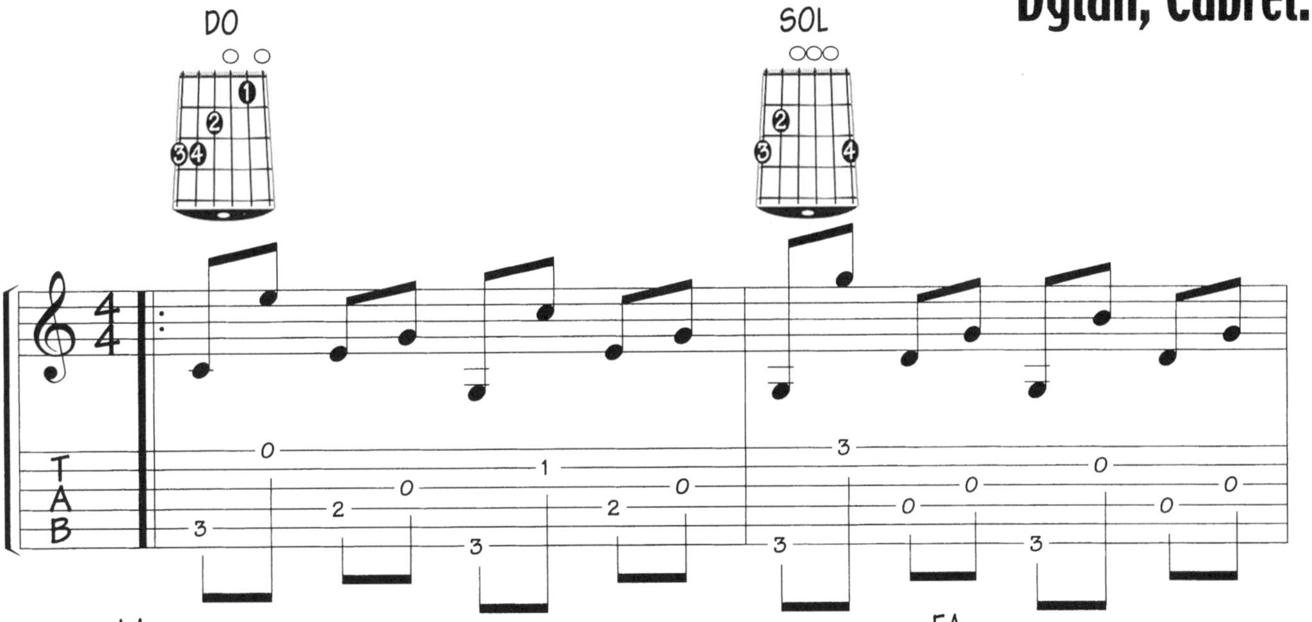

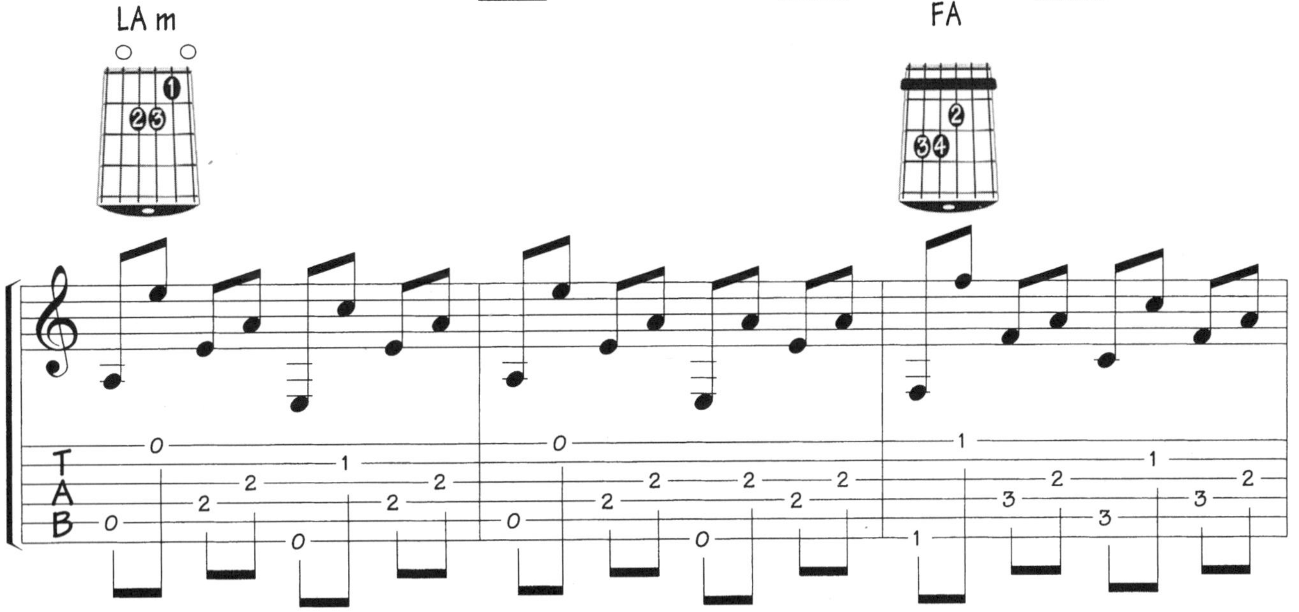

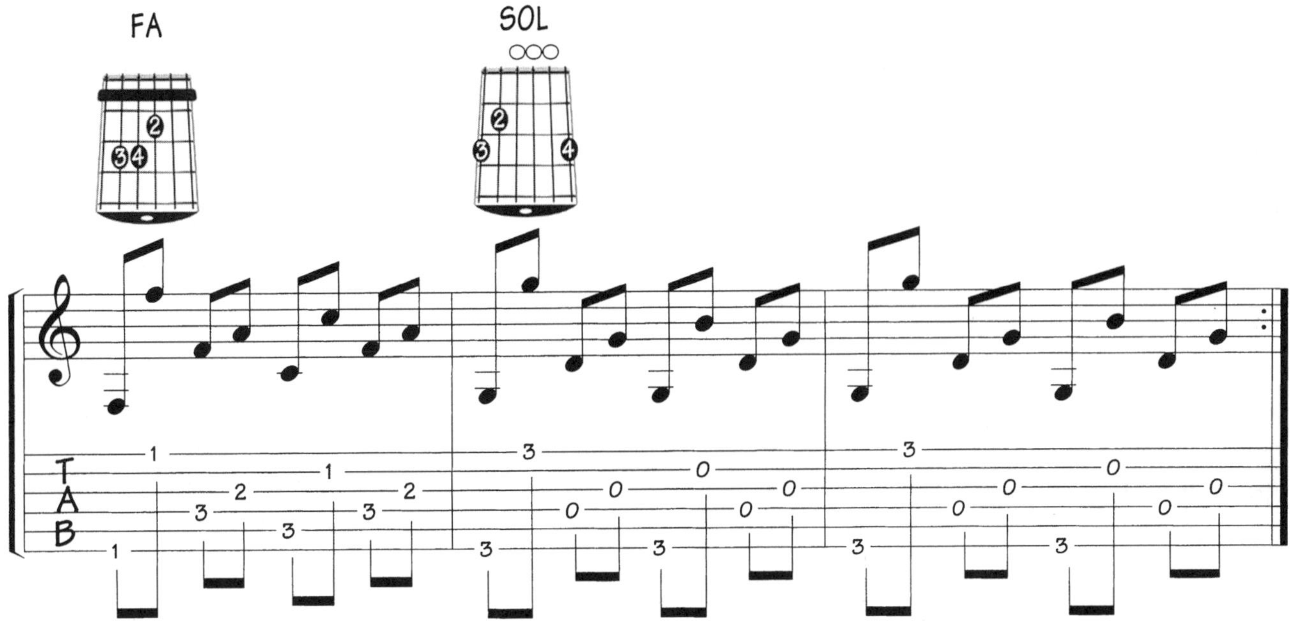

Abrégé de solfège

Figures de notes

Sept figures de notes expriment la durée plus ou moins longue d'un son.

Figures de silence

Sept figures de silences correspondants expriment la durée plus ou moins longue de l'interruption d'un son.

Figures de notes			Figures de silences		
𝅝	=	la ronde	𝄻	=	la pause
𝅗𝅥	=	la blanche	𝄼	=	la demi pause
♩	=	la noire	𝄽	=	le soupir
♪	=	la croche	𝄾	=	le demi soupir
𝅘𝅥𝅯	=	la double croche	𝄿	=	le quart de soupir
𝅘𝅥𝅰	=	la triple croche	𝅀	=	le huitième de soupir
𝅘𝅥𝅱	=	la quadruple croche	𝅁	=	le seizième de soupir
Chaque figure vaut le double de celle qui suit : 𝅗𝅥 = ♩ ♩ ♩ = ♪ ♪					

Mesure

La mesure est la division d'un morceau de musique en parties égales. Cette division est matérialisée par des barres verticales appelées barres de mesure. L'ensemble des signes à l'intérieur de ces barres forment une mesure. De plus la somme de ces signes doit être équivalente en durée pour chaque mesure.

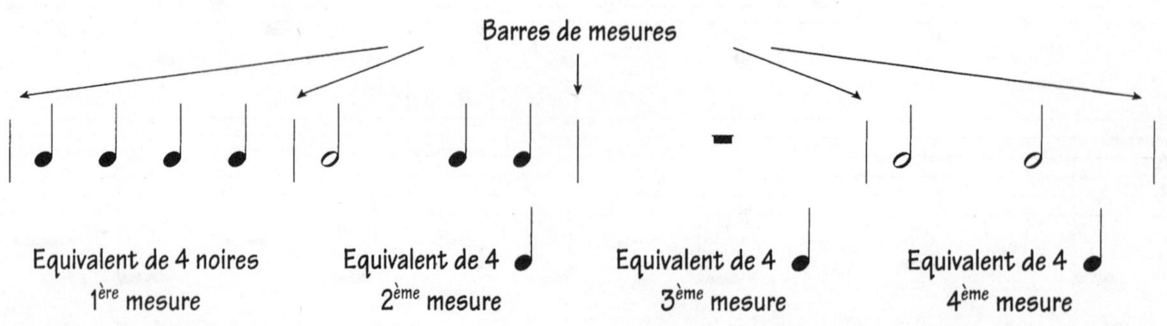

Le point

Le point augmente la note de la moitié de sa valeur. On dit une noire pointée, une croche pointée, etc.

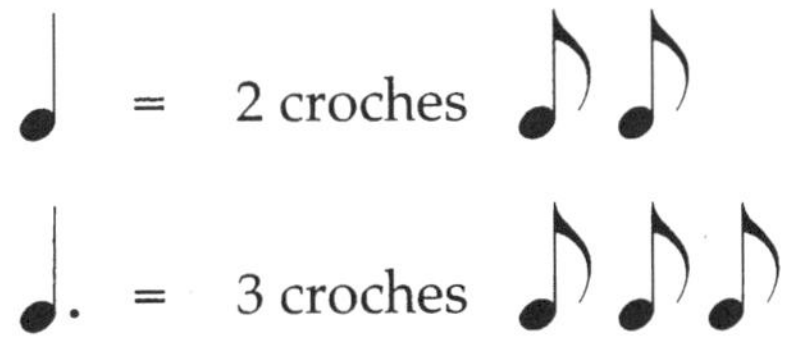

Le rythme

C'est la combinaison des différentes figures de notes ou de silence. Nous nous servirons essentiellement dans cette méthode des valeur :

Par commodité d'écriture on peut relier les croches et les doubles croches.

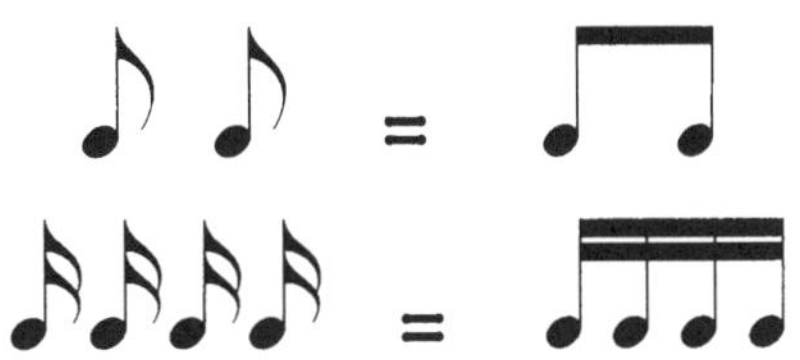

Compter à la noire

On compte ⟶ 1 2 3 4 1 2 3 4

Compter à la croche

On compte ⟶ 1 et 2 et 3 et 4 et 1 et 2 et 3 et 4 et

Chaque chiffre est dit "sur le temps". Chaque "et" est "sur le contretemps" ou à contretemps.

Triolet

Dans un triolet chaque temps est divisé en trois parties égales.

On compte ⟶ 1 et puis 2 et puis 3 et puis 4 et puis 1 et puis 2 et puis 3 et puis 4 et puis 1

Mesure simple ou binaire

Une mesure simple ou binaire est une mesure dont l'unité de temps est une valeur simple par exemple une ronde, une blanche, une noire. L'unité de temps étant divisible par deux (♩ = deux ♪), on dit que cette mesure est binaire (un terme que l'on entendra souvent avec des musiciens).

Mesure composée ou mesure ternaire

C'est une mesure dont l'unité de temps équivaut à une valeur pointée, par exemple : une noire pointée. L'unité de temps étant divisée par trois (une noire pointée = trois croches) on dit que cette mesure est ternaire.

Temps

La mesure se divise généralement en deux, trois ou quatre parties égales qu'on appelle des temps. C'est un repère. L'exemple connu est celui de la valse à trois temps où l'on compte 1, 2, 3, 1, 2, 3, etc. C'est une aide précieuse pour se repérer. Le 1er temps étant le temps fort de la mesure.

Les mesures les plus usitées	
Binaires	Ternaires
$\frac{2}{4}$ $\frac{3}{4}$ $\frac{4}{4}$	$\frac{6}{8}$ $\frac{9}{8}$ $\frac{12}{8}$

Les mesures sont représentées par deux chiffres au début du morceau. Le chiffre du haut représente le nombre de valeurs par mesure. Le chiffre du bas représente la fraction par rapport à la ronde.

Exemple

$\frac{2}{4}$ = deux quarts de ronde par mesure = deux ♩ par mesure.

$\frac{9}{8}$ = neuf huitièmes de ronde par mesure = neuf ♪ par mesure

$\frac{12}{8}$ = douze huitièmes de ronde par mesure = douze ♪ par mesure

$\frac{3}{2}$ = trois moitiés de ronde par mesure = trois 𝅗𝅥 par mesure

Binaire - ternaire

La notion de binaire - ternaire est une notion subtile qu'il faudra essayer de sentir en écoutant bien l'exercice comparatif n°36. La différence théorique est que l'unité de temps est donc divisée par deux pour les mesures binaires et par trois pour les mesures ternaires. En gros lorsque l'on compte cela donne en comptant régulièrement :

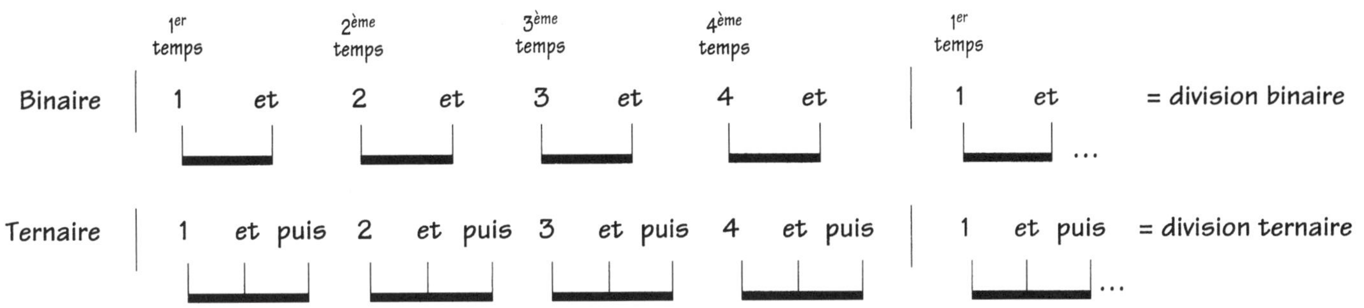

Voici une formule typique que nous emploierons dans cette méthode. Elle consiste à compter mentalement le "et". Cela donne :

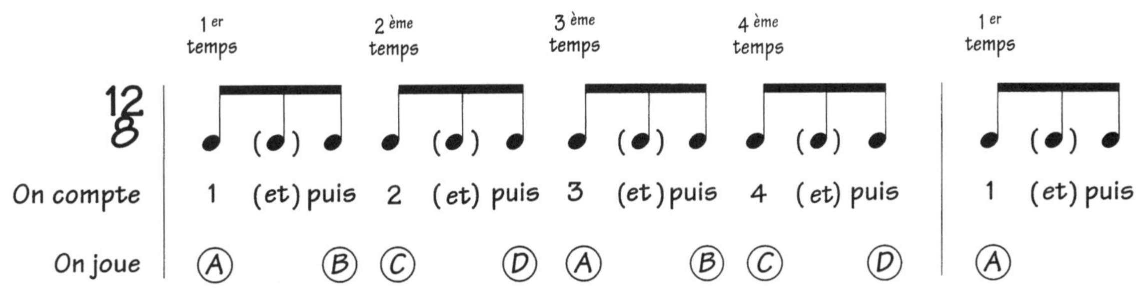

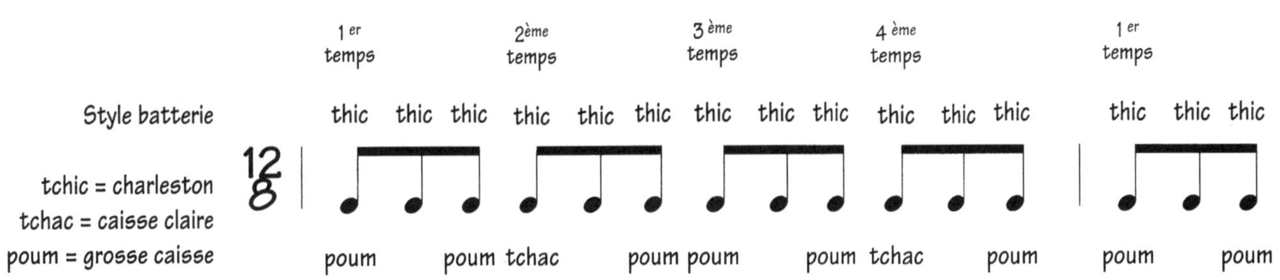

Par la suite un exercice binaire peut très bien être interprété en ternaire et inversement. Voir exercice comparatif n°36. Enfin par commodité d'écriture certains morceaux ou exercices sont écrits en binaire pour être joués en ternaire. C'est souvent mentionné de cette façon :

Le balancement n'est pas le même. L'esprit ternaire est caractéristique de la musique jazz (swing, shuffle, boogie woogie), le disco, la bossa eux sont binaires. Quelques morceaux types qui vous aideront peut être à saisir un peu mieux l'esprit binaire / ternaire.

Binaire : Satisfaction (Stones), Get back (Beatles), Rock collection (Voulzy).
Ternaire : Just a Gigolo (Louis Prima), Bebop a lula (Gene Vincent), In the mood (Glen Miller).

Lorsque vous écoutez un morceau essayez de repérer le premier temps de la mesure et essayez de deviner si c'est binaire ou ternaire. Pour la correction, on ne gagne pas à tous les coups, demandez à quelqu'un d'expérimenté. Quoiqu'il en soit, si vous savez reconnaître la différence binaire / ternaire vous savez déjà quelque chose de très subtil dans la musique. Félicitations !

Tableau des mesures les plus usitées

		Mesure à	Avec l'équivalent de	Unité de temps	On bat la mesure	On compte les temps	On compte à la croche	On dit
Mesures binaires	2/4	2 temps (binaire)	2 ♩ par mesure	la noire ♩ = 2 croches (binaire)	1 2	♩ ♩ 1 2	♪♪ ♪♪ 1 et 2 et	Mesure deux - quatre
	3/4	3 temps (binaire)	3 ♩ par mesure	la noire ♩ = 2 croches (binaire)	1 2 3	♩ ♩ ♩ 1 2 3	♪♪ ♪♪ ♪♪ 1 et 2 et 3 et	Mesure trois - quatre
	4/4	4 temps (binaire)	4 ♩ par mesure	la noire ♩ = 2 croches (binaire)	1 2 3 4	♩ ♩ ♩ ♩ 1 2 3 4	♪♪ ♪♪ ♪♪ ♪♪ 1 et 2 et 3 et 4 et	Mesure quatre - quatre
Mesures ternaires	6/8	2 temps (ternaire)	6 ♪ par mesure	la noire pointée ♩. = 3 croches (ternaire)	1 2	♩. ♩. 1 2	♪♪♪ ♪♪♪ 1 et puis 2 et puis	Mesure à six-huit
	9/8	3 temps (ternaire)	9 ♪ par mesure	la noire pointée ♩. = 3 croches (ternaire)	1 2 3	♩. ♩. ♩. 1 2 3	♪♪♪ ♪♪♪ ♪♪♪ 1... 2... 3...	Mesure à neuf-huit
	12/8	4 temps (ternaire)	12 ♪ par mesure	la noire pointée ♩. = 3 croches (ternaire)	1 2 3 4	♩. ♩. ♩. ♩. 1 2 3 4	♪♪♪ ♪♪♪ ♪♪♪ ♪♪♪ 1... 2... 3... 4...	Mesure à douze-huit

Tons et demi-tons

Dans nos musiques occidentales le plus petit espace entre deux notes est le 1/2 ton . Si l'on monte successivement les notes de Do à Do cela donne 12 demi-tons.

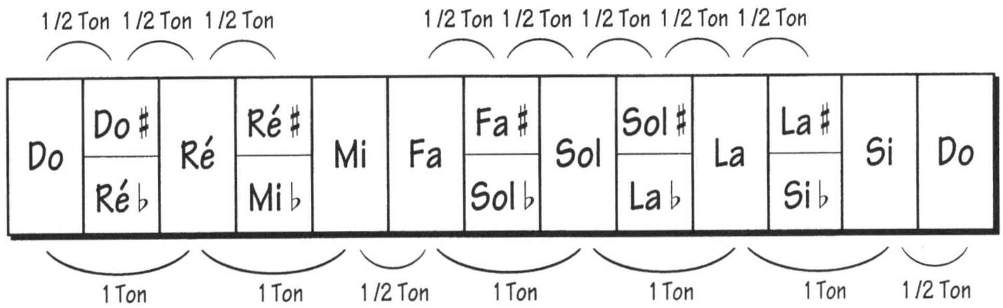

Dans les musiques orientales il existe d'autre subdivisions (1/3 ton, 1/4 ton...).

Ordres des demi-tons dans la gamme majeure

Si l'on prend la gamme majeure de DO, on s'aperçoit que les notes de la gamme ne sont pas également espacées entre elles.

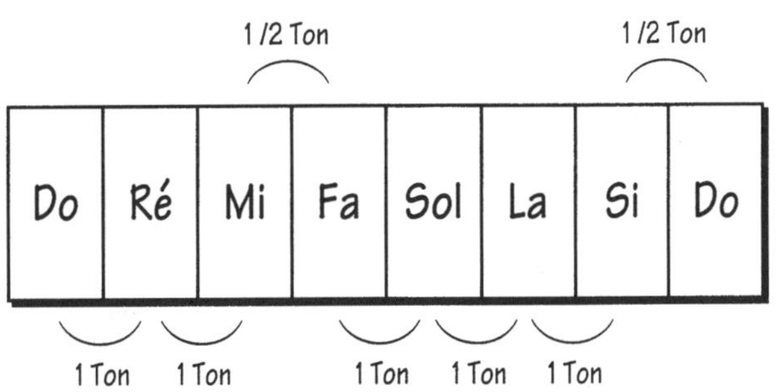

Chaque note est séparée de la suivante d'un ton sauf après Mi et Si où l'espace est seulement d'1/2 ton.

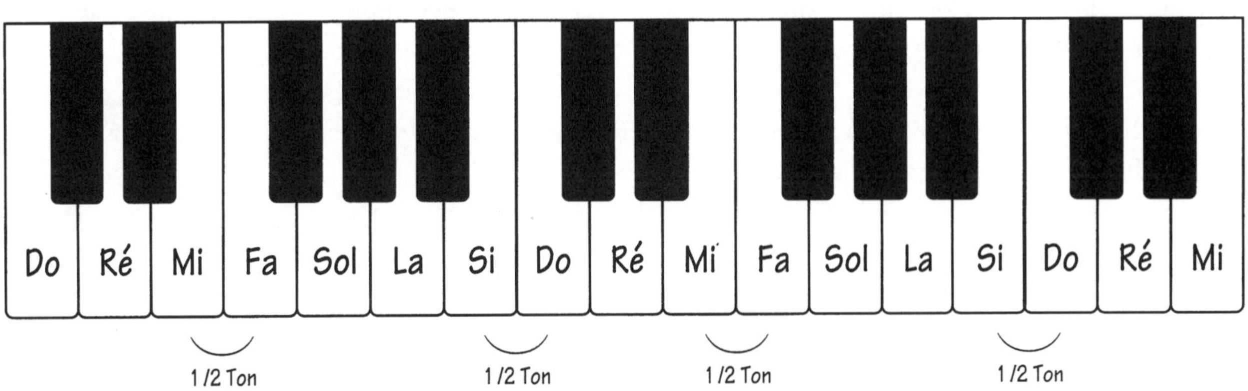

Sur le piano, il n'y a pas de touches noires après Mi et Si.

Cet enchaînement de tons et demi-tons devra être identique pour toutes les gammes majeures. Pour retenir cet ordre, je vous propose cette formule facile à retenir :

2 Tons	1/2 Ton	3 Tons	1/2 Ton

Fort de tout cela, proposons à notre lecteur amusé de construire tout seul la gamme de SOL majeur.

INCORRECT →

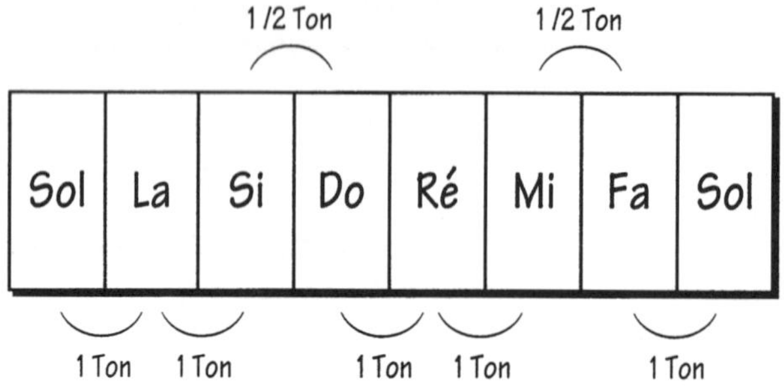

Mais cet ordre de tons et demi-tons est-il correct ?

Là, le lecteur averti sent le piège !

CORRECT →

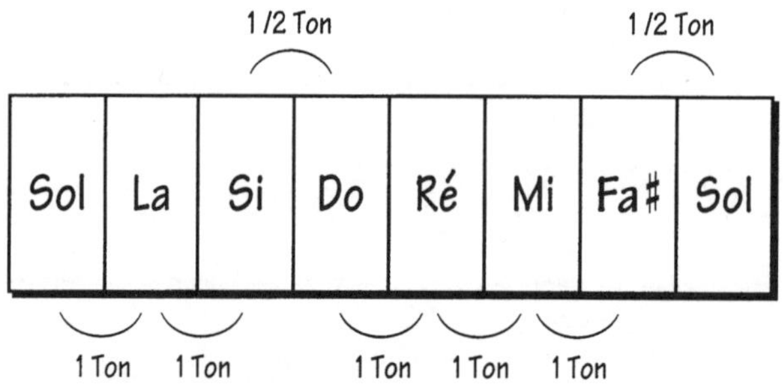

Il a parfaitement senti que dans le premier cas l'ordre des tons et demi-tons n'était pas conforme. De fait il a vu qu'il fallait élever la note Fa d'un demi-ton grâce au ♯ de secours qu'il avait emporté dans sa trousse .

Ainsi la gamme de SOL (majeur quand on ne précise pas) tient vraiment la route, la formule 2 tons, 1/2 ton, 3 tons et 1/2 ton étant respectée.

Le même candidat pourra s'il en a l'occasion comparer les deux gammes sur un piano et verra tout de suite que dans le premier exemple quelque chose clochait.

Jeu animation gag

Construire la gamme de RÉ majeur.

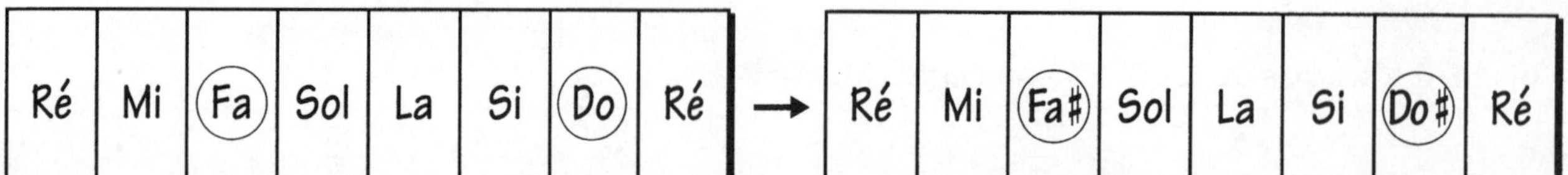

Ne jamais oublier sa trousse !...

Gamme de Ré majeur

Construire la gamme de LA majeur.

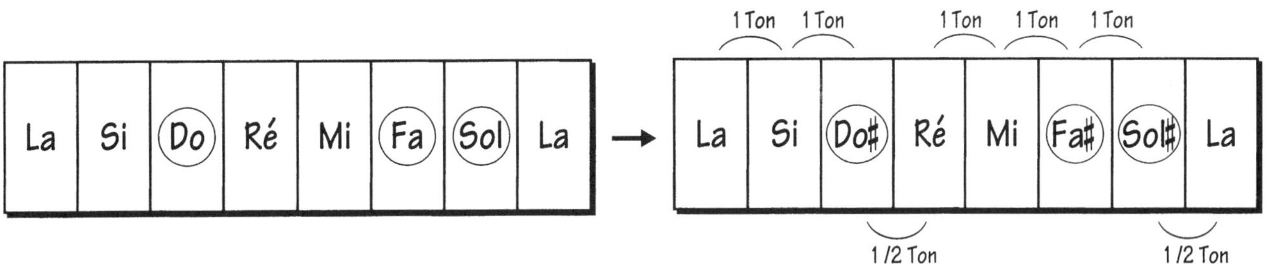

Degrés et intervalles

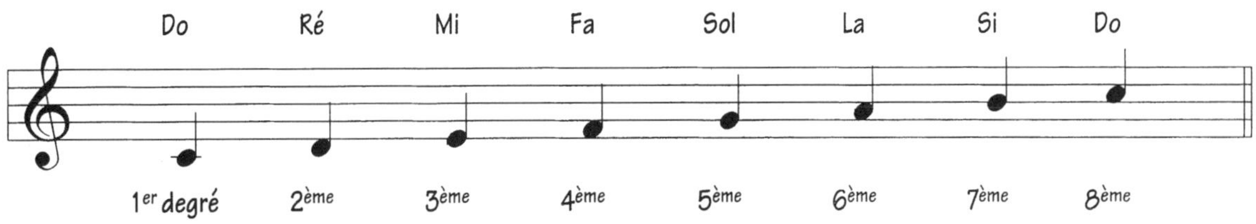

Chaque note d'une gamme s'appelle également degré. Le 3ème degré de la gamme de DO est Mi, le 5ème est Sol, etc.

Parallèlement à la notion de degré il existe aussi une notion d'intervalle. Un intervalle est la distance qui sépare deux sons. Voici les principaux intervalles par rapport à la note DO.

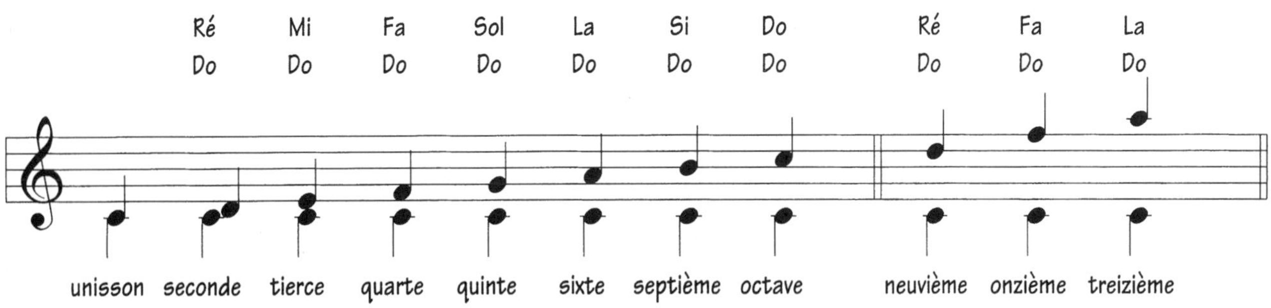

Le réflexe quand on parle d'intervalle doit être de décomposer les notes de l'intervalle. Par exemple, si je prends
Do / Sol je décompose : Do Ré Mi Fa Sol
1 2 3 4 5
J'ai 5 noms de notes différents ou 5 degrés différents, c'est donc un intervalle de quinte.

Mais un intervalle ne part pas que de Do. Si je veux avoir l'intervalle Mi / La je décompose : Mi Fa Sol La
1 2 3 4

C'est donc un intervalle de quarte.

Pour Sol / Mi : Sol La Si Do Ré Mi
1 2 3 4 5 6
Ce sera un intervalle de sixte, etc.

Les intervalles de 9ème, 11ème et 13ème sont ce que l'on appelle des intervalles redoublés. Ils sont très présents dans le jazz et ont les mêmes caractéristiques que les intervalles de seconde, quarte et sixte mais avec une octave de plus.

Il faut savoir qu'un intervalle peut avoir plusieurs qualificatifs : mineur, majeur, diminué ou augmenté (voir ci-après).

Composition des intervalles

Intervalle (exemple donné à partir de Do)		Écart entre les 2 notes
Seconde mineure : Do - Ré♭		1/2 ton
Seconde majeure : Do - Ré		1 ton
Tierce mineure : Do - Mi♭		1 ton 1/2
Tierce majeure : Do - Mi		2 tons
Quarte juste : Do - Fa		2 tons 1/2
Quinte juste : Do - Sol		3 tons 1/2
Sixte mineure : Do - La♭	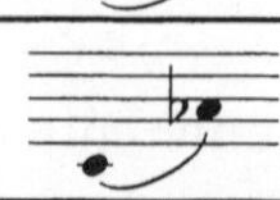	4 tons
Sixte majeure Do - La		4 tons 1/2
Septième mineure : Do - Si♭		5 tons
Septième majeure : Do - Si		5 tons 1/2
Octave juste		6 tons

Les intervalles mineurs ou justes peuvent être diminués. Il faudra alors baisser la note aiguë d'un demi-ton chromatique (

Exemple

Do - Sol = quinte juste
Do - Sol ♭ = quinte diminuée
Do - Mi ♭ = tierce mineure
Do - Mi ♭♭ = tierce diminuée

Les intervalles majeurs ou justes peuvent être augmentés. Il faudra alors élever la note aiguë d'un demi-ton chromatique.

Exemple

Do - Sol = quinte juste
Do - Sol ♯ = quinte augmentée
Ré - Sol = quarte juste
Ré - Sol ♯ = quarte augmentée
Do - Mi = tierce majeure
Do - Mi ♯ = tierce augmentée

Quoi qu'il en soit, lorsque l'on recherche un intervalle, ne jamais oublier de compter le nombre de degrés. La quinte augmentée de Si par exemple est forcément Si Do Ré Mi Fa : Fa quelque chose, mais Fa. En l'occurrence, la quinte augmentée sera Fa 𝄪 (Fa double dièse) (2) et non Sol. L'intervalle Si - Sol étant une sixte mineure.

1 Le 1/2 ton chromatique sépare deux notes de même nom.
Exemple : Mi - Mi ♯, Sol - Sol ♭, Fa ♯ - Fa 𝄪

Le 1/2 ton diatonique sépare deux notes de noms différents.
Exemple : Mi - Fa, Fa - Sol ♭, Sol ♯ - La, Fa 𝄪 - Sol ♯

2 Le double bémol ♭♭ abaisse la note initiale d'un ton :

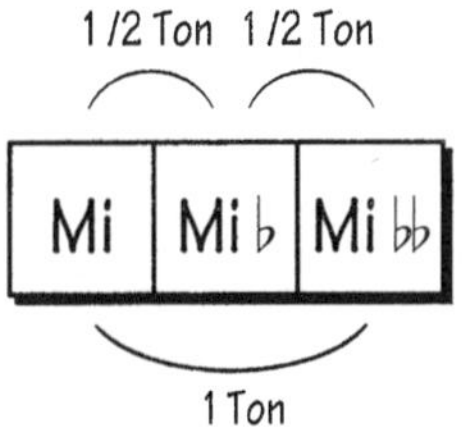

Le double dièse 𝄪 élève la note initiale d'un ton :

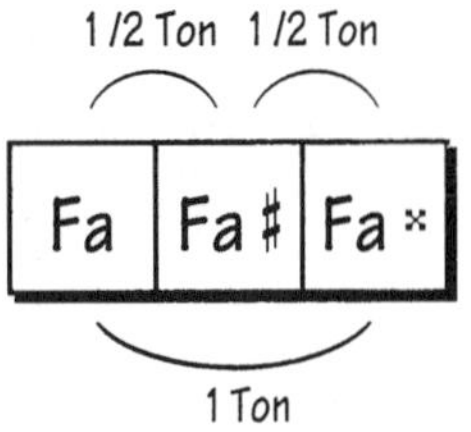

Les intervalles

Quelques points de repères

Tonique		Do	Mi	Sol	Si
Tierce mineure	3m	Mi ♭	Sol	Si ♭	Ré
Tierce majeure	3	Mi	Sol ♯	Si	Ré ♯
Quinte diminuée	5 ♭	Sol ♭	Si ♭	Ré ♭	Fa
Quinte juste	5	Sol	Si	Ré	Fa
Quinte augmentée	5 ♯	Sol ♯	Si ♯	Ré ♯	Fa ♯ ♯
Sixte	6	La	Do ♯	Mi	Sol ♯
Septième mineure	7	Si ♭	Ré	Fa	La
Septième majeure	7 M	Si	Ré ♯	Fa ♯	La ♯
Neuvième mineure	9 ♭	Ré ♭	Fa ♯	La ♭	Do
Neuvième majeure	9	Ré	Fa ♯	La	Do ♯
Neuvième augmentée	9 ♯	Ré ♯	Fa ♯ ♯	La ♯	Do ♯ ♯
Onzième	11	Fa	La	Do	Mi
Onzième augmentée	11 ♯	Fa ♯	La ♯	Do ♯	Mi ♯
Treizième mineure	13 ♭	La ♭	Do	Mi ♭	Sol
Treizième majeure	13	La	Do ♯	Mi	Sol ♯

Exemple : la tierce mineure de Do est Mi ♭, la quinte de Sol est Ré, la sixte de Mi est Do ♯ etc.

Questionnaire

Trouvez la qualification des intervalles suivants.

1 - Ré - La
2 - Do Fa
3 - Fa / Mi ♭
4 - Ré - La ♯
5 - La - Fa
6 - Ré - SI ♭

Réponse

1 - Quinte juste
2 - Quarte juste
3 - Septième mineure
4 - Quinte augmentée
5 - Sixte mineure
6 - Sixte mineure

Composition des accords

Un accord est un ensemble de 3 sons minimum joués simultanément. Voici la composition des accords et leurs qualification. Les exemples sont donnés à partir de l'accord de DO. À noter que la tierce détermine si l'accord est majeur ou mineur.

On dit accord de	On écrit	Degrés utilisés	Notes théoriques
DO majeur	DO	1, 3, 5	Do - Mi - Sol
DO mineur	DOm ou DO–	1, 3m, 5	Do - Mi ♭ - Sol
DO septième majeure	DO 7M ou DO△	1, 3, 5, 7M	Do - Mi - Sol - Si
DO quinte augmenté	DO $^{5+}$	1, 3, 5+	Do - Mi - Sol ♯
DO septième, quinte augmenté	DO 7 $^{5+}$	1, 3, 5+, 7	Do - Mi - Sol ♯ - Si
DO mineur sept	DOm7 ou DO–7	1, 3m, 5, 7	Do - Mi ♭ - Sol - Si ♭
DO mineur, septième majeure	DOm7M	1, 3m, 5, 7M	Do - Mi ♭ - Sol - Si
DO diminué	DO° ou DOdim	1, 3m, 5–, 7dim	Do - Mi ♭ - Sol ♭ - Si 𝄫
DO mineur sept, quinte diminuée	DOm7 $^{5-}$ ou DOm7 $^{5♭}$	1, 3m, 5–, 7	Do - Mi ♭ - Sol ♭ - Si ♭
DO neuvième	DO 9	1, 3, 5, 7, 9	Do - Mi - Sol - Si ♭ - Ré
DO neuvième bémol ou DO neuvième mineure	DO 9– ou DO 9 ♭	1, 3, 5, 7, 9 ♭	Do - Mi - Sol - Si ♭ - Ré ♭
DO neuvième augmentée ou DO neuf dièse	DO 9+ ou DO 9 ♯	1, 3, 5, 7, 9 ♯	Do - Mi - Sol - Si ♭ - Ré ♯
DO neuvième bémol, onzième augmentée	DO 9 ♭ 11 ♯	1, 3, 5, 7, 9 ♭, 11 ♯	Do - (Mi) - Sol - Si ♭ - Ré ♭ - Fa ♯ *
DO onzième	DO 11	1, 3, 5, 7, 9, 11	Do - (Mi - Sol) - Si ♭ - Ré - Fa *
DO onzième plus ou DO onzième dièse	DO 11+ ou DO 11 ♯	1, 3, 5, 7, 9, 11 ♯	Do - (Mi - Sol) - Si ♭ - Ré - Fa ♯ *
DO treizième bémol	DO 13 ♭	1, 3, 5, 7, 9, 11, 13 ♭	Do - Mi - (Sol) - Si ♭ - (Ré - Fa) - La ♭ *
DO treizième	DO 13	1, 3, 5, 7, 9, 11, 13	Do - Mi - (Sol) - Si ♭ - (Ré - Fa) - La*

**** Les notes entre parenthèses sont les notes dont on peut éventuellement se passer lors de la réalisation pratique de l'accord.***

Comment déchiffrer tout seul une partition avec accords ?

Hé oui, le but de cette méthode est également de vous aider à déchiffrer votre morceau favori. Lorsque vous avez une partition en main, votre réflexe doit être de compter le nombre de mesures que durera tel ou tel accord. Par exemple : deux mesures de DO, deux mesures de FA, quatre mesures de SOL, etc. De cette façon vous saurez précisément comment le morceau est construit.

Que faut-il savoir ?

C'est très simple pour compter la durée de tel ou tel accord, on se repère par rapport aux barres de mesures. S'il n'y a qu'un seul accord entre deux barres de mesure, l'accord dure une mesure.

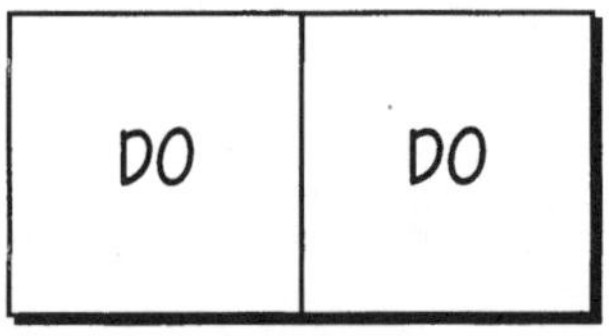

Ici nous avons deux mesures de DO (majeur).

S'il y a deux accords entre deux barre de mesure, chaque accord dure une demi-mesure.

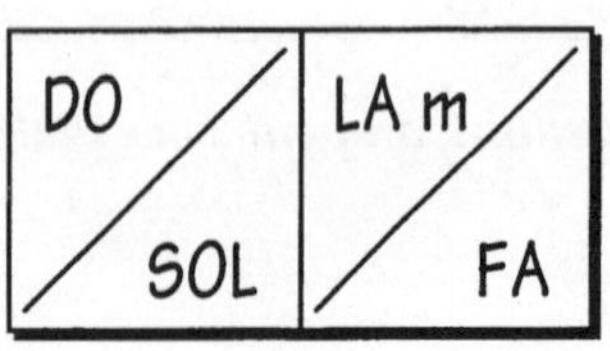

Parfois il y aura quatre accords par mesure.

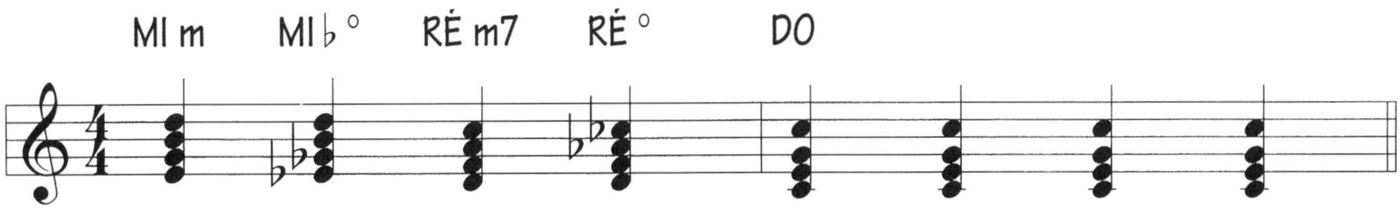

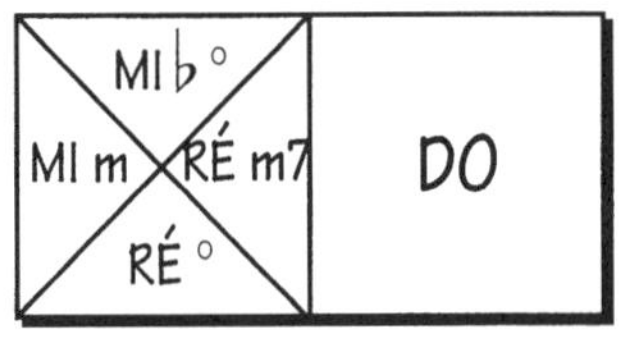

Autre exemple.

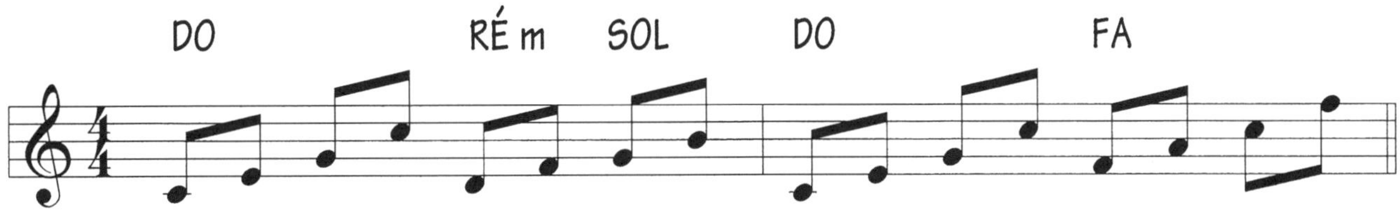

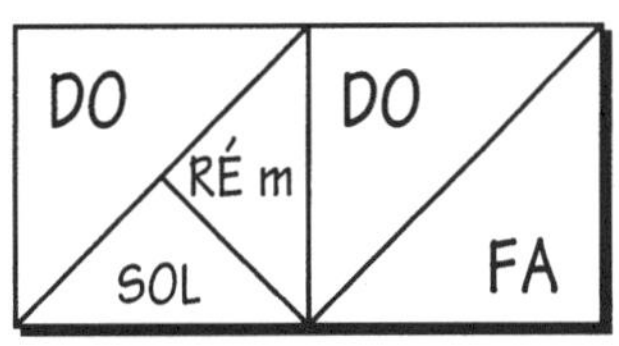

Exemple

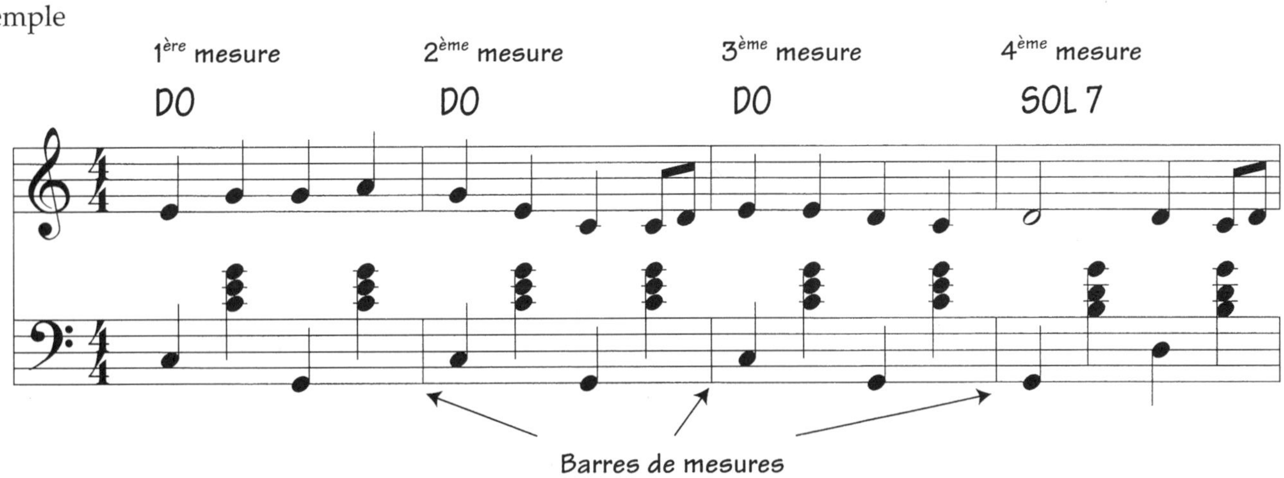

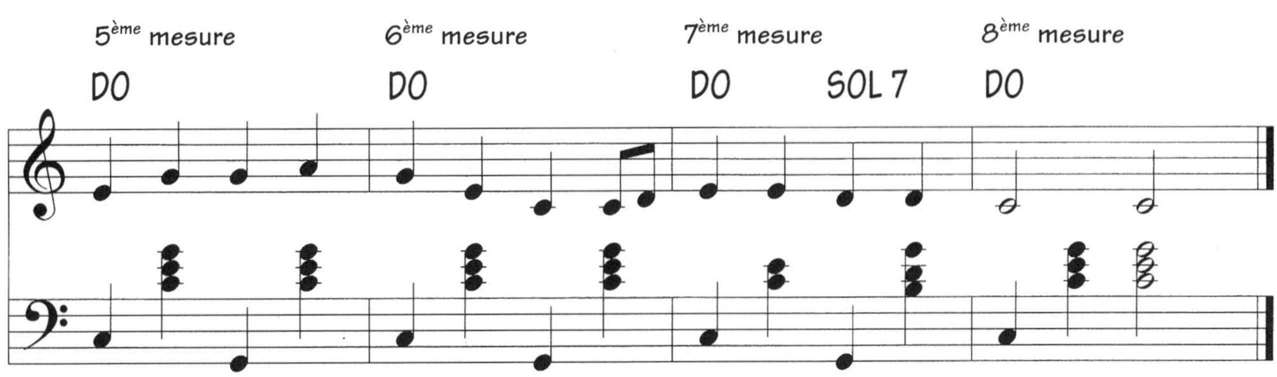

Nous avons ici un extrait de huit mesures avec un accord par mesure, sauf à la 7ème mesure où nous avons DO - SOL 7. Chaque accord durera donc une demi-mesure dans cette 7ème mesure.

La grille suivant la partition

D'après ce que nous avons vu dans les différents exercices, on pourra transformer tout ceci en grille d'accords. Pour plus de clarté, cela donnera :

DO	DO	DO	SOL 7
DO	DO	DO / SOL 7	DO

Il ne restera plus qu'a calquer des rythmiques ou arpèges que vous aurez appris. Parfois plusieurs peuvent coller. Voilà une excellente occasion d'expérimenter plusieurs styles différents sur une même grille : très intéressant vous verrez.

Dictionnaire d'accords

Accords majeurs

DO

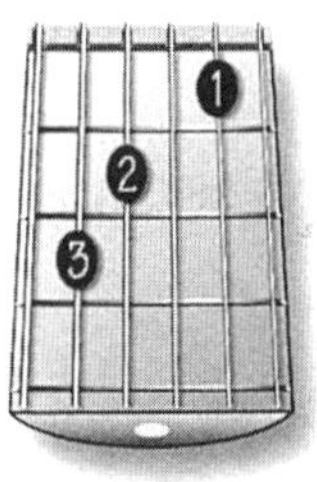

RÉ

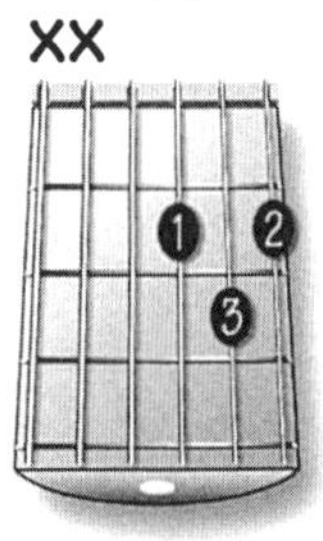

MI

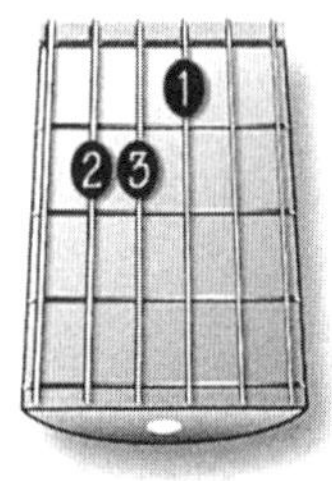

FA

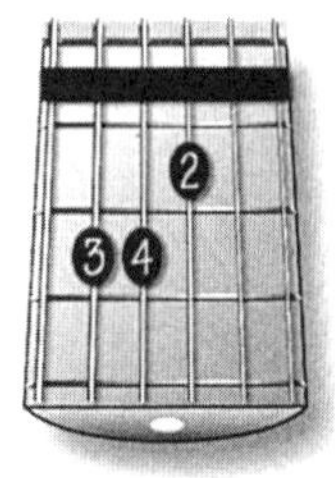

SOL

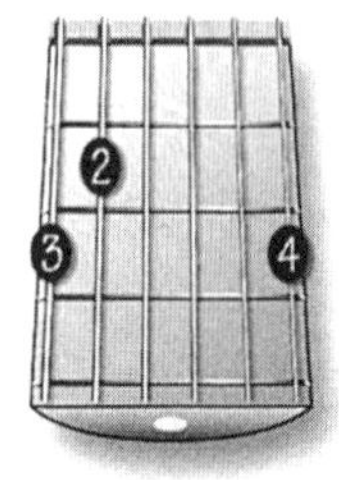

LA

SI

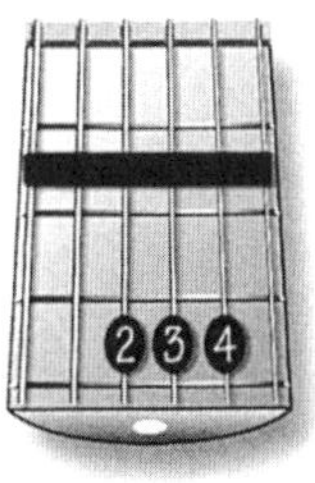

DO ♯ - RÉ ♭

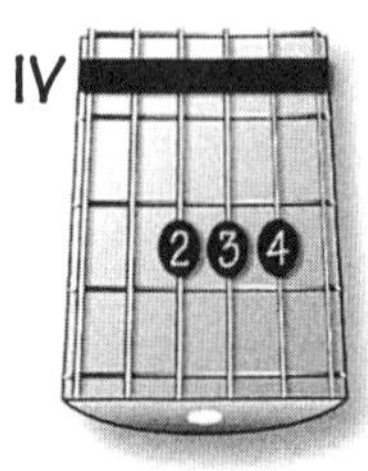

RÉ ♯ - MI ♭

FA ♯ - SOL ♭

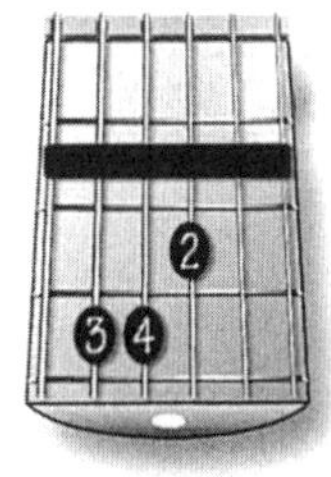

SOL ♯ - LA ♭

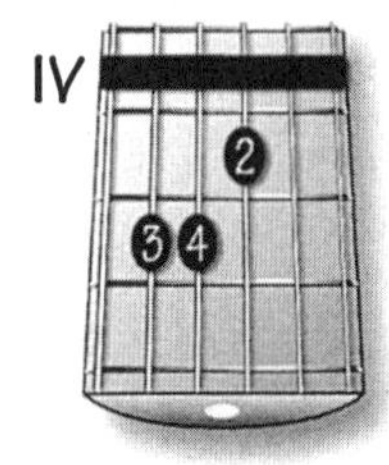

LA ♯ - SI ♭

Accords mineurs

DO m

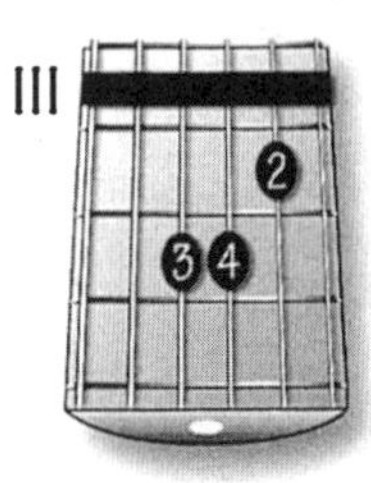

RÉ m

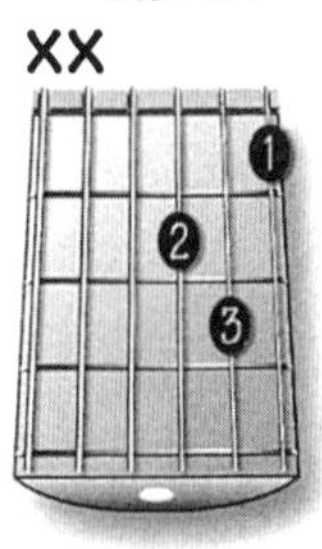

MI m

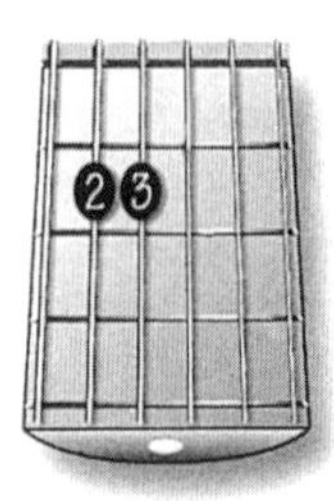

FA m

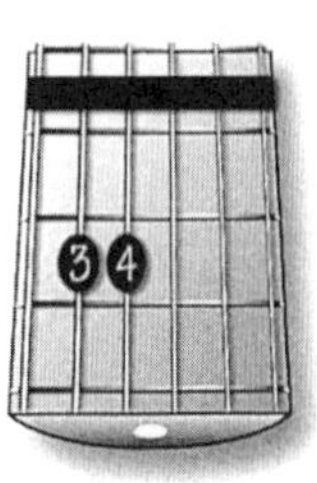

SOL m

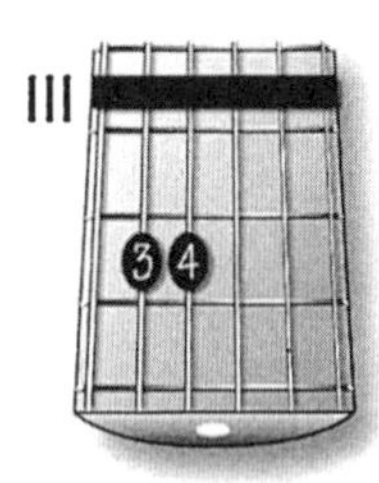

LA m

SI m

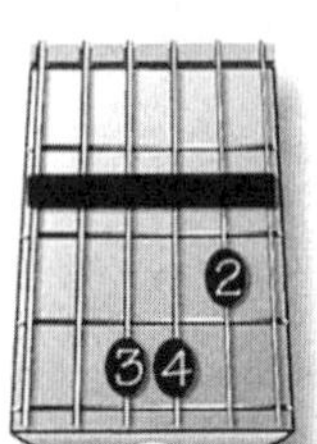

DO♯ m - RÉ ♭ m

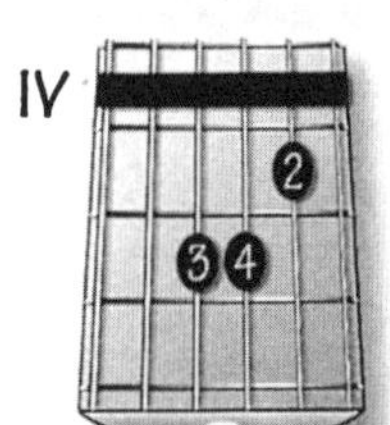

RÉ♯ m - MI ♭ m

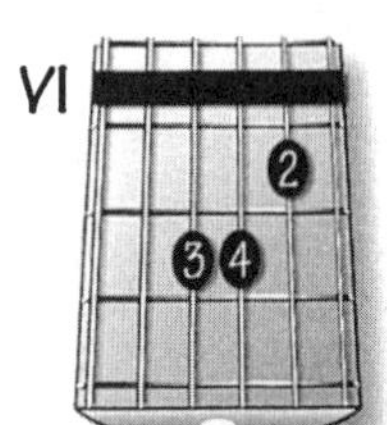

FA♯ m - SOL♭ m

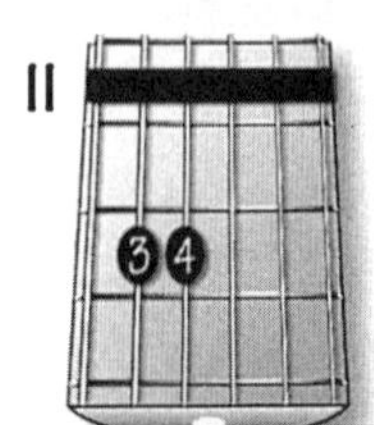

SOL♯ m - LA♭ m

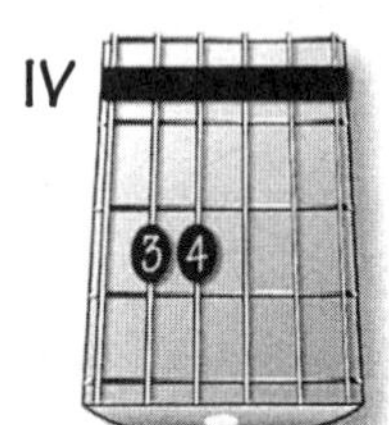

LA♯ m - SI♭ m

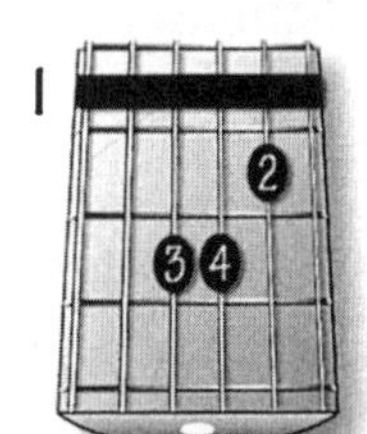

Accords septièmes majeures

DO 7M

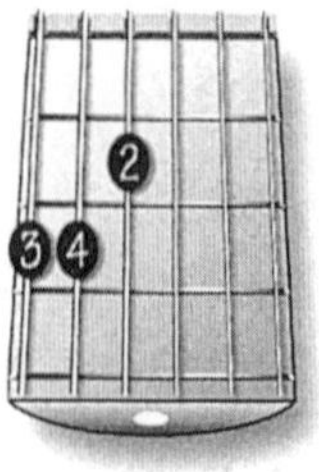

RÉ 7M

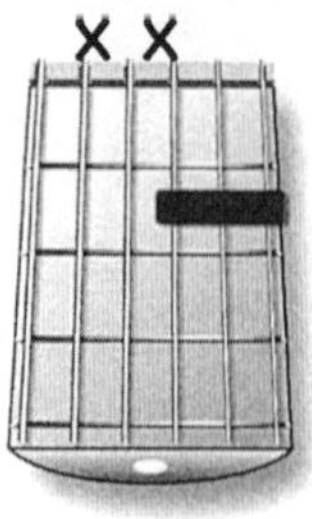

MI 7M

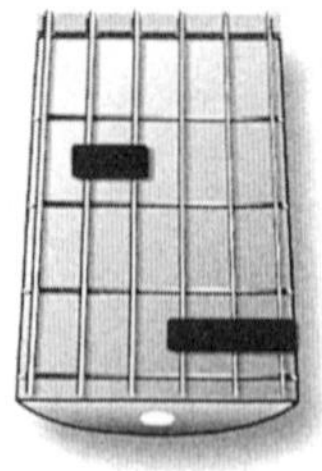

FA 7M

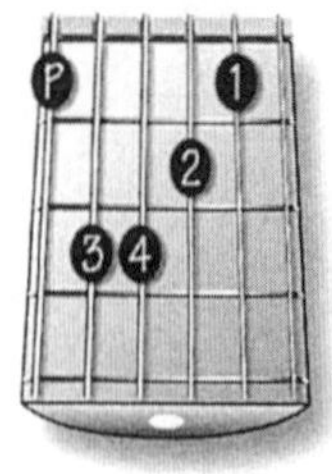

SOL 7M

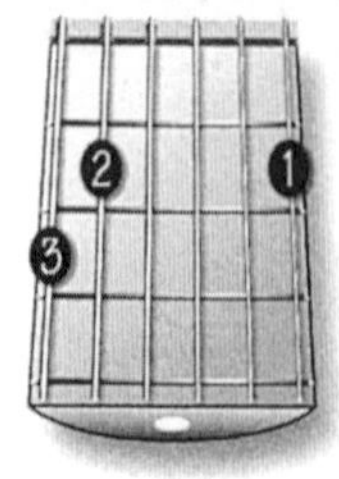

LA 7M

SI 7M

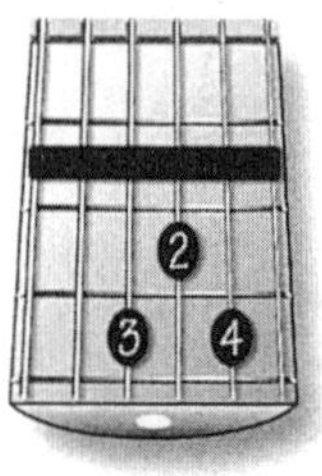

DO ♯ 7M

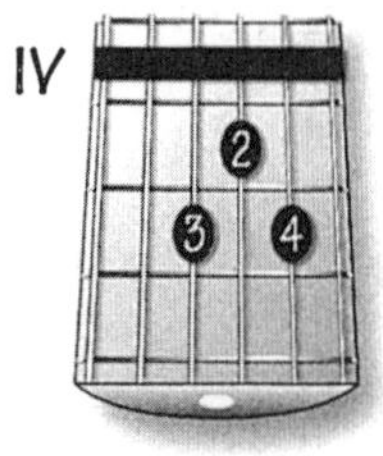

RÉ ♯ 7M

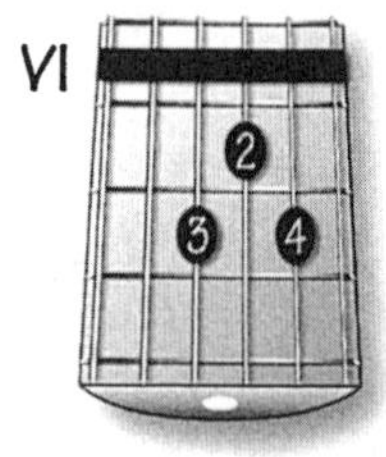

FA ♯ 7M

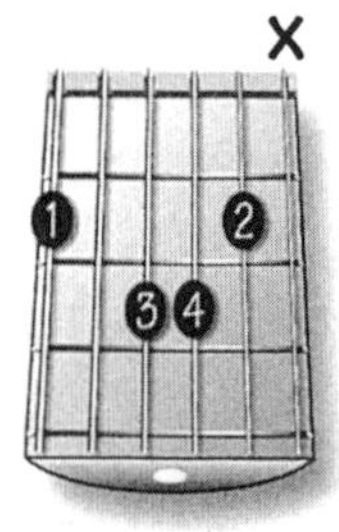

SOL ♯ 7M

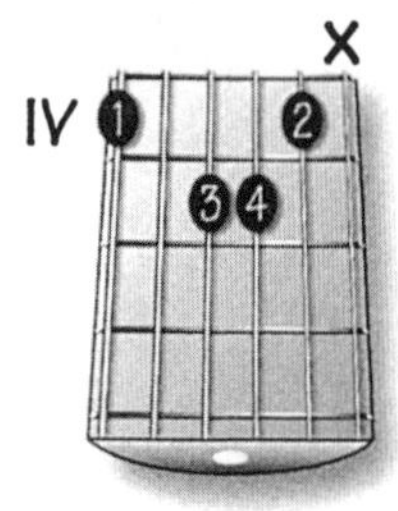

LA ♯ 7M

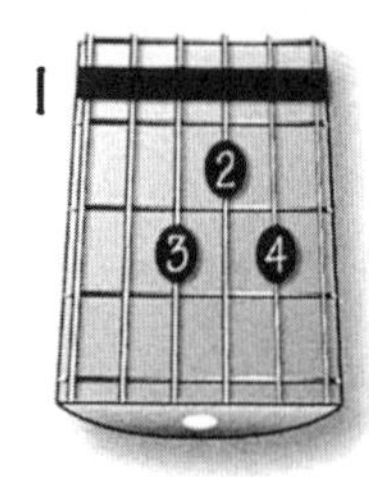

Accords mineurs septièmes

DO m 7

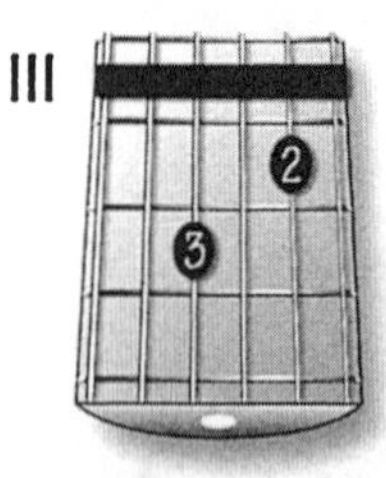

RÉ m 7

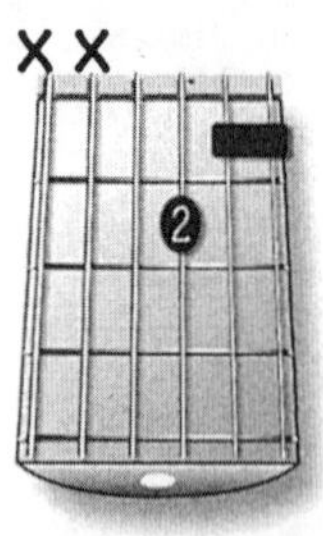

MI m 7

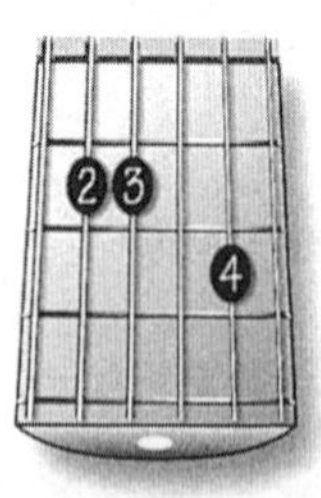

FA m 7

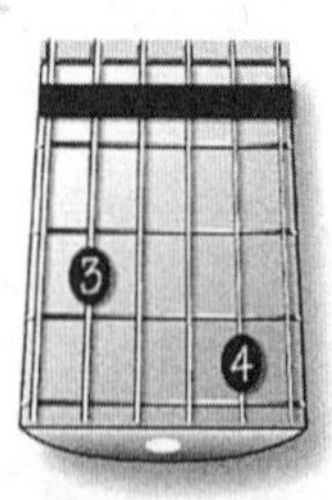

SOL m 7

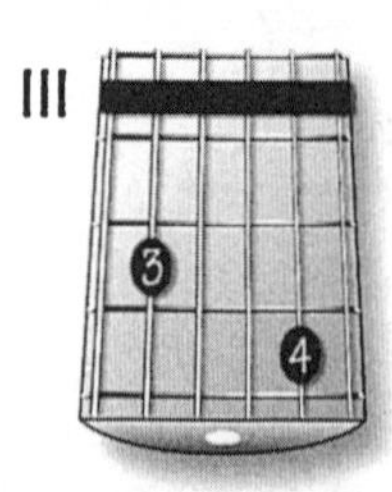

LA m 7

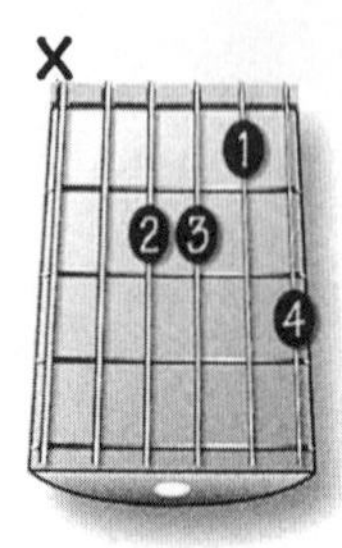

SI m 7

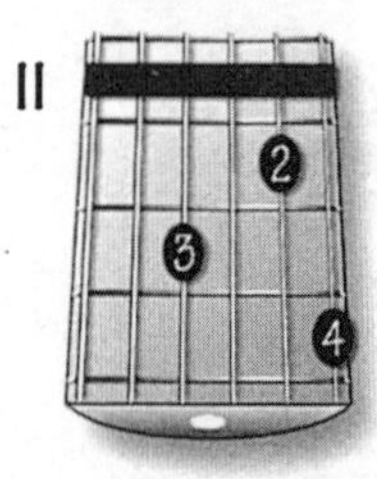

DO ♯ m 7

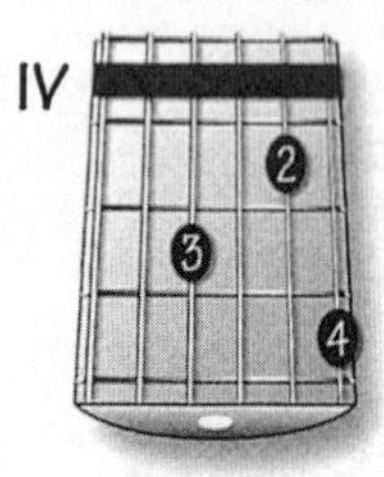

RÉ ♯ m 7

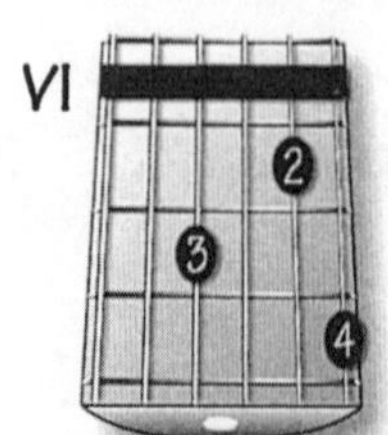

F ♯ m 7

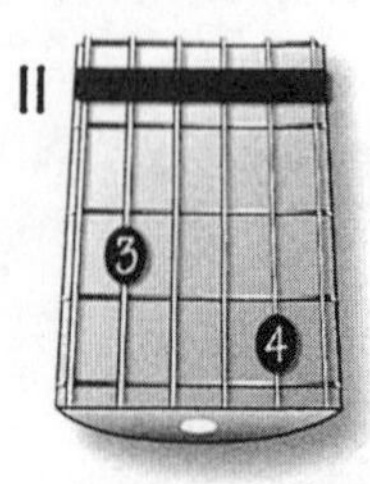

SOL ♯ m 7

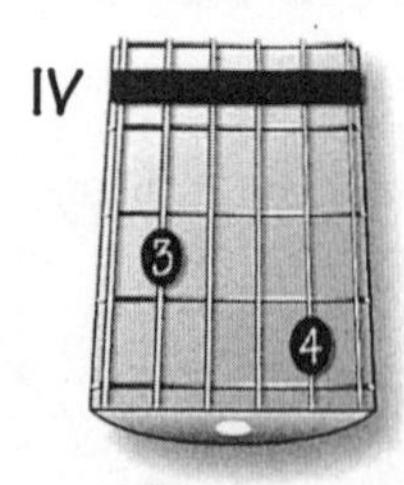

LA ♯ m 7

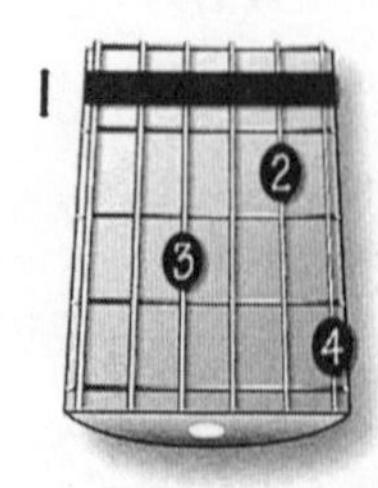

Accords septièmes

DO 7 | RÉ 7 | RÉ 7 | MI 7 | MI 7 | MI 7 | MI 7

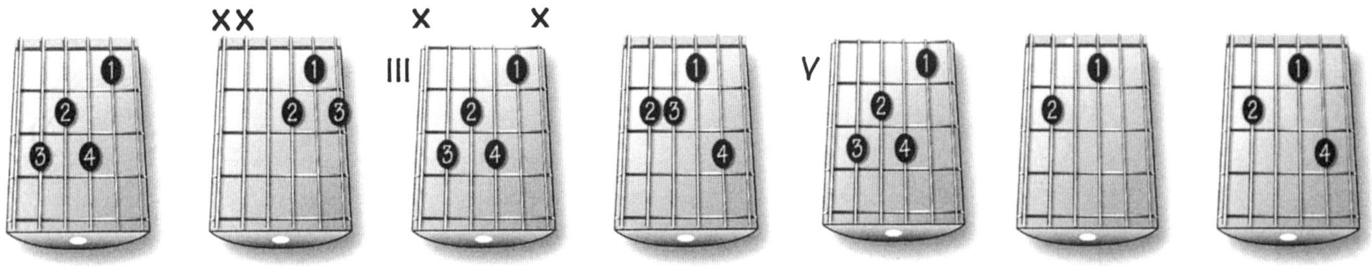

FA 7 | SOL 7 | LA 7 | LA 7 | SI 7 | DO ♯ 7 | DO ♯ 7

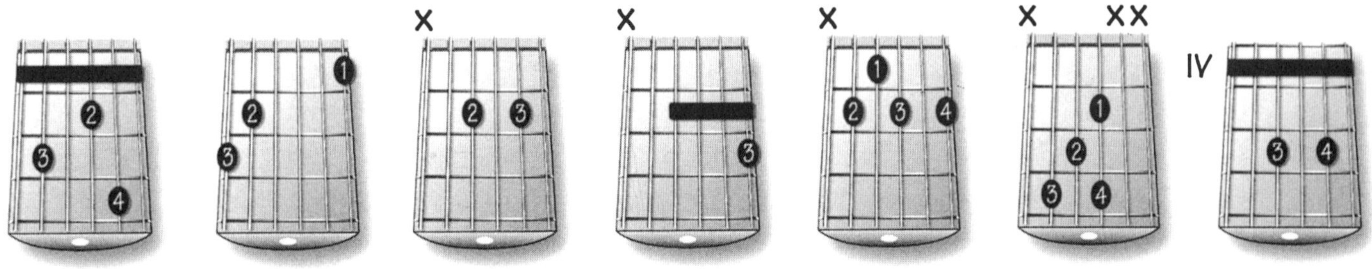

RÉ ♯ 7 | RÉ ♯ 7 | FA ♯ 7 | SOL ♯ 7 | SI 7 | LA ♯ 7

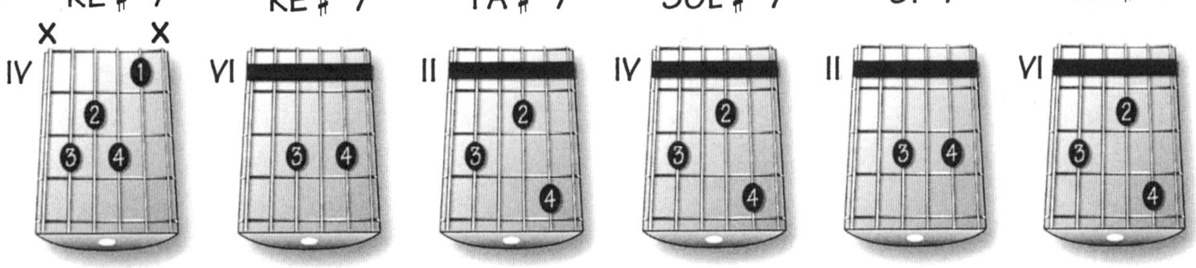

Accords septièmes diminués

RÉ ♯ ° - FA ♯ °
LA ° - DO °

LA ♯ ° - DO ♯ °
MI ° - SOL °

SI ° - RÉ °
FA ° - SOL ♯ °

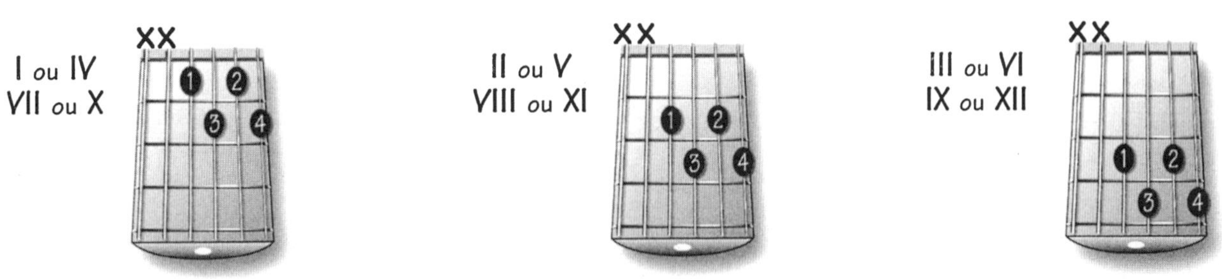

Les accords de 7ème diminuées ont la particularité suivante : ils peuvent s'appeler de quatre façons différentes. L'écart entre chaque note de l'accord étant identique soit un ton et demi. Sur la guitare la même position décalée de trois case donnera en fait un renversement de l'accord précédent mais l'esprit restera identique et le nom de l'accord ne changera pas.

Adieu monsieur le professeur

Rythmique n°1

Paroles de Uline Buggy & Hugues Aufray - Musique de Jean-Pierre Bourtayre

2. Une larme est tombée sur sa main
Dans la classe il s'est assis
Il en a vu défiler des gamins
Qu'il a aimés tout au long de sa vie.

3. De beaux prix sont remis aux élèves,
Les discours sont terminés
Sous le préau l'assistante se lève,
Une dernière fois les enfants vont chanter

Quand la musique est bonne

Rythmique n°2

Paroles et musique de Jean-Jacques Goldman

RÉ m DO RÉ m DO RÉ m DO
13
quand j'suis trop court, quand j'suis trop tard, C'est un re-cours pour une
RÉ m SOL m
16
autre his - toire, Quand la mu-sique est bonne
etc.
DO m SOL m DO m
19
quand la mu - si - que donne Quand la mu - si - que sonne
SOL m RÉ m DO m RÉ m MI ♭
22
sonne, sonne, Quand elle ne tri-che pas Quand elle ne tri-che pas

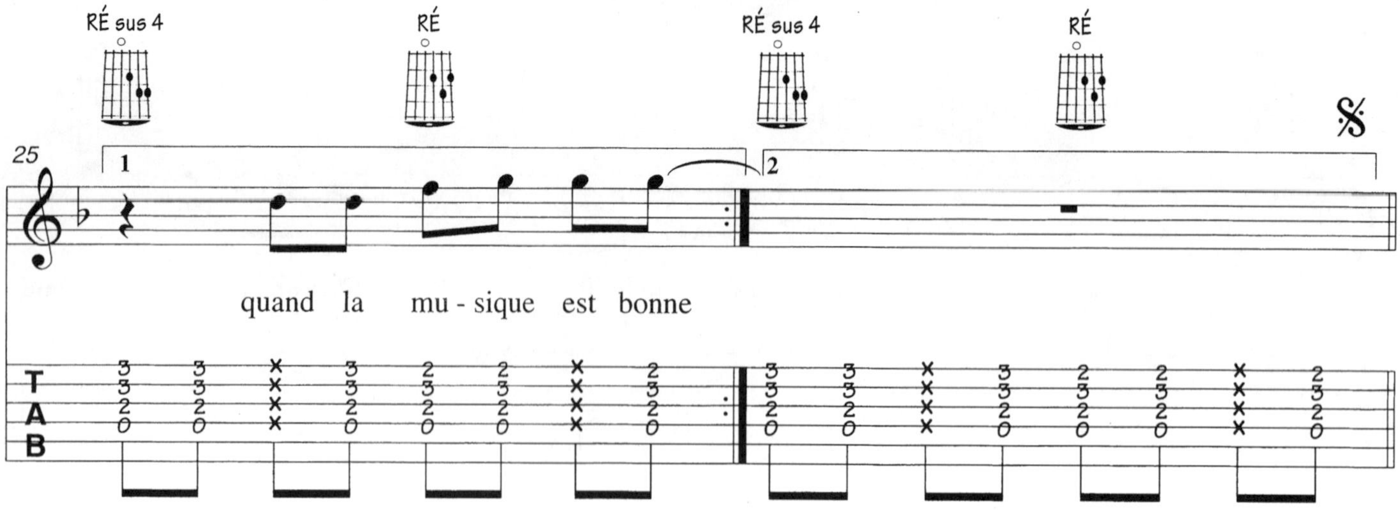

Quand la musique est bonne (bonne, bonne, bonne)
Quand la musique donne (donne, donne, donne)
Quand la musique sonne (sonne, sonne, sonne)
Quand elle ne triche pas (quand elle ne triche pas)
Quand la musique est bonne (bonne, bonne, bonne)
Quand la musique donne (donne, donne, donne)
Quand la musique sonne (sonne, sonne, sonne)
Quand elle guide mes pas (quand elle guide mes pas)

2
J'ai plus d'amour, j'ai pas le temps
J'ai plus d'humour, j'sais plus d'o_ vient le vent
J'ai plus qu'un clou, une _tincelle
Des trucs en plomb qui me brisent les ailes

Un peu de swing, un peu du King
Pas mal de feeling et de d_cibels
C'est pas l'usine, c'est pas la mine
Mais _a suffit pour se faire la belle

Poulailler's song

Rythmique n°1

Paroles de Alain Souchon – Musique de Laurent Voulzy

LA m
SI ♭
13
Y'a un' sé - lec - tion c'est nor - mal Onlit pas
LA sus 4
LA
16
tous le mêm' jour - nal Mais com - pre-
RÉ m
DO
18
nez moi c'est un' mi - grain' Tous
SI ♭
LA
20
ces cam - peurs sous mes per - sienn's Mais com - pre -

Dans les poulaillers d'acajou
Les belles basses-cours à bijoux
On entend la conversation
D'la volaille qui fait l'opinion
Ils disent :
On peut pas aimer tout Paris
N'est-ce pas, y'a des endroits la nuit
Où les pauvres qui vous font la peau
Sont plus bronzés qu'nos p'tits poulbots
Et comprenez-moi, la djellaba
C'est pas c'qui faut sous nos climats
Mais comprenez-moi, à Rochechouart
Y'a des taxis qu'ont peur du noir

Dans les poulaillers d'acajou
Les belles basses-cours à bijoux
On entend la conversation
D'la volaille qui fait l'opinion
Ils disent :
Que font ces jeunes assis par terre
Habillés comme des traîne-misère
On dirait qu'ils n'aiment pas l'travail
Ça nous prépare une belle pagaille
Mais comprenez-moi, c'est inquiétant
Nous vivons des temps décadents
Mais comprenez-moi, le respect s'perd
Dans les usines de mon grand-père
Mais comprenez moi…

Rythmique n°1

Nobody knows the trouble I see

Traditionnel

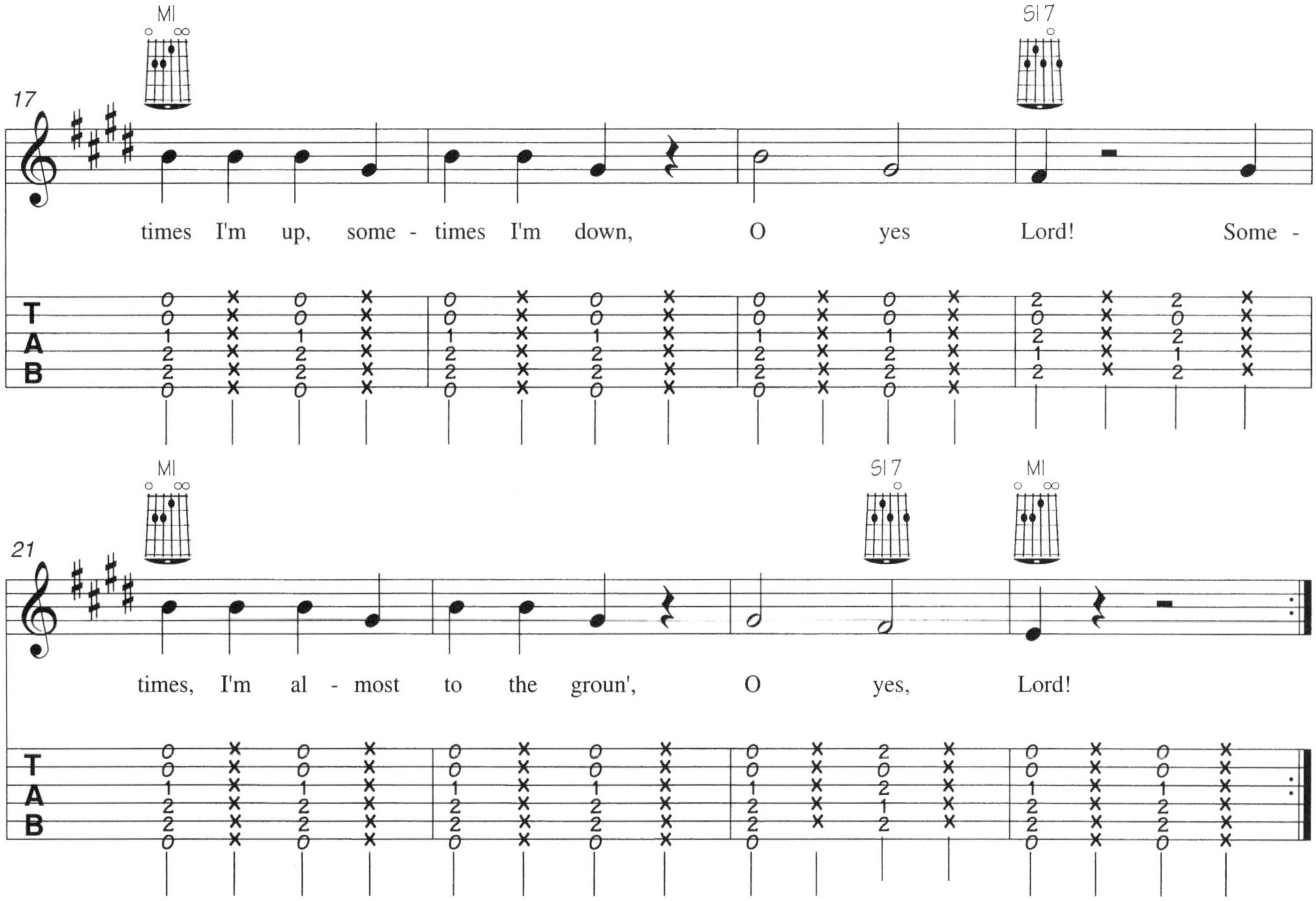

Nobody knows the trouble I see,
Nobody knows but Jesus;
Nobody knows the trouble I see,
Glory, Hallelujah!

Sometimes I'm up, sometimes I'm down,
O yes Lord!
Sometimes I'm almost to the groun',
O yes Lord!

Nobody knows the trouble I see,
Nobody knows but Jesus;
Nobody knows the trouble I see,
Glory, Hallelujah!

Sans la nommer

Rythmique n°1

Paroles et musique de Georges Moustaki

FA
MI ♭
RÉ m
13
et se met en grève C'est ellequ'onem - pri - son - ne Qu'ontra - hit qu'on a - ban - don - ne Qui nous
SOL m
RÉ m
LA 7
16
donn' en - vie de vi - vre Qui donn' en - vie de la sui - vre jus - qu'au bout Jus - qu'au
RÉ m
LA 7
19
bout Je vou- bout jus - qu'au bout jus - quau
RÉ m
LA 7
RÉ m
22
bout jus - qu'au bout jus - qu'au bout.

Sans la nommer
Je voudrais, sans la nommer,
Vous parler d'elle
Comme d'une bien-aimée,
D'une infidèle,
Une fille bien vivante
Qui se réveille
À des lendemains qui chantent
Sous le soleil.

Refrain
C'est elle que l'on matraque,
Que l'on poursuit que l'on traque.
C'est elle qui se soulève,
Qui souffre et se met en grève.
C'est elle qu'on emprisonne,
Qu'on trahit qu'on abandonne,
Qui nous donne envie de vivre,
Qui donne envie de la suivre
Jusqu'au bout, jusqu'au bout.

Je voudrais, sans la nommer,
Lui rendre hommage,
Jolie fleur du mois de mai
Ou fruit sauvage,
Une plante bien plantée
Sur ses deux jambes
Et qui trame en liberté
Où bon lui semble.

Refrain

Je voudrais, sans la nommer,
Vous parler d'elle.
Bien-aimée ou mal aimée,
Elle est fidèle
Et si vous voulez
Que je vous la présente,
On l'appelle
RÉVOLUTION PERMANENTE.

Refrain

Le bon temps du rock'n'roll

Rythmique n°2

(Old Time Rock'n'Roll)

Paroles originales et musique de G. Jackson et T. Jones – Adaptation française de Michel Mallory

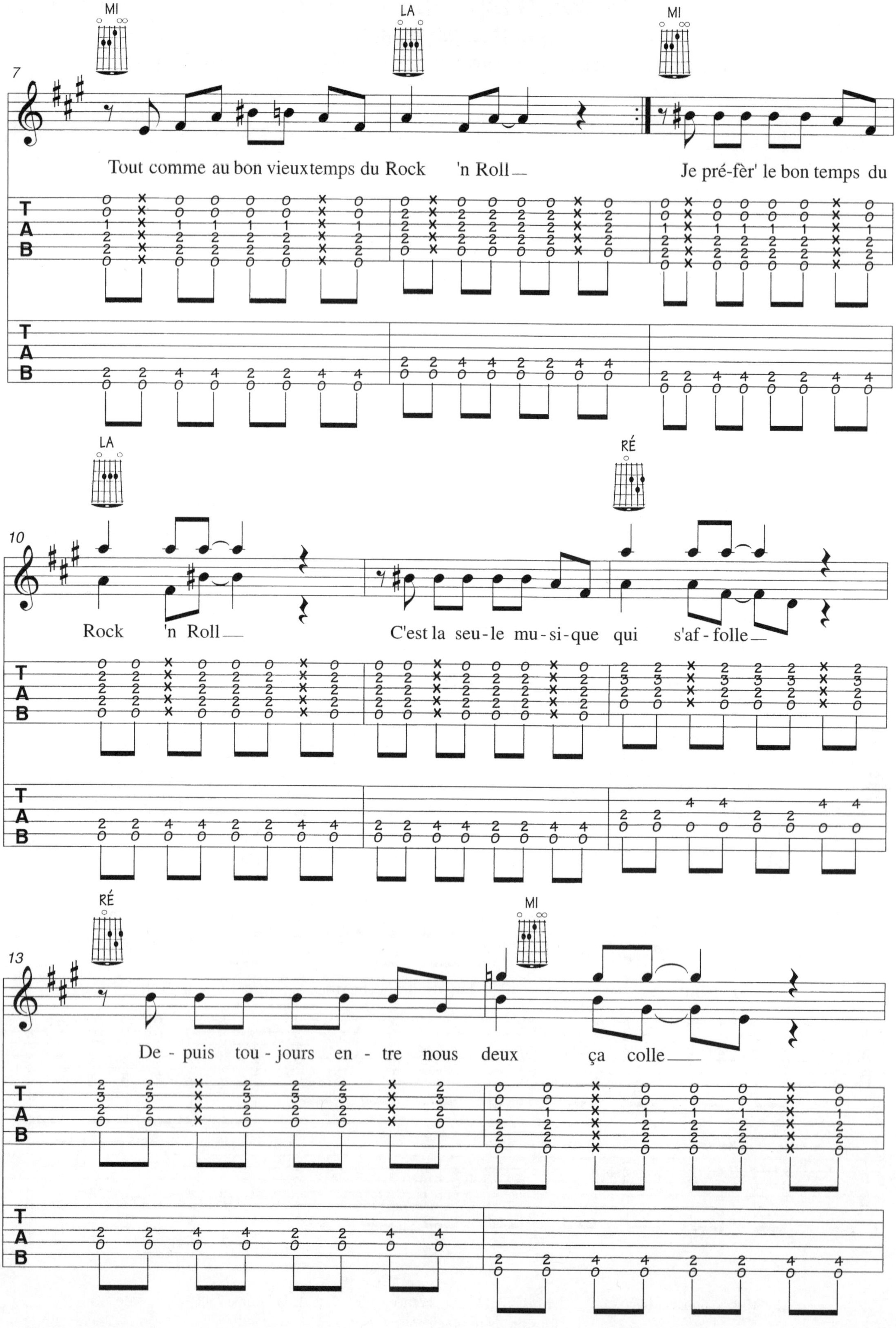
MI
LA
MI
Tout comme au bon vieux temps du Rock 'n Roll
Je pré-fèr' le bon temps du
LA
RÉ
Rock 'n Roll
C'est la seu-le mu-si-que qui s'af-folle
RÉ
MI
De-puis tou-jours en-tre nous deux ça colle

J'en ai assez d'entendre à la radio
Les même sons et les mêmes tempos
Il faudrait que la musique s'affole
Tout comme au bon vieux temps du Rock'n'Roll

J'ai une indigestion de disco
Et tous ces crooners qui me tapent sur les nerfs
Et le rétro j'en ai vraiment ras-le-bol
Je préfère le bon temps du Rock'n'Roll

Je préfère le bon temps du Rock'n'Roll
C'est la seule musique qui soit folle
Depuis toujours entre nous deux ça colle
Depuis le bon vieux temps du Rock 'N Roll

Et je suis allergique au tango
Tous les étés vous me gonflez avec vos slows
Moi j'aime la musique quand elle roule des épaules
Tout comme au bon vieux temps du Rock'n'Roll

Et pour une fois il est resté fidèle
Plus longtemps que pour la fille la plus belle
Ce feeling s'apprend aux sorties d'écoles
Où est le bon vieux temps du Rock'n'Roll

Je préfère le bon temps du Rock'n'Roll
C'est la seule musique qui soit folle
Depuis toujours entre nous deux ça colle
Depuis le bon vieux temps du Rock'n'Roll

Hey Joe

Rythmique n°3

Paroles originales et musique de Billy Roberts - Adaptation française de Gilles Thibaut

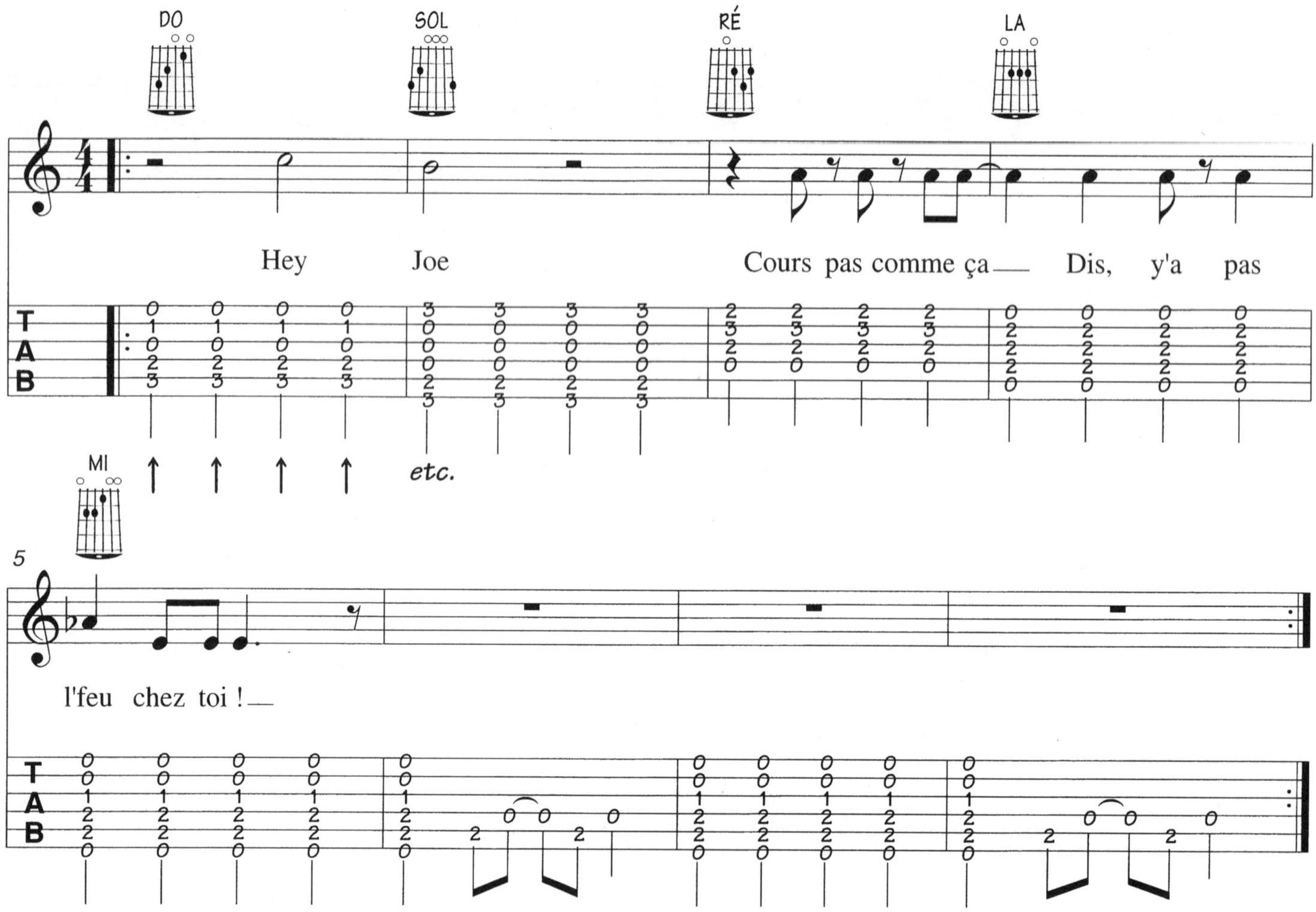

Hey Joe
Court pas comme ça, dis
Y a pas le feu chez toi
Hey Joe
Vient dire bonjour
T'en mourras pas
Moi j'rentre à l'heure qu'il m'plait
J'ai même plus de montre
J'ai tout mon temps
Ce qui m'attend chez moi,
Je le sais
Rien qu'un lit froid
Sans personne dedans
Hey Joe
Si on parlait, hein
Mais de quoi ?
Hey Joe
Le Vietnam, la bombe
Tu t'en fous de tout ça
Comme tu dis, la vie
C'est le métro à six heures
Et chacun pour soi
Mais pour toi Joe,

Y a toujours une place
Mais pas pour moi,
Pourquoi ?
Hey hey Joe
Pourquoi t'as de la chance plein les doigts ?
Hey, hey Joe
En naissant t'as marché dans quoi ?
T'as toujours les poches pleines
La voiture de l'année
Dis donc, ma parole, on en oublie
Que t'es si laid
Moi Joe, tu vois, je n'ai plus rien
Je pensais avoir une fille
Bien à moi
Mais il paraît Joe
Qu'elle dort maintenant entre tes draps, bravo!
Tu vois Joe
Hier je rêvais d'avoir ta peau
Mais Joe
Je préfère te voir souffrir
Et de cette fille, je t'en fais cadeau
Allez bonne chance Joe...

Foule sentimentale (refrain)

Paroles et musique de Alain Souchon

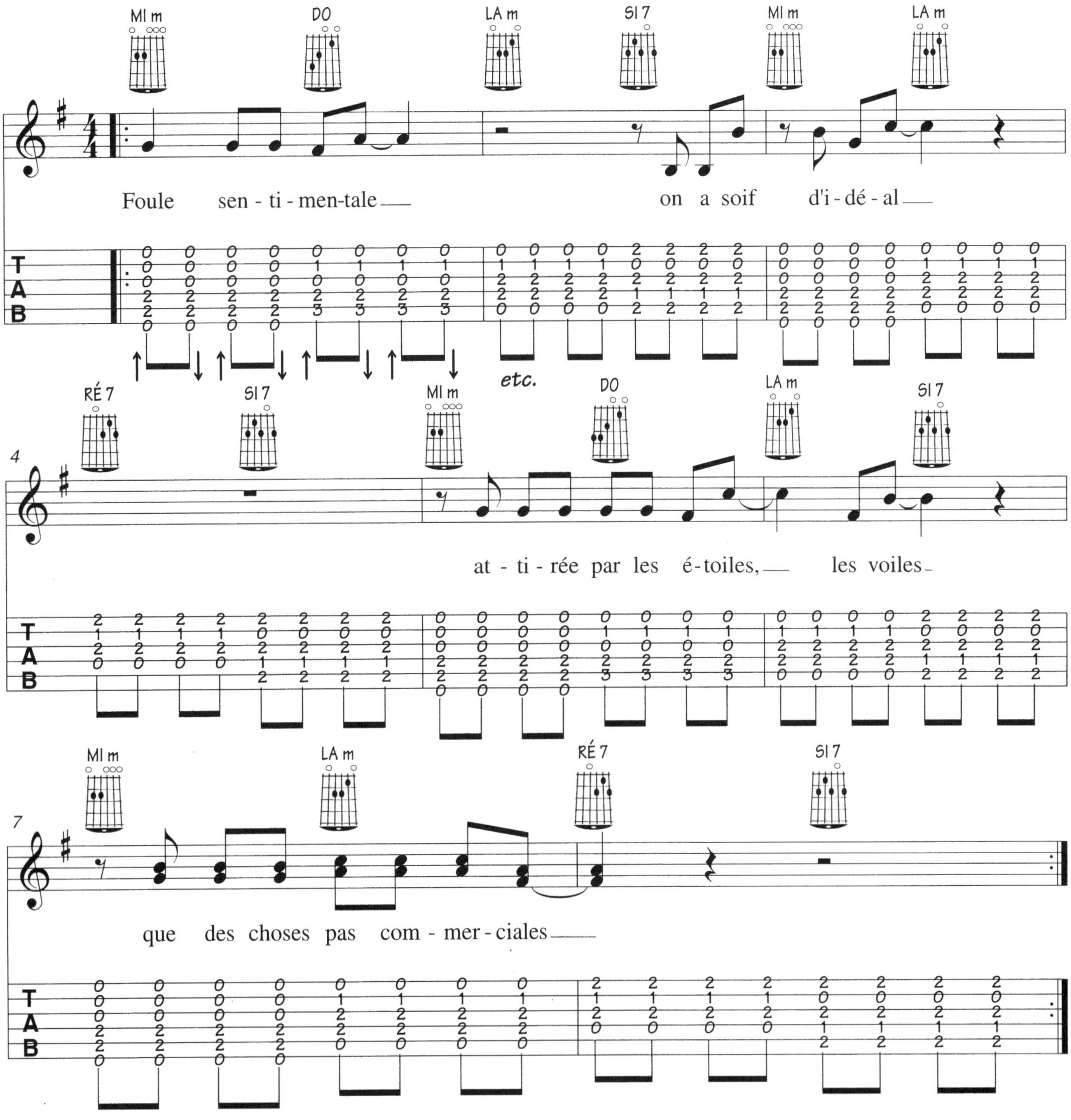

Foule sentimentale
On a soif d'idéal
Attirés par les étoiles, les voiles
Que des choses pas commerciales
Foule sentimentale
Il faut voir comme on nous parle
Comme on nous parle

Tu peux préparer le café noir (Every Day I Have To Cry)

Rythmique n°2

Paroles originales et musique de Arthur Alexander – Adaptation française de Claude Moine et Boris Bergman

2
Je n't'avais pas promis mes plus belles années
Elles sont loin derrière moi mais le passé c'est le passé
L'important aujourd'hui bien sûr c'est ton bonheur
Mais je l'vois mal parti avec cet oiseau de malheur

3
On fait comme on a dit entre nous c'est net
Tu s'ras l'amie d'mon ami, j'essaierai de faire avec
Et si j'tiens pas la route, je sais où vous trouver
La nuit où l'insomnie f'ra qu'j'ai envie d'vous parler

Quand il est mort le poète

Rythmique n°1

Paroles de Louis Amade – Musique de Gilbert Bécaud

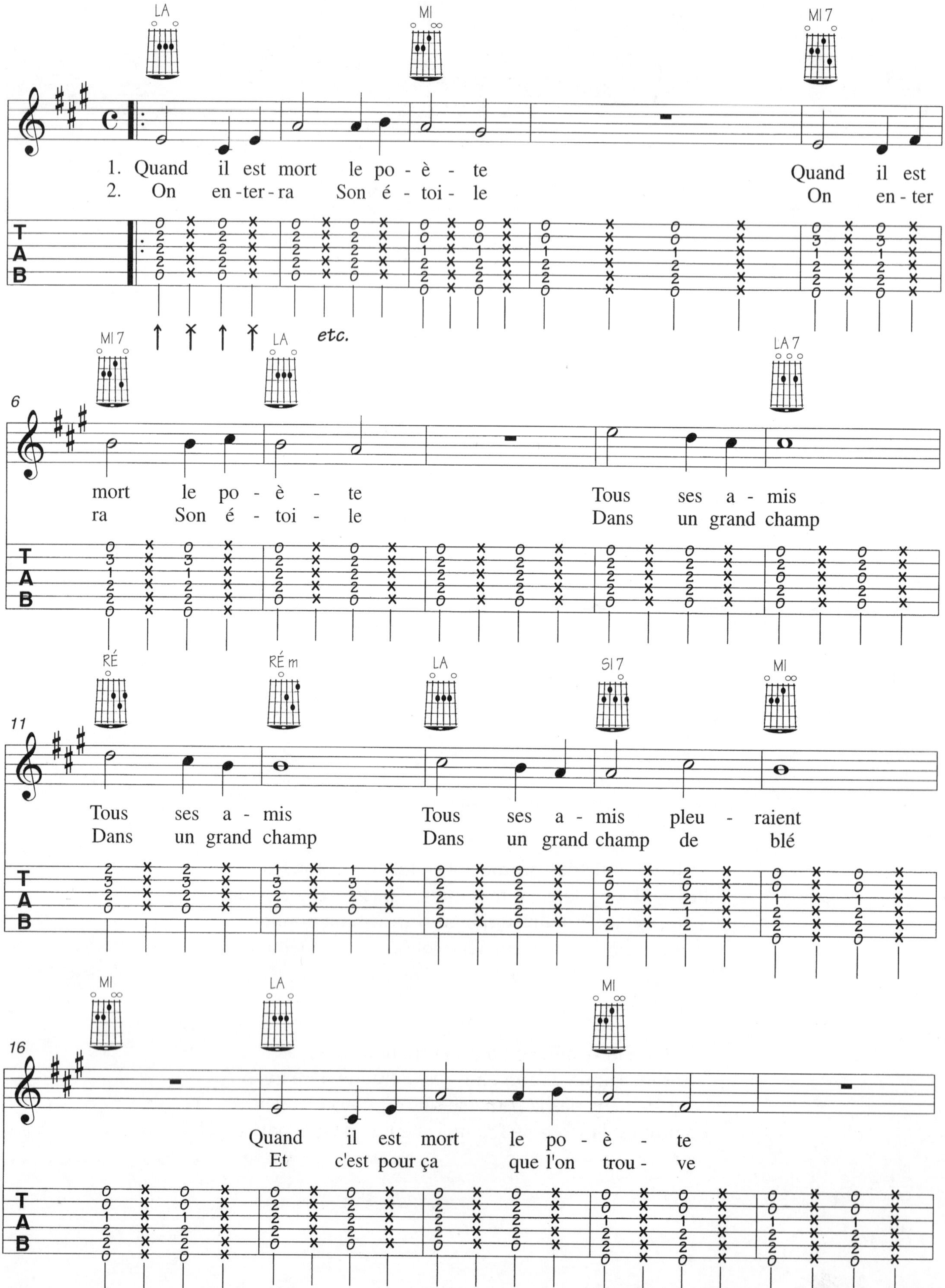

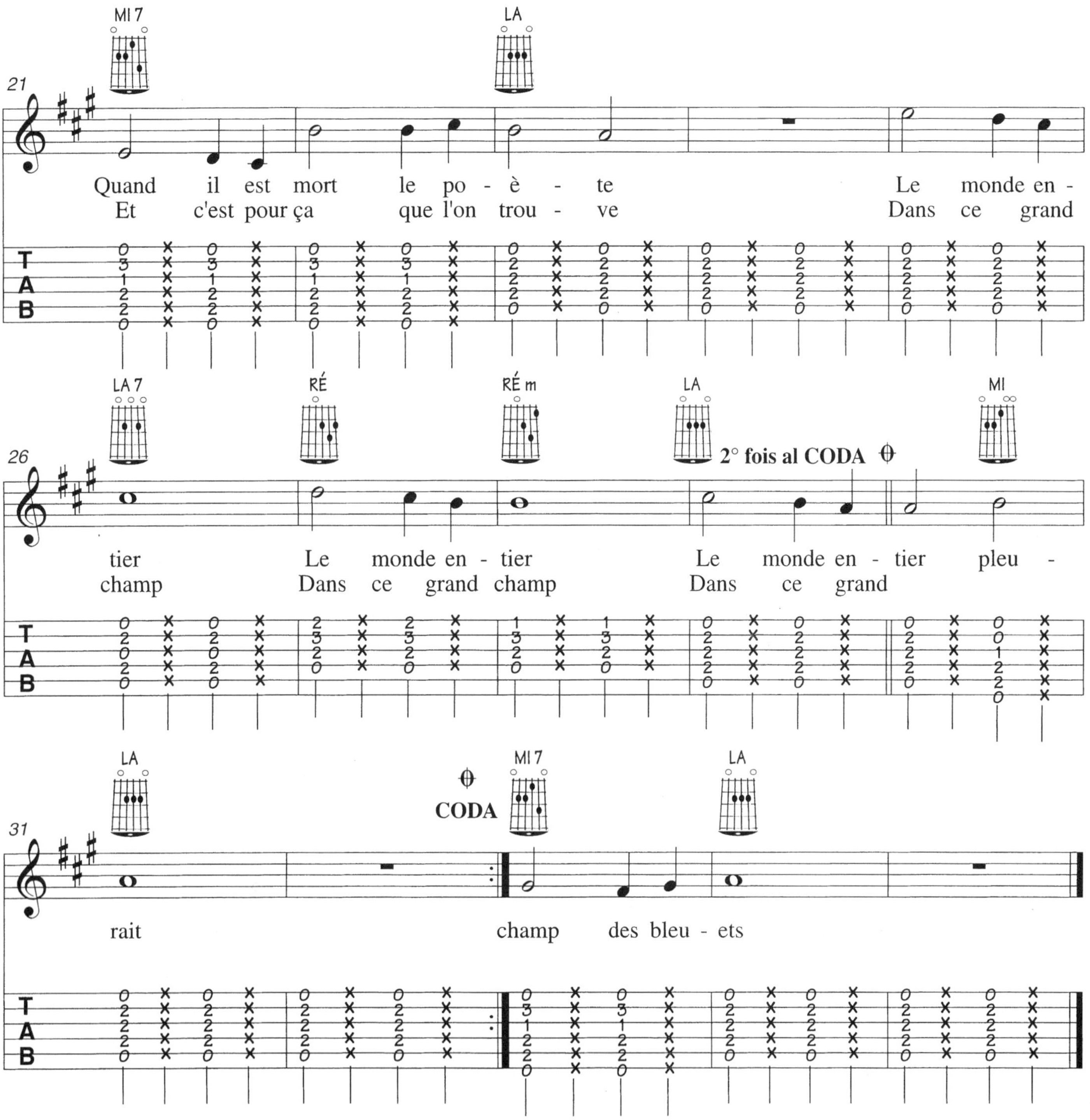

Quand il est mort le poète
Quand il est mort le poète
Tous ses amis
Tous ses amis
Tous ses amis pleuraient

Quand il est mort le poète
Quand il est mort le poète
Le monde entier
Le monde entier
Le monde entier pleurait

On enterra son étoile
On enterra son étoile
Dans un grand champ
Dans un grand champ
Dans un grand champ de blé

Et c'est pour ça que l'on trouve
Et c'est pour ça que l'on trouve
Dans ce grand champ
Dans ce grand champ
Dans ce grand champ des bleuets...

Une belle histoire

Paroles de Pierre Delanoë – Musique de Michel Fugain

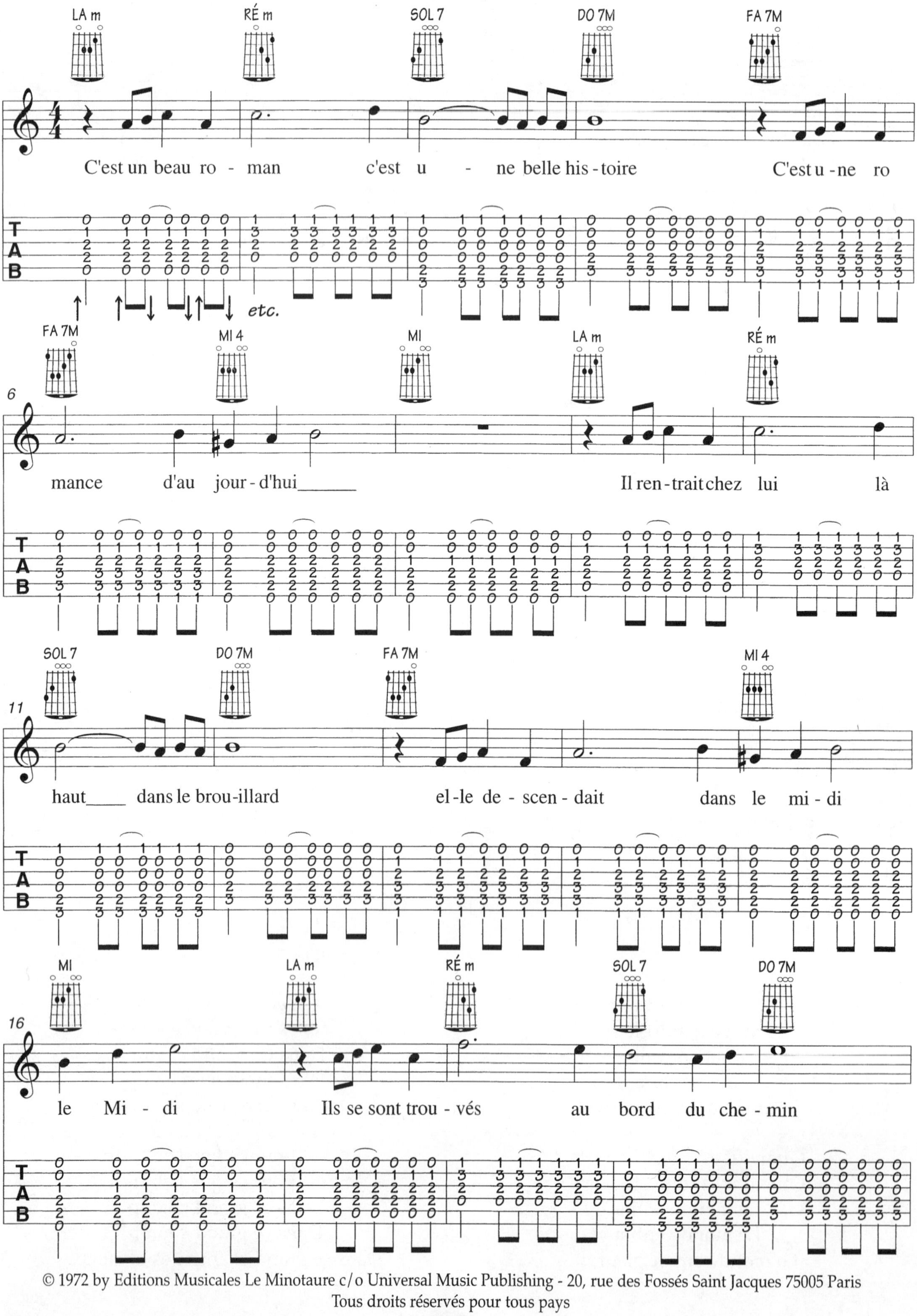

2. Ils se sont cachés dans un grand champ de blé
Se laissant porter par les courants
Se sont racontés leur vies qui commençaient
Ils n'étaient encore que des enfants, des enfants
Qui s'étaient trouvés au bord du chemin
Sur l'autoroute des vacances
C'était sans doute un jour de chance
Qui cueillir le ciel au creux de leurs mains
Comme on cueille la providence
Refusant de penser au lendemain

3. C'est un beau roman, c'est une belle histoire
C'est une romance d'aujourd'hui
Il rentrait chez lui, là-haut vers le brouillard
Elle descendait dans le midi, le midi
Ils se sont quittés au bord du matin
Sur l'autoroute des vacances
C'était fini le jour de chance
Ils reprirent alors chacun leur chemin
Saluèrent la providence en se faisant un signe de la main

4. Il rentra chez lui, là-haut vers le brouillard
Elle est descendu là-bas dans le midi
C'est un beau roman, c'est une belle histoire
C'est une romance d'aujourd'hui

San Francisco

Rythmique n°3

Paroles et musique de Maxime Le Forestier

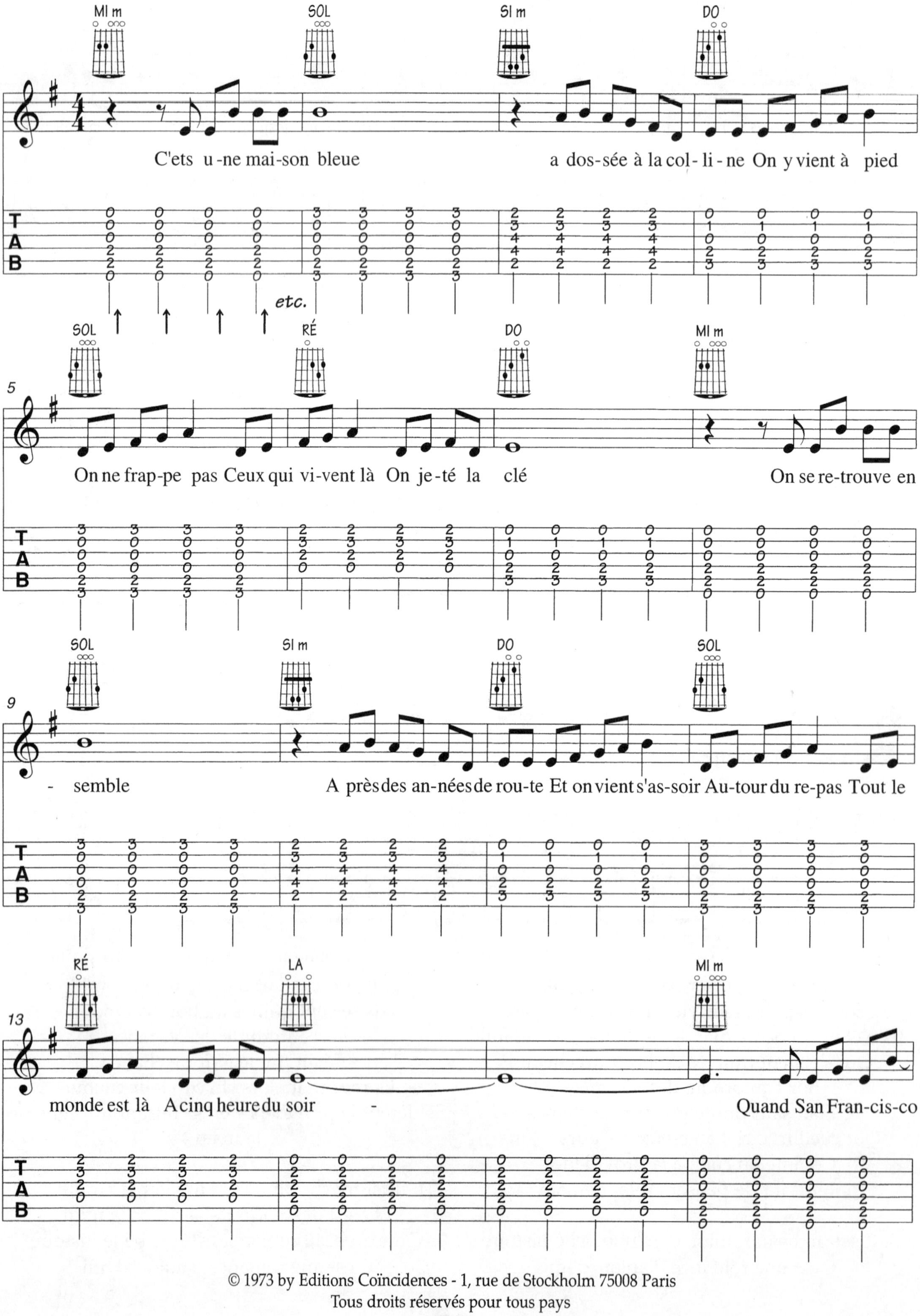

2. Nageant dans le brouillard
Enlacés roulant dans l'herbe
On écoutera
Tom à la guitare
Phil à la kena
Jusqu'à la nuit noire
Un autre arrivera
Pour nous dire des nouvelles
D'un qui reviendra
Dans un an ou deux
Puisqu'il est heureux
On s'endormira

3. C'est une maison bleue
Accrochée à ma mémoire
On y vient à pied
On ne frappe pas
Ceux qui vivent là
Ont jeté la clé
Peuplée de cheveux longs
De grands lits et de musique
Peuplée de lumière
Et peuplée de fous
Elle sera dernière
A rester debout

Si San Francisco s'effondre
Si San Francisco s'effondre
San Francisco
Où êtes-vous
Lizzard et Luc
Psylvia
Attendez-moi

When the saints go marchin' in

Rythmique n°1

Traditionnel

Oh Suzannah

Rythmique n°1

Traditionnel

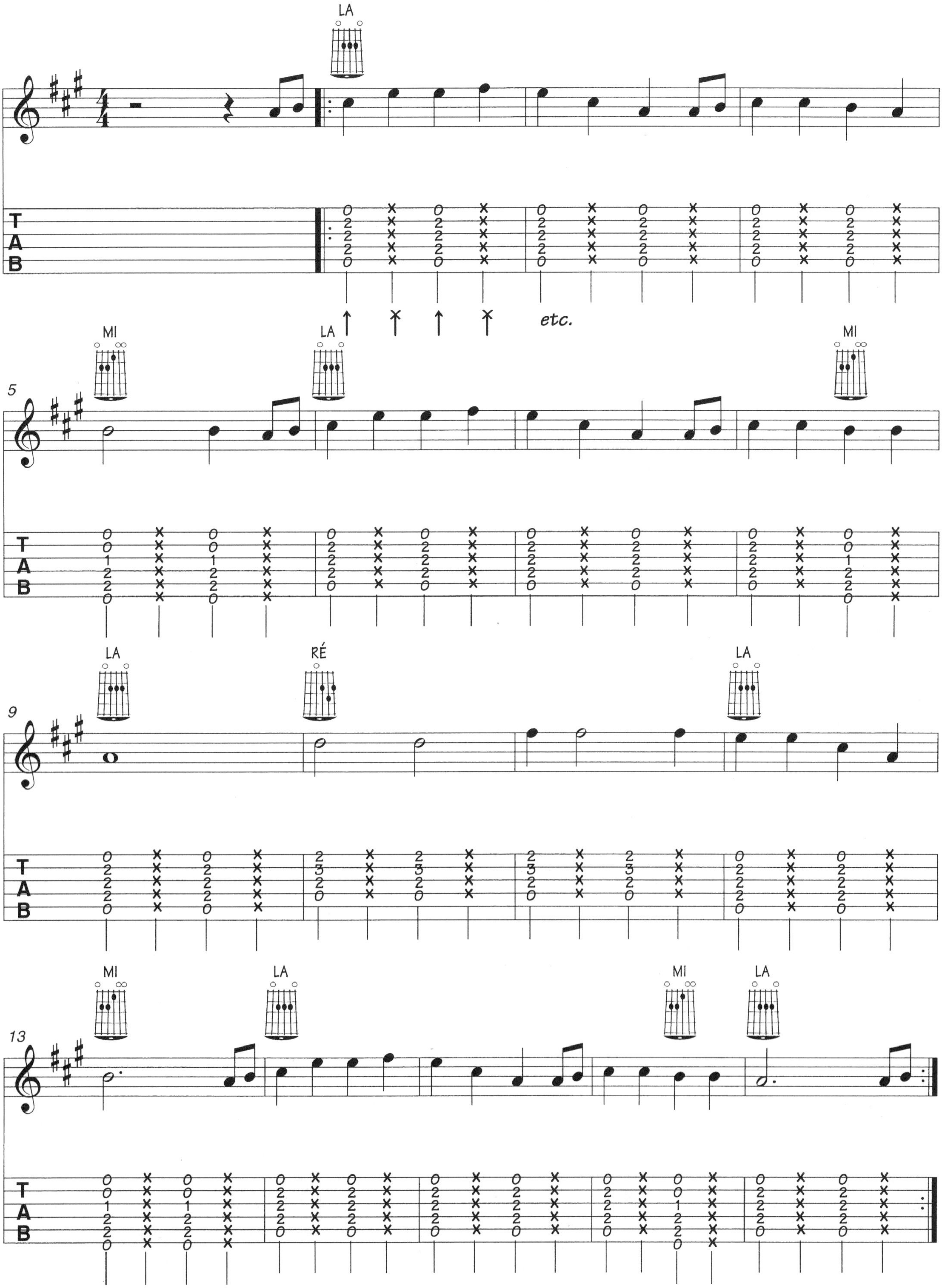

Les copains d'abord

Rythmique n°1

Paroles et musique de Georges Brassens

1
Non, ce n'était pas le radeau
De la Méduse, ce bateau
Qu'on se le dise au fond des ports
Dise au fond des ports
Il naviguait en pèr' peinard
Sur la grand-mare des canards
Et s'app'lait les Copains d'abord
Les Copains d'abord

2
Ses fluctuat nec mergitur
C'était pas d'la littérature
N'en déplaise aux jeteurs de sort
Aux jeteurs de sort
Son capitaine et ses mat'lots
N'étaient pas des enfants d'salauds
Mais des amis franco de port
Des copains d'abord

3
C'étaient pas des amis de luxe
Des petits Castor et Pollux
Des gens de Sodome et Gomorrhe
Sodome et Gomorrhe
C'étaient pas des amis choisis
Par Montaigne et La Boétie
Sur le ventre ils se tapaient fort
Les Copains d'abord

4
C'étaient pas des anges non plus
L'Évangile, ils l'avaient pas lu
Mais ils s'aimaient tout's voil's dehors
Tout's voil's dehors
Jean, Pierre, Paul et compagnie
C'était leur seule litanie
Leur Credo, leur Confiteor
Aux copains d'abord

5
Au moindre coup de Trafalgar
C'est l'amitié qui prenait l'quart
C'est elle qui leur montrait le nord
Leur montrait le nord
Et quand ils étaient en détresse
Qu'leurs bras lancaient des S.O.S.
On aurait dit des sémaphores
Les Copains d'abord

6
Au rendez-vous des bons copains
Y'avait pas souvent de lapins
Quand l'un d'entre eux manquait à bord
C'est qu'il était mort
Oui, mais jamais, au grand jamais
Son trou dans l'eau n'se refermait
Cent ans après, coquin de sort
Il manquait encore

7
Des bateaux j'en ai pris beaucoup
Mais le seul qu'ait tenu le coup
Qui n'ai jamais viré de bord
Mais viré de bord
Naviguait en père peinard
Sur la grand-mare des canards
Et s'app'lait les Copains d'abord
Les Copains d'abord

Jolie bouteille, sacrée bouteille (Bottle Of Wine)

Rythmique n°1

Paroles originales et musique de Tom Paxton – Adaptation française de Graeme Allwright

LA MI RÉ LA
9
J'ai traî - né dans tous - les ca - fés
LA MI LA
11
J'ai fait la man - che bien des soirs Les
LA MI RÉ LA
13
temps sont durs, je n'suis même pas sûr
LA MI LA
15
De me pa - yer un coup à boire
T
A
B

Refrain :
Jolie bouteille, sacrée bouteille
Veux-tu me laisser tranquille ?
Je veux te quitter
Je veux m'en aller
Je veux recommencer ma vie

1
J'ai traîné dans tous les cafés
J'ai fait la manche bien des soirs
Les temps sont durs
J'suis même pas sûr
De me payer un coup à boire

Refrain

2
J'ai mal à la tête
Et les punaises me guettent
Mais que faire dans un cas pareil
J'demande souvent aux passants
De me payer un coup à boire

Refrain

3
Dans la nuit, j'écoute la pluie
Un journal autour des oreilles
Mon vieux complet est tout mouillé
Mais j'ai toujours ma bouteille

Refrain

4
Chacun fait ce qui lui plaît
Tout le monde veut sa place au soleil
Mais moi j'm'en fous, j'n'ai rien du tout
Rien qu'une jolie bouteille

Refrain

Je te promets

Paroles et musique de Jean-Jacques Goldman

FA 7M
SOL
FA
DO
ja - mais des a - dieux, rien que des au re - voir, J'y crois comme à la terre, J'y crois comme au so - leil, - J'y
RÉ m
LA m
FA
DO
crois comme un en - fant, comme on peut croire au ciel J'y crois comme à la peau, à tes bras qui me serrent, J'te
RÉ m
DO/MI
FA
SOL
pro - mets une his - toire dif - fé - ren - te des autres J'ai tant be - oin d'y croire en - co - re
SOL
SOL
Je
Et

FA DO RÉ m LA m
17
même si c'est pas vrai, si on te l'a trop fait Si les mots sont u-sés comme é-crits à la craie On
FA DO FA SOL
19
fait bien des grands feux en frot-tant des cail-loux Peut - être a-vec le temps, à la for-ce d'y croire On
FA SOL FA SOL
21
peut juste es - say - er pour voir, et même si c'est pas vrai, mê - me si je mens, Si
DO/MI FA RÉ m MI m
23
les mots sonts u - sés, lé-gers com-me du vent, Même si notre his-toire se ter-mine au ma-tin, J'te

FA
SOL
25
pro-mets un mo-ment de fièvre et de dou-ceur, Pas toute la vie mais quel-ques heures
SOL
27
SOL
DO
29
Je te pro-mets le sel au bai-ser de ma bouche Je
MI m
RÉ m
31
te pro-mets le miel à ma main qui te touche, Je te pro-mets le ciel au des-sus de ta cou-che Des

Je te promets des jours tous bleus comme tes veines.
Je te promets des nuits rouges comme tes rêves,
Des heures incandescentes et des minutes blanches,
Des secondes insouciantes au rythme de tes hanches.
Je te promets mes bras pour porter tes angoisses.
Je te promets mes mains pour que tu les embrasses.
Je te promets mes yeux si tu ne peux plus voir.
Je te promets d'être heureuse, si tu n'as plus d'espoir.
J'y crois comme à la terre, j'y crois comme au soleil.
J'y crois comme à l'enfant, comme on peut croire au ciel.
J'y crois comme à ta peau, à tes bras qui me serrent.
Je te promets une histoire différente des autres,
Si tu m'aides à 'y croire encore.
Et même si c'est pas vrai, si on te l'a trop fait,
Si les mots sont usés comme écrits à la craie,
On fait bien des grands feux en frottant des cailloux.
Peut-être avec le temps et à force d'y croire,
On peut juste essayer pour voir
Et même si c'est pas vrai, même si je mens,
Si les mots sont usés, légers comme du vent
Et même si notre histoire se termine au matin,
Je te promets un moment de fièvre et de douceur,
Pas toute la nuit mais quelques heures.
Je te promets le sel au baiser de ma bouche.
Je te promets le miel à ma main qui te touche.
Je te promets le ciel au dessus de ta couche,
Des fleurs et des dentelles pour que tes nuits soient douces.

Il est trop tard

Paroles et musique de Georges Moustaki

Pendant que je dormais, pendant que je rêvais
Les aiguilles ont tourné, il est trop tard
Mon enfance est si loin, il est déjà demain
Passe passe le temps, il n'y en a plus pour très longtemps

Pendant que je t'aimais, pendant que je t'avais
L'amour s'en est allé, il est trop tard
Tu étais si jolie, je suis seul dans mon lit
Passe passe le temps, il n'y en a plus pour très longtemps

Pendant que je chantais ma chère liberté
D'autres l'ont enchaînée, il est trop tard
Certains se sont battus, moi je n'ai jamais su
Passe passe le temps, il n'y en a plus pour très longtemps

Pourtant je vis toujours, pourtant je fais l'amour
M'arrive même de chanter sur ma guitare
Pour l'enfant que j'étais, pour l'enfant que j'ai fait
Passe passe le temps, il n'y en a plus pour très longtemps

Pendant que je chantais, pendais que je t'aimais
Pendant que je rêvais il était encore temps

Ma liberté

Paroles et musique de Georges Moustaki

FA 7M
DO
LA m
où Pour al - ler jus-qu'au bout Des che - mins de for - tu - ne
FA 7M
DO
MI
LA m
Pour cueil-lir en rê - vant U-ne ro-se des vents Sur un ra-yon de lu - ne
RÉ m
LA m
RÉ
SOL
Et je t'ai tra-hie Pour u - ne pri-son d'a-mour Et sa bel-le geo -
LA m
lière

1
Ma liberté
Longtemps je t'ai gardée
Comme une perle rare
Ma liberté
C'est toi qui m'as aidé
A larguer les amarres
Pour aller n'importe où
Pour aller jusqu'au bout
Des chemins de fortune
Pour cueillir en rêvant
Une rose des vents
Sur un rayon de lune

2
Ma liberté
Devant tes volontés
Mon âme était soumise
Ma liberté
Je t'avais tout donné
Ma dernière chemise
Et combien j'ai souffert
Pour pouvoir satisfaire
Tes moindres exigences
J'ai changé de pays
J'ai perdu mes amis
Pour gagner ta confiance

3
Ma liberté
Tu as su désarmer
Toutes mes habitudes
Ma liberté
Toi qui m'as fait aimer
Même la solitude
Toi qui m'as fait sourire
Quand je voyais finir
Une belle aventure
Toi qui m'as protégé
Quand j'allais me cacher
Pour soigner mes blessures

4
Ma liberté
Pourtant je t'ai quittée
Une nuit de décembre
J'ai déserté
Les chemins écartés
Que nous suivions ensemble
Lorsque sans me méfier
Les pieds et poings liés
Je me suis laissé faire
Et je t'ai trahie pour
Une prison d'amour
Et sa belle geôlière

Et je t'ai trahie pour
Une prison d'amour
Et sa belle geôlière

Quelque chose de Tennessee

Paroles et musique de Michel Berger

On a tous quelque chose en nous de Tennessee
Cette volonté de prolonger la nuit
Ce désir fou de vivre une autre vie
Ce rêve en nous avec ses mots à lui
Quelque chose de Tennessee
Cette force qui nous pousse vers l'infini
Y'a peu d'amour avec tell'ment d'envie
Si peu d'amour avec tell'ment de bruit
Quelque chose en nous de Tennessee
Ainsi vivait Tennessee
Le coeur en fièvre et le corps démoli
Avec cette formidable envie de vie
Ce rêve en nous c'était son cri à lui

Quelque chose de Tennessee
Comme une étoile qui s'éteint dans la nuit
À l'heure où d'autres s'aiment à la folie
Sans un éclat de voix et sans un bruit
Sans un seul amour, sans un seul ami
Ainsi disparut Tennessee
À certaines heures de la nuit
Quand le cœur de la ville s'est endormi
Il flotte un sentiment comme une envie
Ce rêve en nous, avec ses mots à lui
Quelque chose de Tennessee
Oh oui Tennessee
Y'a quelque chose en nous de Tennessee...

Anonyme du XVIIe siècle

Education sentimentale

Paroles de Kernoa – Musique de Maxime Le Forestier

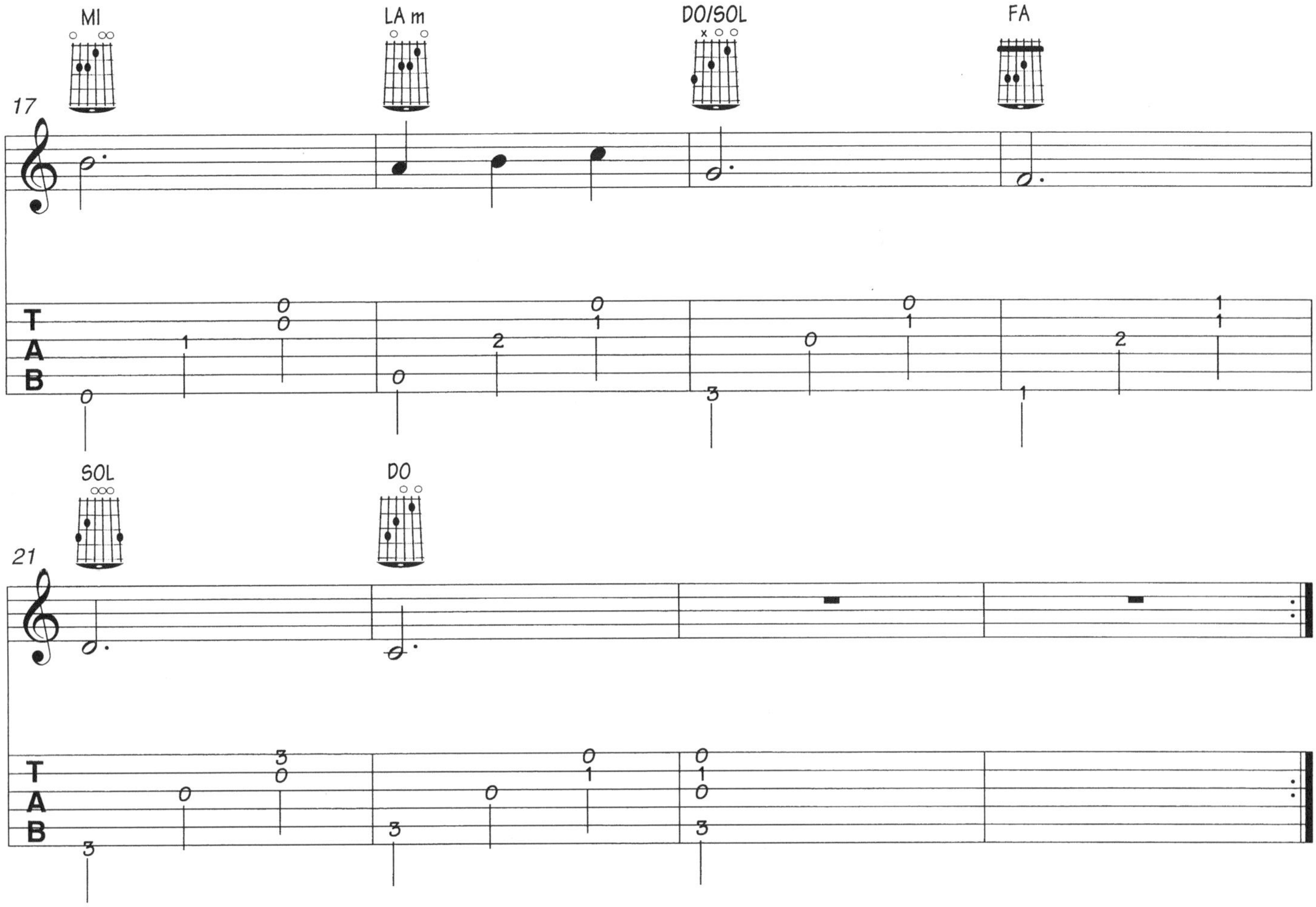

1

Ce soir à la brume
Nous irons, ma brune
Cueillir des serments
Cette fleur sauvage
Qui fait des ravages
Dans les coeurs d'enfants
Pour toi, ma princesse
J'en ferai des tresses
Et dans tes cheveux
Ces serments, ma belle
Te rendront cruelle
Pour tes amoureux

2

Demain à l'aurore
Nous irons encore
Glaner dans les champs
Cueillir des promesses
Des fleurs de tendresse
Et de sentiment
Et sur la colline
Dans les sauvagines
Tu te coucheras
Dans mes bras, ma brune
Eclairée de lune
Tu te donneras

3

C'est au crépuscule
Quand la libellule
S'endort au marais
Qu'il faudra, voisine
Quitter la colline
Et vite rentrer
Ne dis rien, ma brune
Pas même à la lune
Et moi, dans mon coin
J'irai solitaire
Je saurai me taire
Je ne dirai rien

4

Ce soir à la brume
Nous irons, ma brune
Cueillir des serments
Cette fleur sauvage
Qui fait des ravages
Dans les coeurs d'enfants
Pour toi, ma princesse
J'en ferai des tresses
Et dans tes cheveux
Ces serments, ma belle
Te rendront cruelle
Pour tes amoureux

Le plat pays

Paroles et musique de Jacques Brel

SOL 7
DO
13
nir le plat pa - ys qui est le mien. - A - vec des ca - thé
loir le plat pa - ys qui est le mien. A - vec un ciel si
MI
DO
MI
16
bas qu'un ca - nal s'est per - du, A - vec un ciel si bas qu'il fait l'hu - mi - li -
LA m
RÉ m
DO
19
té A - vec un ciel si gris qu'un ca - nal s'est pen - du, A - vec un ciel si
RÉ m
MI
LA m
22
gris qu'il faut lui par - don - ner. A - vec le vent du nord qui vient s'é - car - te -

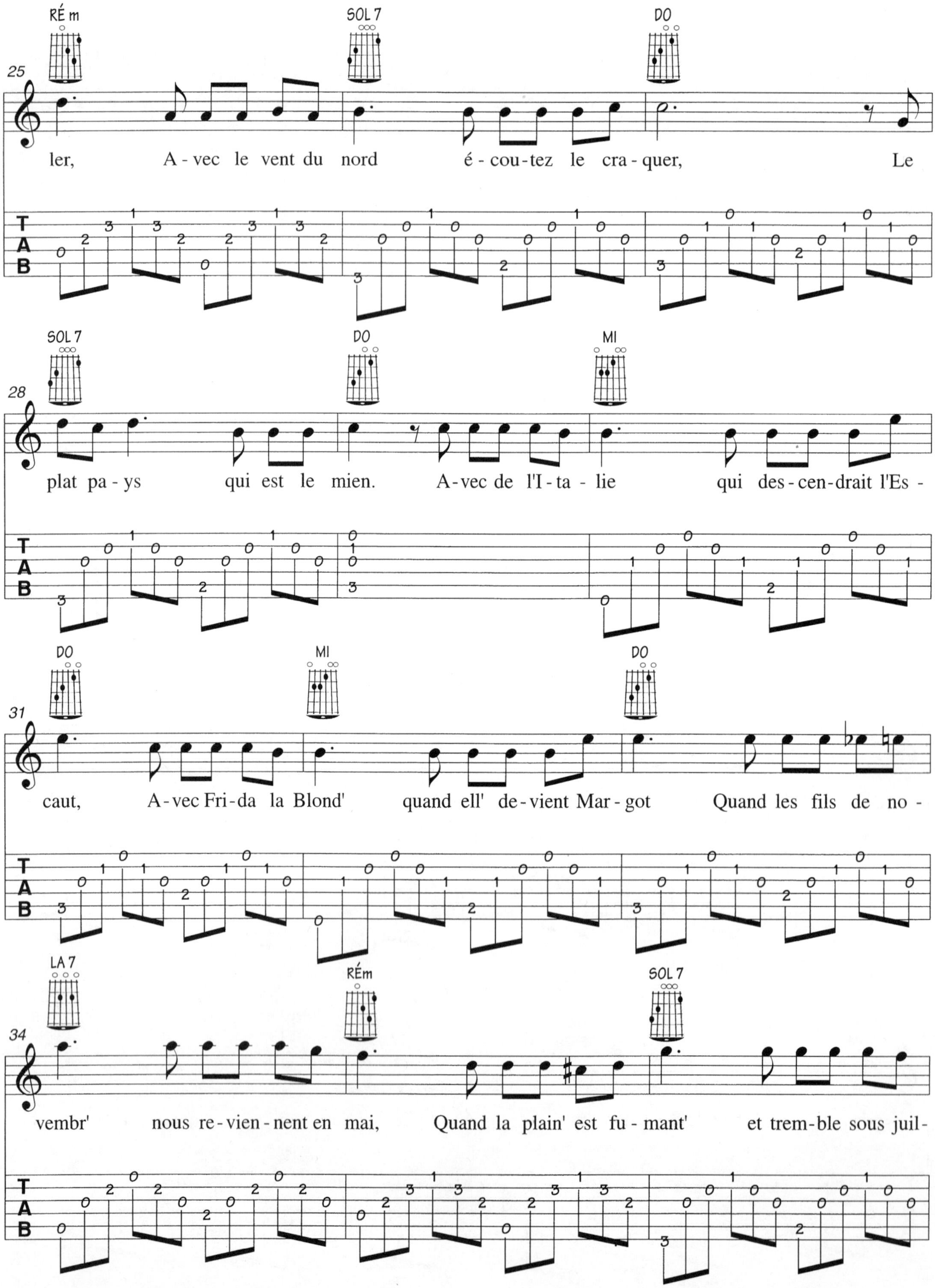
RÉm
SOL 7
DO
ler, A-vec le vent du nord é-cou-tez le cra-quer, Le
SOL 7
DO
MI
plat pa-ys qui est le mien. A-vec de l'I-ta-lie qui des-cen-drait l'Es-
DO
MI
DO
caut, A-vec Fri-da la Blond' quand ell' de-vient Mar-got Quand les fils de no-
LA 7
RÉm
SOL 7
vembr' nous re-vien-nent en mai, Quand la plain' est fu-mant' et trem-ble sous juil-

DO
SOL 7
LA m
37
let, Quand le vent est au rir' quand le vent est au blé, Quand le vent est au
RÉ m
SOL 7
40
sud é - cou - tez le chan - ter, Le
SOL 7
DO
42
plat pa - ys qui est le mien.

Natalia

Musique de Georges Moustaki

21
26
31

Ça (c'est vraiment toi)

Rythmique n°2

Paroles de Jean-Louis Aubert – Musique de Téléphone

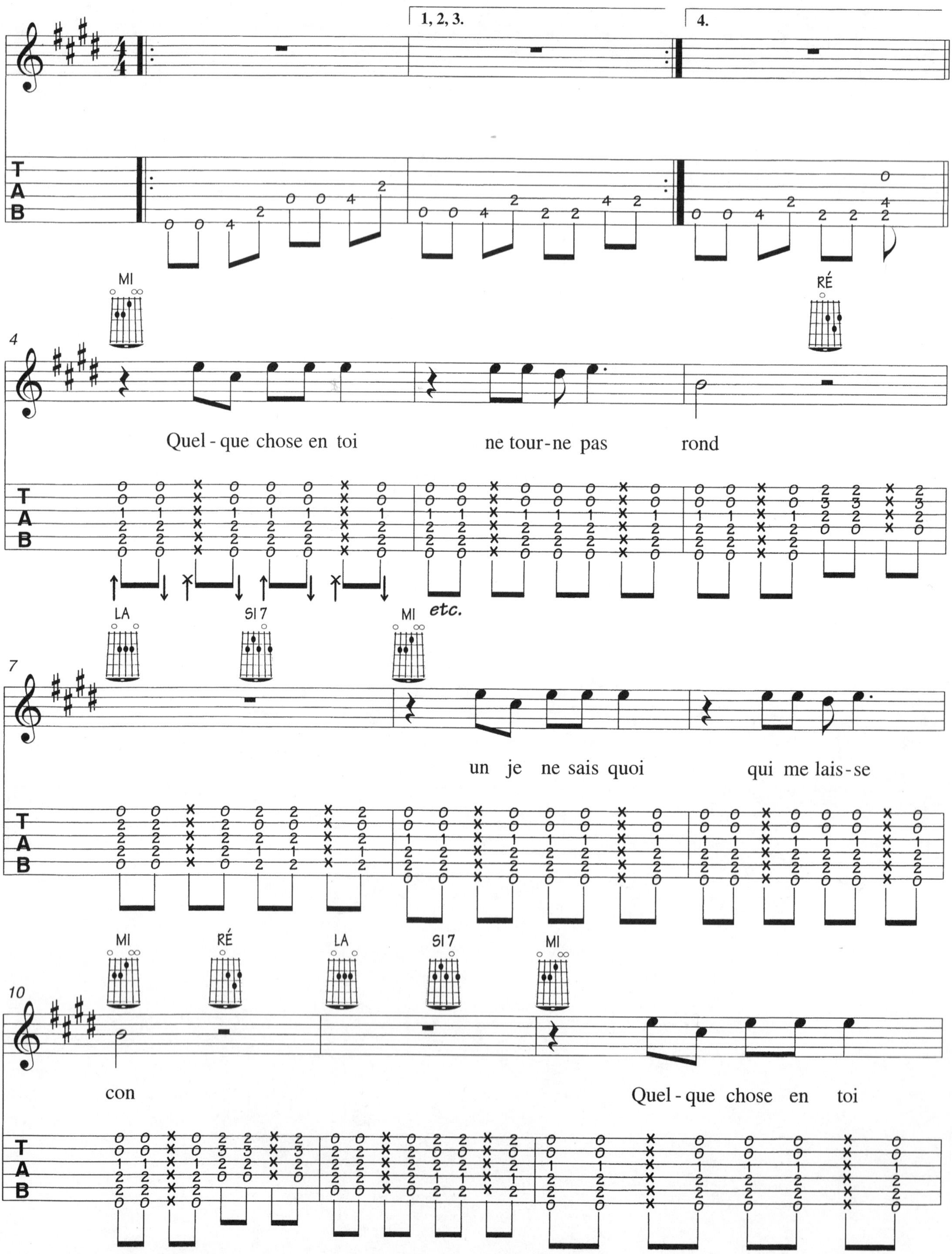

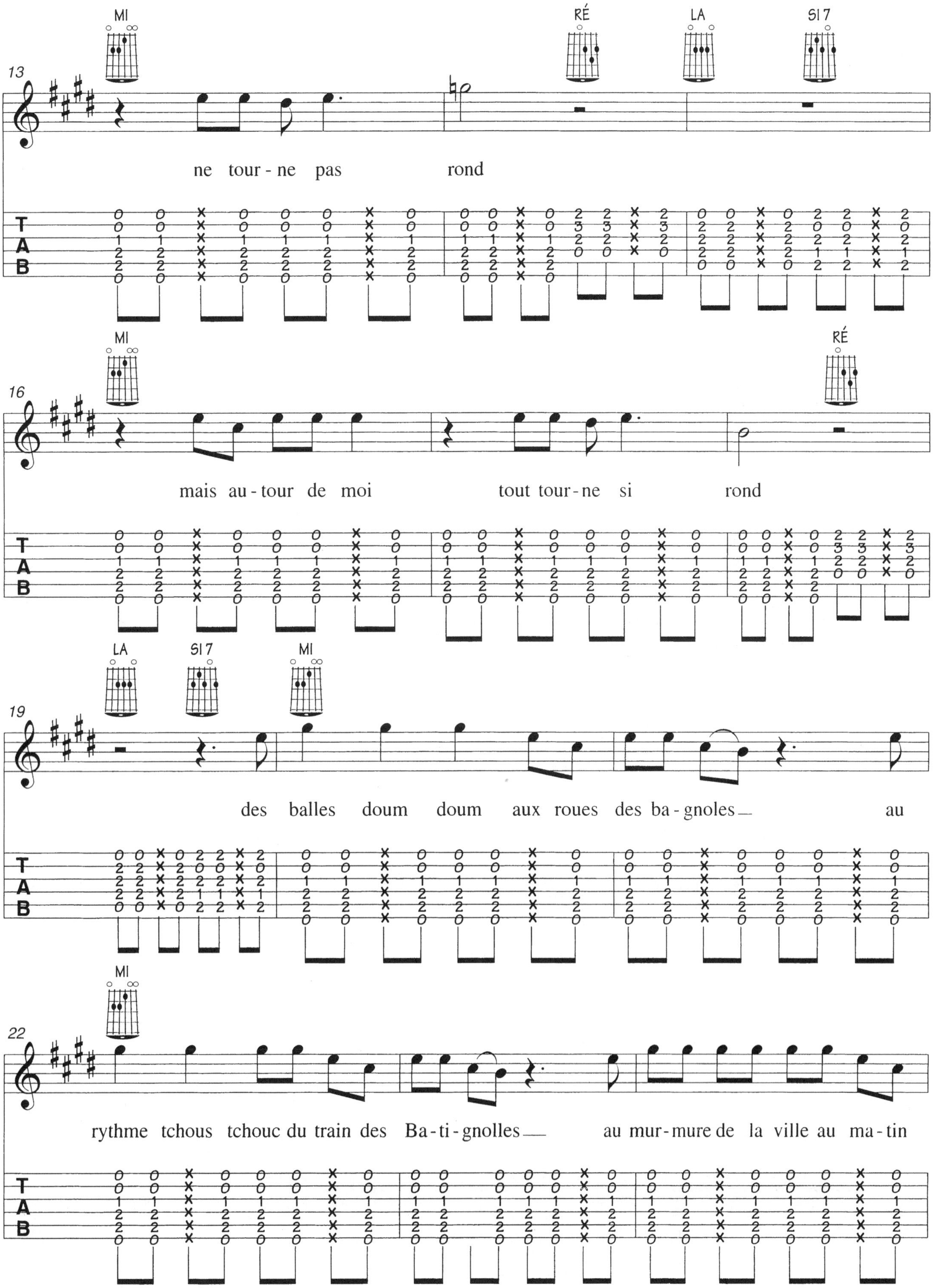
MI RÉ LA SI 7
13
ne tour - ne pas rond
MI RÉ
16
mais au - tour de moi tout tour - ne si rond
LA SI 7 MI
19
des balles doum doum aux roues des ba - gnoles au
MI
22
rythme tchous tchouc du train des Ba - ti - gnolles au mur - mure de la ville au ma - tin

MI
MI
25
des nuits folles___
rien ne t'af - fole___ et j'aime en -
MI RÉ LA SI 7 MI RÉ
28
core mieux ça
oui je pré - fère ça
LA SI 7 MI RÉ LA SI 7
31
oui j'aime en - core mieux ça
car c'est
MI RÉ LA SI 7 FA♯
34
vrai - ment toi
et rien d'au - tre que toi
TAB

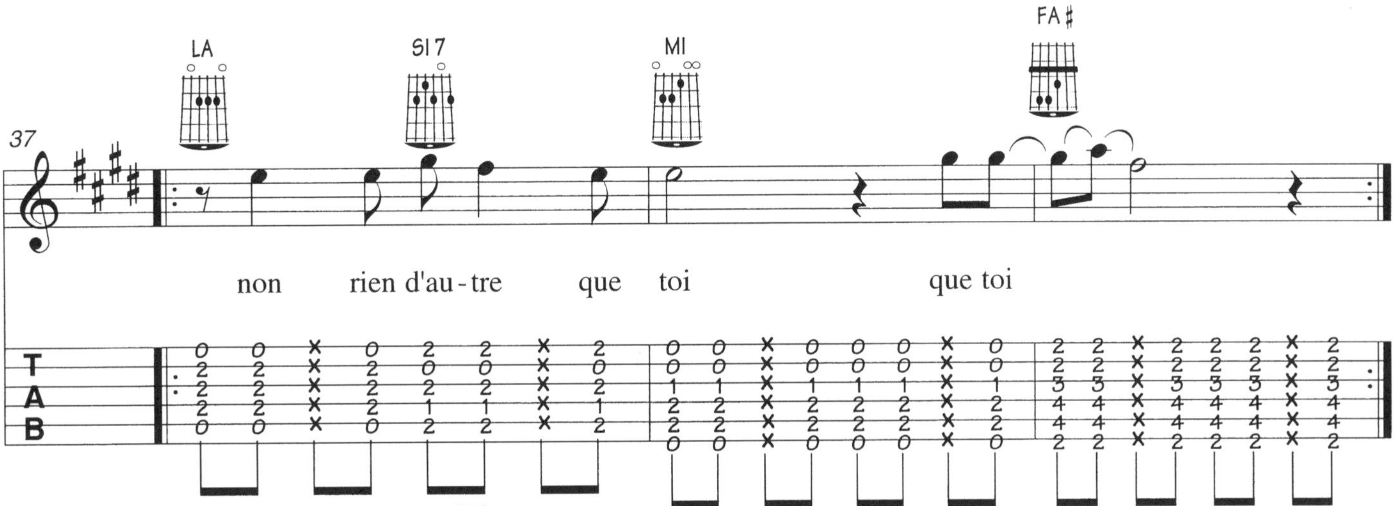

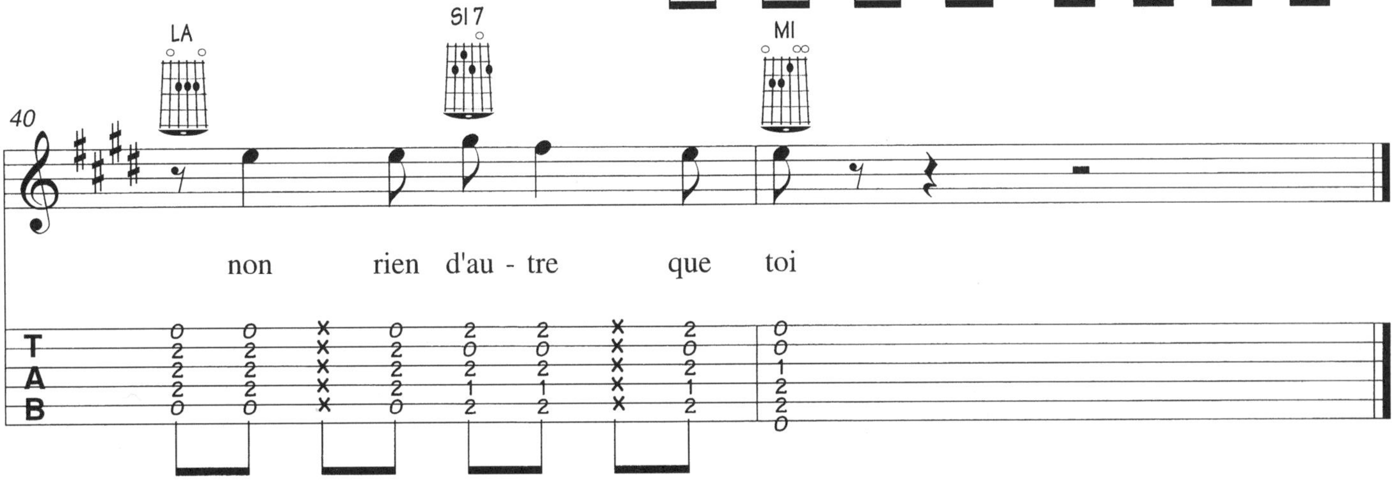

Quelque chose en toi
Ne tourne pas rond
Un je ne sais quoi
Qui me laisse con
Quelque chose en toi
Ne tourne pas rond
Mais autour de moi
Tout tourne si rond

Des balles doum doum
Aux roues des bagnoles
Au rythme tchouc tchouc
Du train des Batignolles
Au murmure de la ville
Au matin des nuits folles
Rien ne t'affole

Et j'aime encore mieux ça
Oui je préfère ça
Oh j'aime encore mieux ça
Car c'est vraiment toi
Et rien d'autre que toi
Non rien d'autre que toi

Quelque chose en toi
Ne tourne pas rond
Mais dans tes pattes en rond
Moi je fais ron-ron
Quelque chose en toi
Ne tourne pas rond
Mais autour de moi
Toi tu fais un rond

Et les balles doum doum
Aux roues des bagnoles
Et la vie des saints
Et leurs auréoles
Le murmure de la ville
Et des ses machines molles
Rien ne t'affole

Et j'aime encore mieux ça
Oui je préfère ça
Oh j'aime encore mieux ça
Oui j'aime encore mieux ça

Car ça c'est vraiment toi
Ça se sent
Ça se sent que c'est toi
Et rien d'autre que toi
Non rien d'autre que toi

J'te l'dis quand même

Paroles et musique de Patrick Bruel

SOL
DO / MI
RÉ7 / FA♯
SOL
19
A - lors on va s'quit - ter
comme ça
TAB
DO / MI
RÉ7 / FA♯
SOL
24
Comme des cons d'vant l'ca - fé
d'en bas
DO / MI
RÉ7 / FA♯
RÉ ♯ dim
MI m
28
Comme dans une sé - rie B
On est tout les deux mau - vais
LA m
RÉ
SOL
32
On s'est mo - qué tel - l'ment d'fois
des gens qui fai - saient ça

SOL
DO / MI
RÉ7 / FA#
SOL
35
Mais j'trouve pas d're-frain à notre his-toire
SOL
DO / MI
RÉ7 / FA#
SOL
39
Tous les mots qui m'viennent sont dé-ri-soires
SOL
DO / MI
RÉ7 / FA#
RÉ # dim
43
J'sais bien qu'j'l'ai trop dit Mais j'te l'dis quand même
MI m
LA m 7
RÉ 7
SOL
47
j't'aime

On aurait pu se dire tout ça
Ailleurs qu'au café d'en bas
Que t'allais p't êt' partir
Et p't êt' même pas rev'nir
Mais en tout cas, c'qui est sûr
C'est qu'on pouvait en rire

Alors on va s'quitter comme ça
Comme des cons d'vant l'café d'en bas
Comme dans une série B
On est tous les deux mauvais
On s'est moqué tellement d'fois
Des gens qui faisaient ça

Mais j'trouve pas d'refrain à notre histoire
Tous les mots qui m'viennent sont dérisoires
J'sais bien qu'j'l'ai trop dit
Mais j'te l'dis quand même... je t'aime

J'voulais quand même te dire merci
Pour tout le mal qu'on s'est pas dit
Certains rigolent déjà
J'm'en fous, j'les aimais pas
On avait l'air trop bien
Y en a qui n'supportent pas

Mais j'trouve pas d'refrain à notre histoire
Tous les mots qui m'viennent sont dérisoires
J'sais bien qu'j'l'ai trop dit
Mais j'te l'dis quand même... je t'aime

Message personnel

Rythmique n°3

Paroles et musique de Michel Berger

Mais si tu crois un jour que tu m'aimes
Ne crois pas que tes souvenirs me gênent
Et cours, cours jusqu'à perdre haleine
Viens me retrouver
Si tu crois un jour que tu m'aimes
Et si ce jour-là tu as de la peine
À trouver où tous ces chemins te mènent
Viens me retrouver
Si le dégoût de la vie vient en toi
Si la paresse de la vie
S'installe en toi
Pense à moi
Pense à moi

Mais si tu crois un jour que tu m'aimes
Ne le considère pas comme un problème
Et cours, cours jusqu'à perdre haleine
Viens me retrouver
Si tu crois un jour que tu m'aimes
N'attends pas une jour, pas une semaine
Car tu ne sais pas où la vie t'emmène
Viens me retrouver
Si le dégoût de la vie vient en toi
Si la paresse de la vie
S'installe en toi
Pense à moi
Pense à moi

Volare (Dans le bleu du ciel bleu) (Nel blu, dipinto di blu)

Rythmique n°1

Paroles originales et musique de D. Modugno – Adaptation française de Jacques Larue

SOL 7
DO
LA m
10
Oh Je chan - te Oh Oh Oh Oh Pa -
RÉ m
SOL 7
DO
RÉ m
SOL 7
13
reille au bleu du ciel bleu Je trou - ve ce - la mer - veil -
DO
LA m
16
leux Et je vo - le, je vo - le, je vo - le plus loin que la
MI m
18
mer, à deux pas du so - leil Je dé -

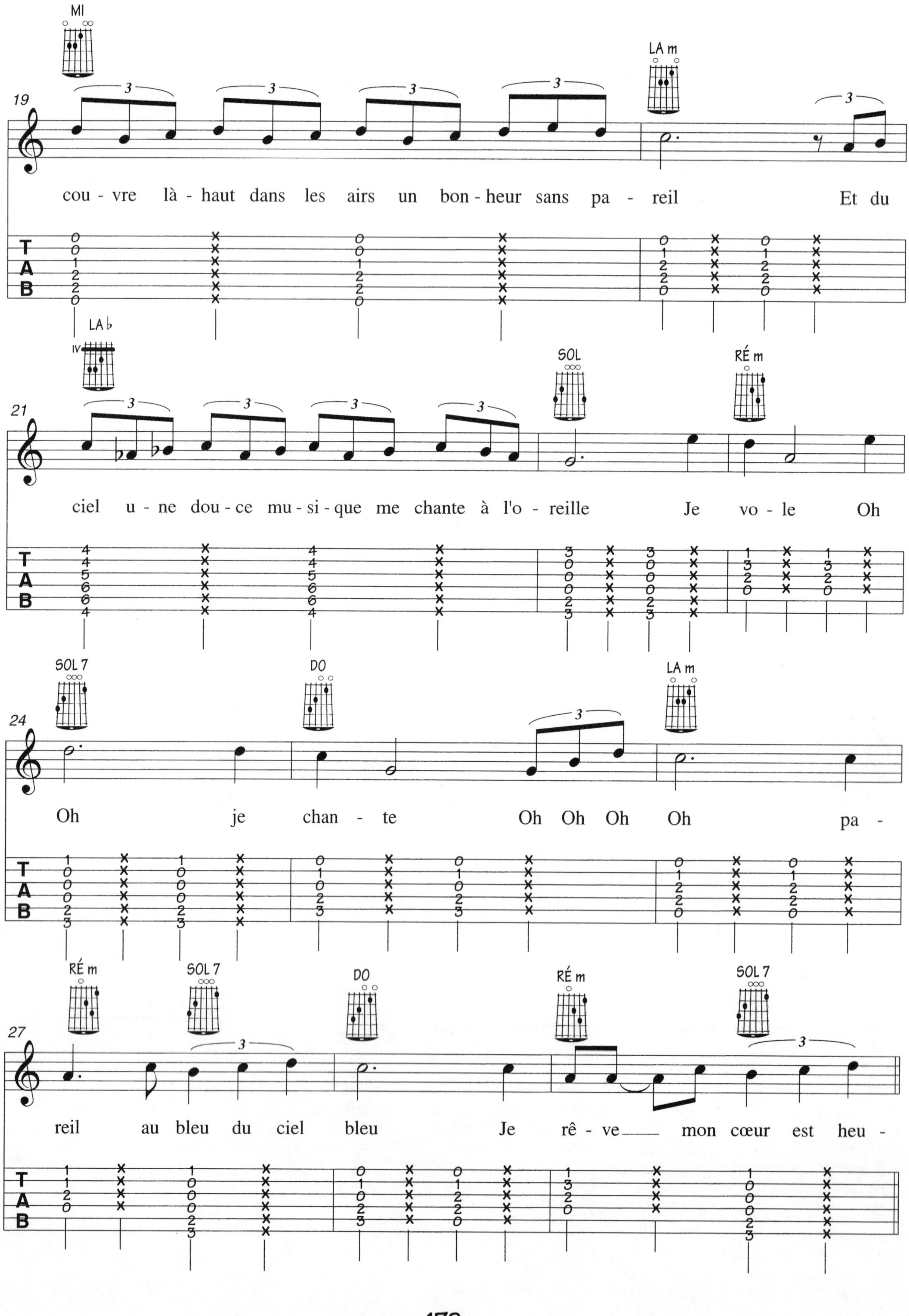
MI
LA m
19
cou - vre là - haut dans les airs un bon - heur sans pa - reil Et du
LA♭
SOL
RÉ m
21
ciel u - ne dou - ce mu - si - que me chante à l'o - reille Je vo - le Oh
SOL 7
DO
LA m
24
Oh je chan - te Oh Oh Oh Oh pa -
RÉ m
SOL 7
DO
RÉ m
SOL 7
27
reil au bleu du ciel bleu Je rê - ve mon cœur est heu -

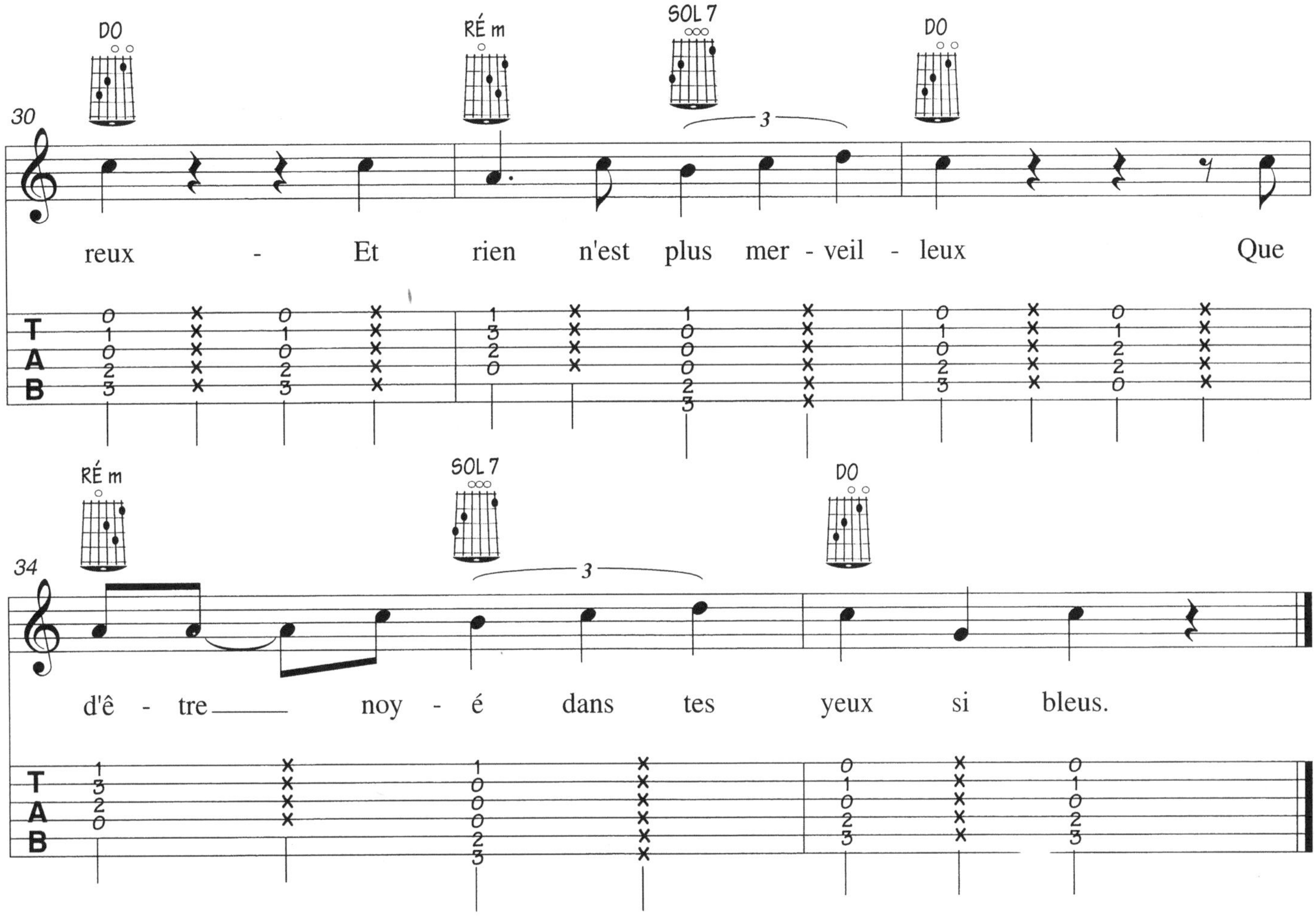

2

Mais quand la lune se perd au bleu de l'horizon
Les plus jolis de nos rêves avec elle s'en vont
Pourtant le mien continue quand le jour se dévoile
Et dans le bleu de tes yeux qui scintillent d'étoiles

Je vole, oh oh, je chante oh oh oh oh
Pareille au bleu de tes yeux, je trouve cela merveilleux
Et je vole, je vole, je vole
Plus loin que la mer, à deux pas du soleil
Je découvre ici bas sur la terre un bonheur sans pareil
Et ta voix tout comme une musique me chante à l'oreille
Je vole, oh oh, je chante oh oh oh oh
Pareille au bleu de tes yeux, je rêve, mon cœur est heureux
Et rien n'est plus merveilleux
Que d'être noyée dans tes yeux si bleus

Penso che un sogno così non ritorni mai più,
mi dipingevo le mani e la faccia di blù.
Poi, d'improvviso, venivo dal vento rapito
e cominciavo a volare nel cielo infinito...

Volare... oh!, oh! Cantare... oh! oh! oh! oh!
Nel blù dipinto di blù, felice di stare lassù.
E volavo, volavo felice più in alto del sole ed ancora più sù;
mentre il mondo pian piano spariva lontano laggiù,
una musica dolce suonava soltanto per me.
Volare, oh! oh! Cantare, oh! oh! oh! oh!
nel blù dipinto di blù, felice di stare lassù.

Ma tutti i sogni nell'alba svaniscon perchè
quando tramonta la luna li porta con sè
ma io continuo a sognare negli occhi tuoi belli
che sono blù come un cielo trapunto di stelle...

Volare... oh! oh! Cantare... oh! oh! oh! oh!
Nel blù, dipinto di blù felice di stare quaggiù.
E continuo a volare felice, più in alto del sole ed ancora più sù.
Mentre il mondo pian piano scompare negli occhi tuoi blù.
La tua voce è una musica dolce che suona per me...
Volare...oh! oh! etc...

Something

Paroles et musique de George Harrison

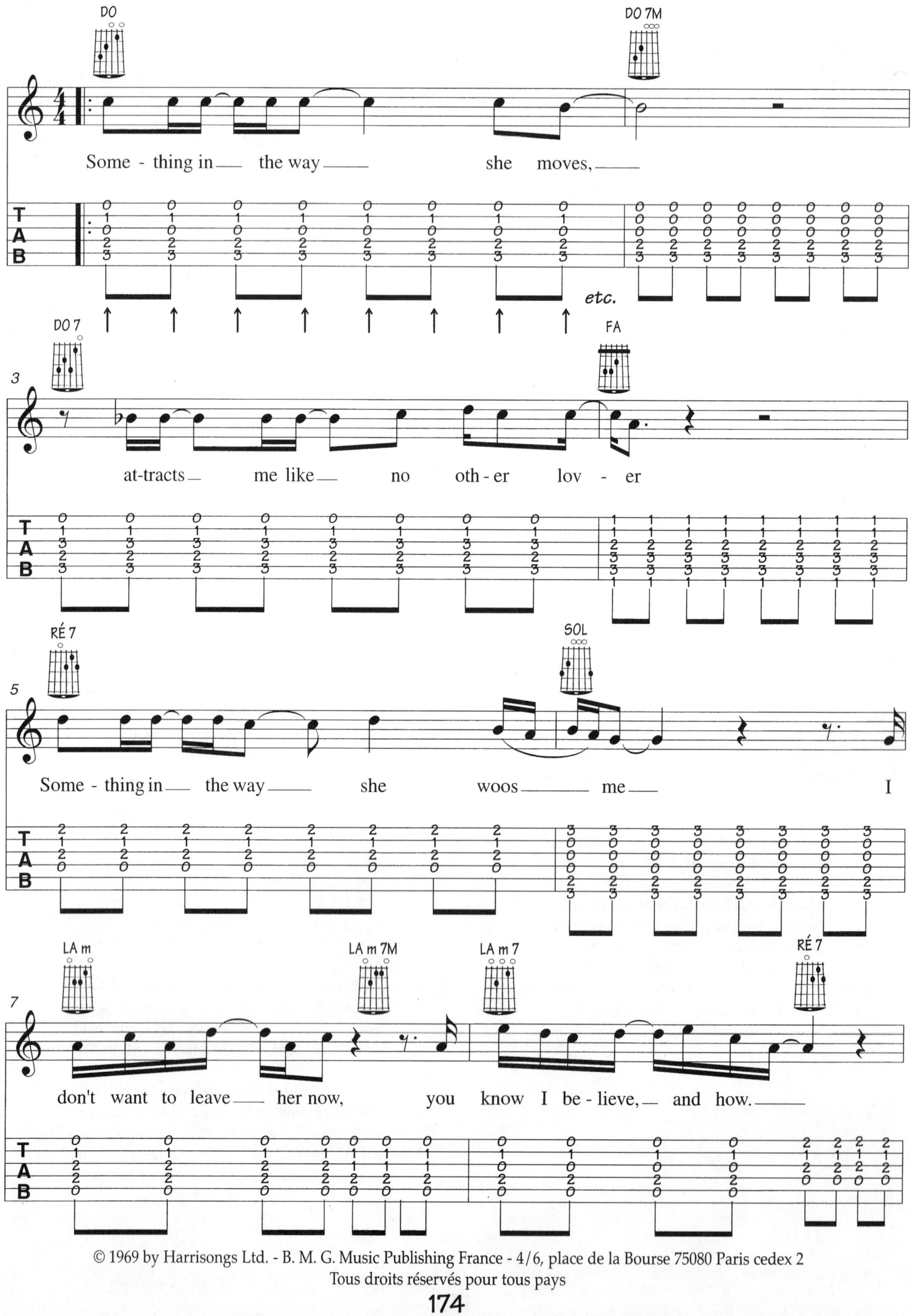

FA
SI♭
SOL
LA
LA
LA 7M
FA♯m
MI
You're ask - ing me, will my love grow,
I don't know
RÉ
SOL
LA
LA
LA 7M
I don't know.
You stick a - round - now, it may
FA♯m
MI
RÉ
SOL
DO
show,
I don't know
I don't know

Something in the way she moves
Attracts me like no other lover
Something in the way she woos me

I don't want to leave her now
You know I believe her now

Somewhere in her smile she knows
That I don't need no other lover
Something in her style that shows me

Don't want to leave her now
You know I believe her now

You're asking me will my love grow
I don't know, I don't know
You stick around now it may show
I don't know, I don't know

Something in the way she knows
And all I have to do is think of her
Something in the things she shows me

Don't want to leave her now
You know I believe her now

Le cœur grenadine

Rythmique n°2

Paroles de Alain Souchon – Musique de Laurent Voulzy

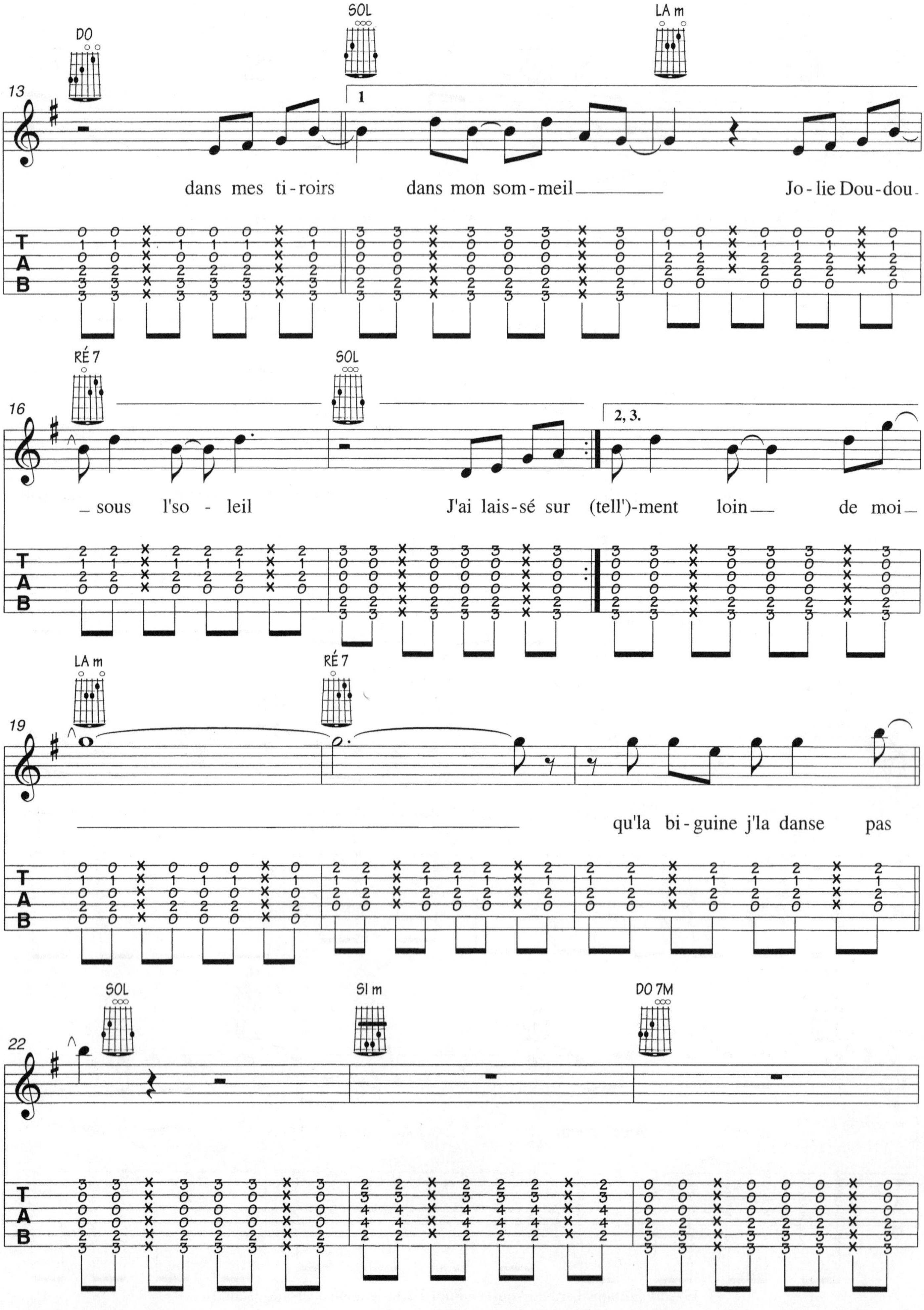
DO
SOL
LA m
1
dans mes ti-roirs dans mon som-meil Jo-lie Dou-dou
RÉ 7
SOL
2, 3.
sous l'so - leil J'ai lais-sé sur (tell')-ment loin de moi
LA m
RÉ 7
qu'la bi-guine j'la danse pas
SOL
SI m
DO 7M

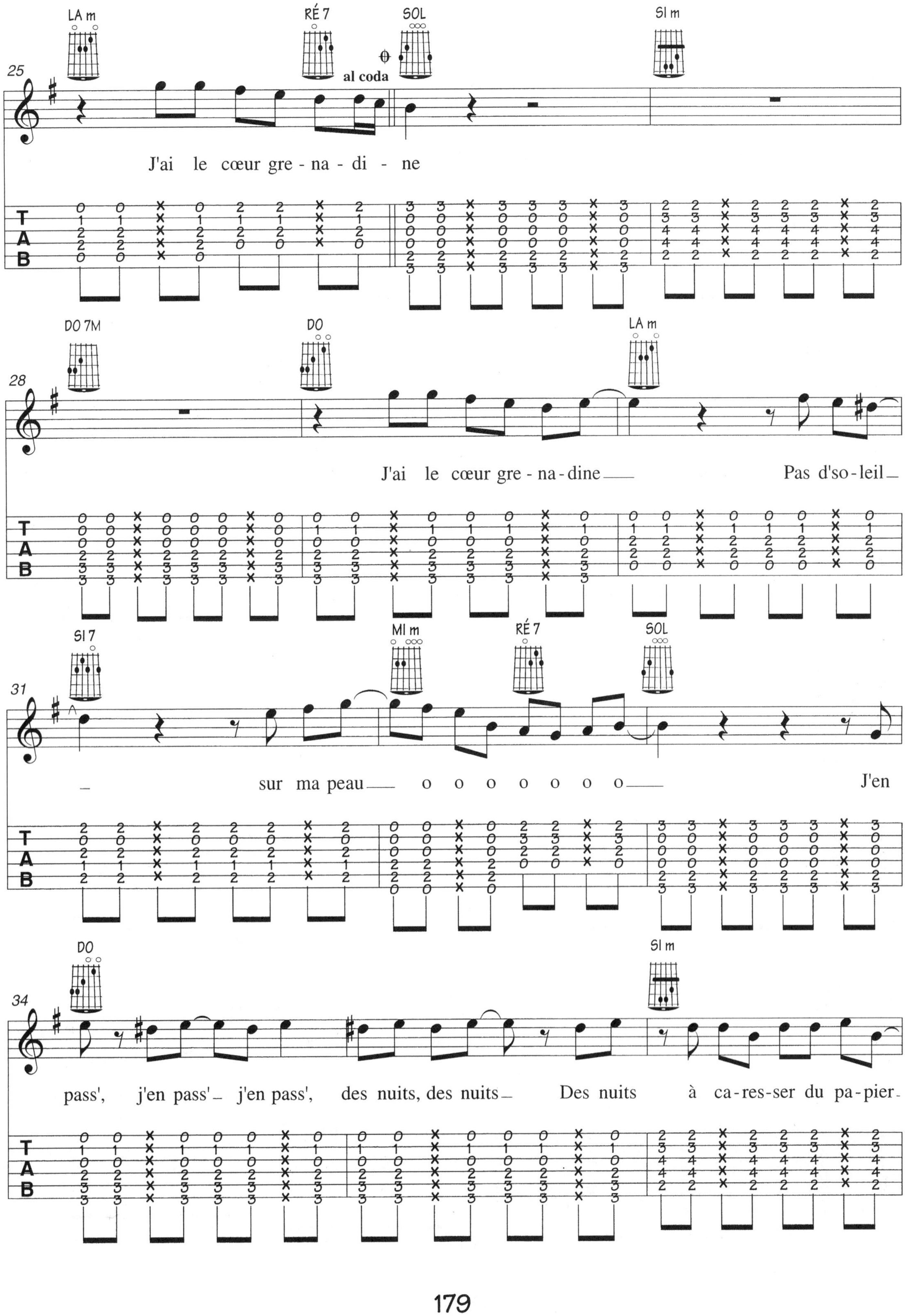
LA m
RÉ 7
SOL
SI m
al coda
25
J'ai le cœur gre - na - di - ne
DO 7M
DO
LA m
28
J'ai le cœur gre - na - dine
Pas d'so-leil
SI 7
MI m
RÉ 7
SOL
31
sur ma peau o o o o o o o
J'en
DO
SI m
34
pass', j'en pass' j'en pass', des nuits, des nuits
Des nuits à ca-res-ser du pa-pier
TAB

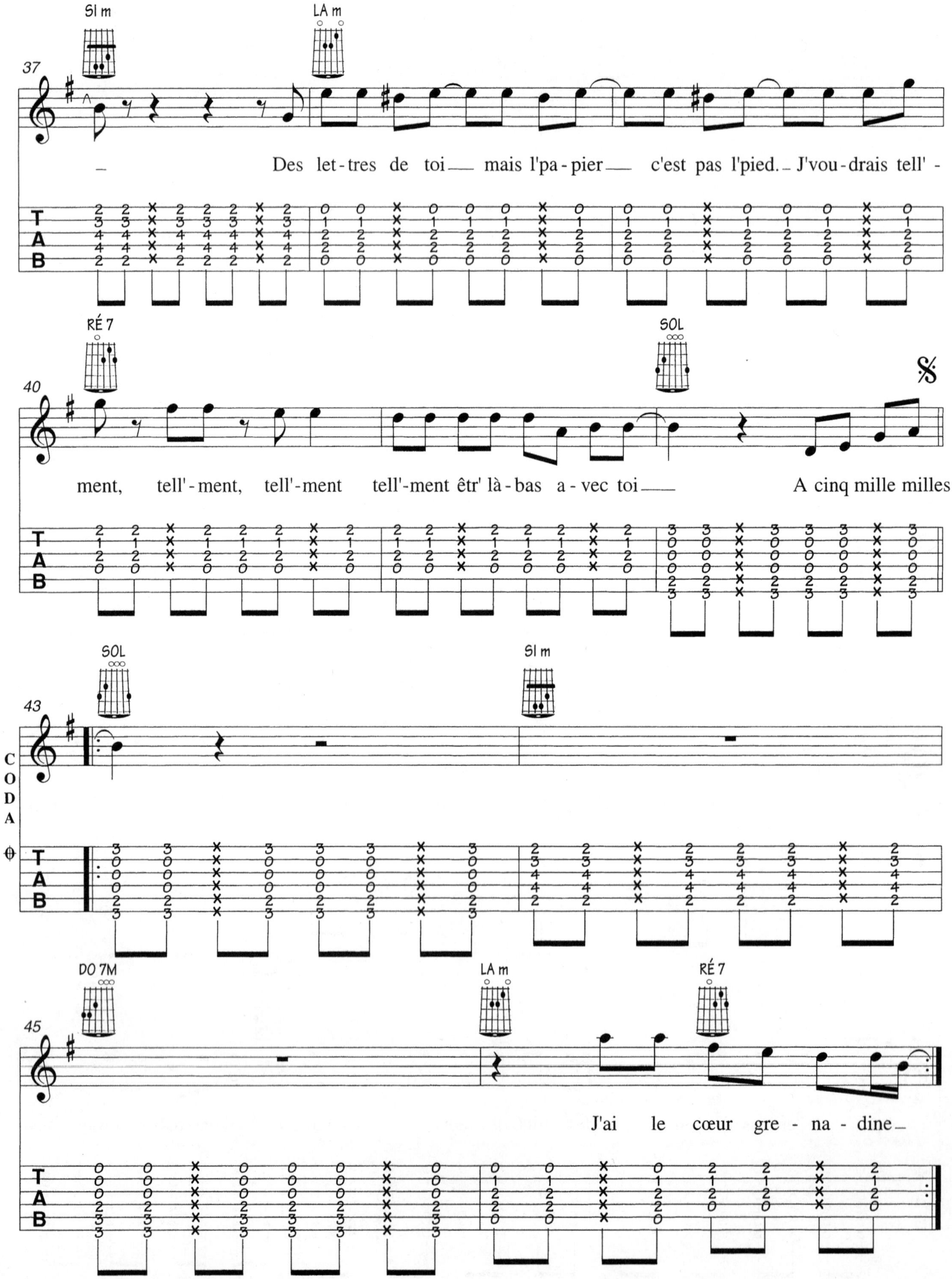
SI m
LA m
37
Des let-tres de toi mais l'pa-pier c'est pas l'pied. J'vou-drais tell' -
RÉ 7
SOL
40
ment, tell'-ment, tell'-ment tell'-ment êtr' là-bas a-vec toi A cinq mille milles
SOL
SI m
43
CODA
DO 7M
LA m
RÉ 7
45
J'ai le cœur gre-na-dine

J'ai laissé dans une mandarine
Une coquille de noix bleu marine
Un morceau de mon cœur et une voile
Planqués sous le vent tropical
Dans un pays sucré doucement
J'suis né dans le gris par accident
Dans mes tiroirs dans mon sommeil
Jolie Doudou sous le soleil

J'ai laissé sur une planisphère
Entre Capricorne et Cancer
Des points entourés d'eau des îles
Une fille au corps immobile
Mais pour bien la biguine danser
Faudrait ma peau ta peau toucher
T'es loin t'es tellement loin de moi
Qu'la biguine j'la danse pas.

Refrain :
J'ai le cœur grenadine oh...
J'ai le cœur grenadine
Pas de soleil sur ma peau
J'en passe j'en passe j'en passe des nuits des nuits
Des nuits à caresser du papier
Des lettres de toi
Mais le papier c'est pas l'pied
Je voudrais tellement tellement tellement tellement être là-bas
Avec toi.

À cinq mille milles derrière la mer
Des traces de sel sur tes paupières
Tourmenté tout mouillé ton corps
Pense à moi à moi très fort
Mais pour bien la journée dormir
Faudrait toute la nuit du plaisir
T'es loin, t'es tellement loin de moi
Du plaisir j'en ai pas.

(Refrain)

Dans un pays sucré doucement
J'suis né dans le gris par accident
Tout mon cœur est resté là-bas
Dans ce pays que j'connais pas.

J'ai le coeur grenadine
J'ai le coeur grenadine

(Refrain)

Cendrillon

Rythmique n°2

Paroles de Louis Bertignac – Musique de Téléphone

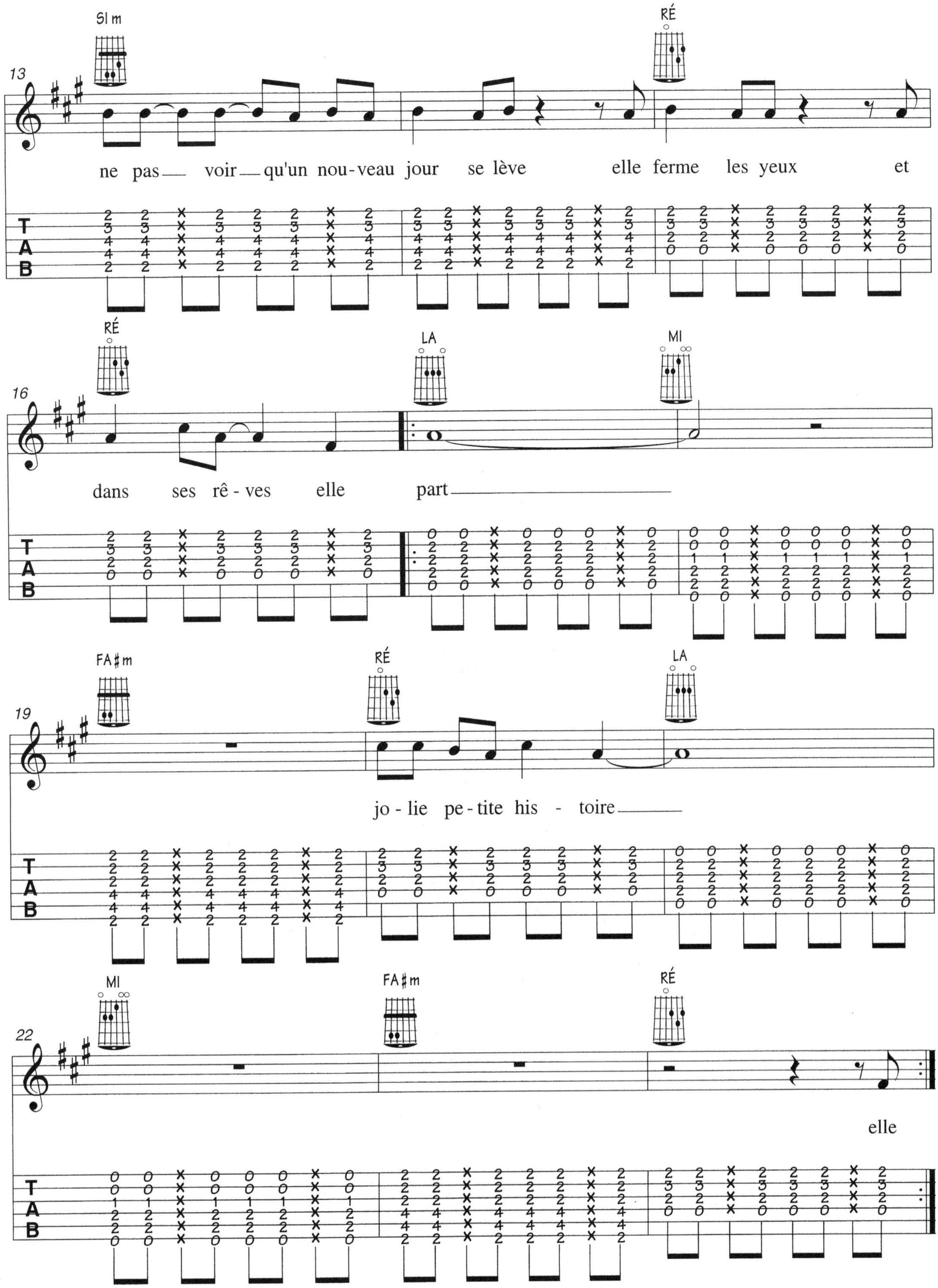
SI m
RÉ
13
ne pas voir qu'un nou-veau jour se lève elle ferme les yeux et
RÉ
LA
MI
16
dans ses rê-ves elle part
FA♯m
RÉ
LA
19
jo-lie pe-tite his-toire
MI
FA♯m
RÉ
22
elle

Cendrillon pour ses vingt ans
Est la plus jolie des enfants
Son bel amant, le prince charmant
La prend sur son cheval blanc
Elle oublie le temps
Dans son palais d'argent
Pour ne pas voir qu'un nouveau jour se lève
Elle ferme les yeux et dans ses rêves
Elle part, jolie petite histoire
Elle part, jolie petite histoire

Cendrillon pour ses trente ans
Est la plus triste des mamans
Son bel amant a foutu l'camp
Avec la belle au bois dormant
Elle a vu cent chevaux blanc
Loin d'elle emmener ses enfants
Elle commence à boire
A traîner dans les bars
Emmitouflée dans son cafard
Maintenant elle fait le trottoir
Elle part, jolie petite histoire
Elle part, jolie petite histoire

Dix ans de cette vie ont suffit
À la changer en junkie
Et dans un sommeil infini
Cendrillon voit finir sa vie
Les lumières dansent
Dans son ambulance
Mais elle tue sa dernière chance
Tout ça n'a plus d'importance
Elle part
Fin de l'histoire

Notre père qui êtes si vieux
As-tu vraiment fais de ton mieux
Car sur la terre et dans les cieux
Tes anges n'aiment pas devenir vieux

Le jour s'est levé

Paroles de Jean-Louis Aubert – Musique de Téléphone

DO♯m
SOL♯m
LA
MI
17
sommes nous i - ci pour croire
rien d'autre à lais ser croire
DO♯m
SOL♯m
SI 7
21
3
Croire que l'on meurt ce soir
pour qui veut bien voir
MI
SI 7
25
dé - jà tard
mais pas trop tard
à
LA
DO♯m7
29
toi de - voir
à toi de - croire

33
MI
SI 7
hum
hum
37
LA
DO♯m7
SI 7
hum
hum
41
SI 7
MI
LA
SI 7
MI
LA
Le jour s'est le-vé
sur une é-trange i-dée
45
SI 7
MI
LA
SI 7
MI
LA
3
La vie n'est qu'une jour-née
et la mort qu'u-ne nuit

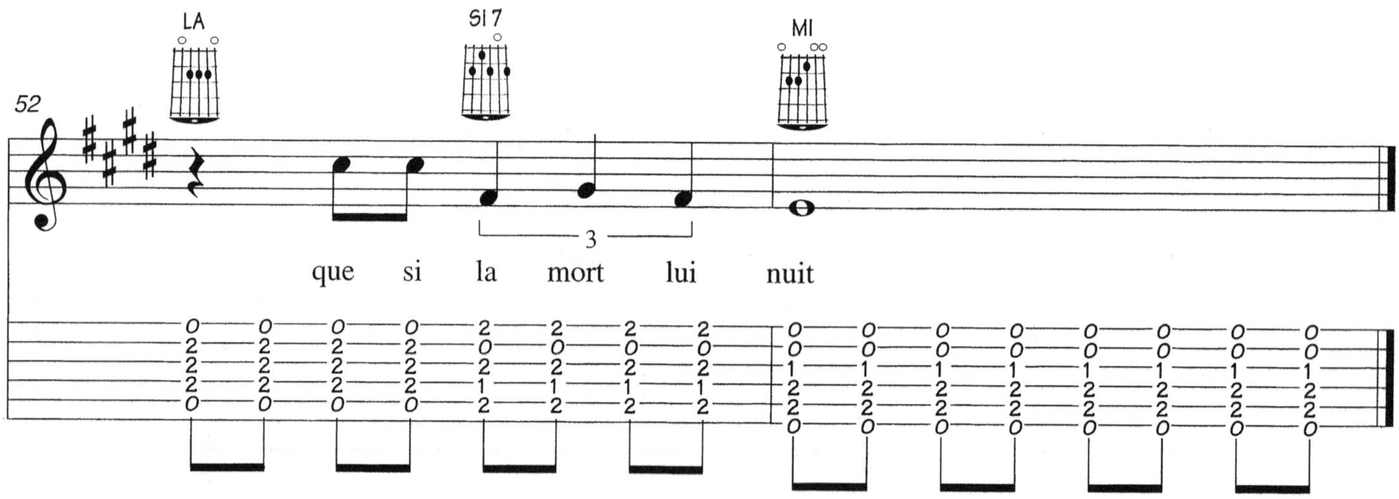

Le jour s'est levé
Sur une étrange idée
Je crois que j'ai rêvé
Que ce soir je mourrais
Le jour s'est levé
Plein de perplexité
Si ce n'était pas un rêve
Qu'il faille s'en aller
S 'en aller

Comme le jour avançait
En moi je pensais
Si ce n'était pas un rêve
J'ai tout à aimer
Quand le jour s'est couché
J'ai réalisé
Que ce n'était qu'une trêve
Dans ma réalité
Nous sommes ici pour croire
Rien d'autre à laisser croire
Croire que l'on meurt ce soir
Pour qui veux bien voir

Le voile est levé
Sur ma pauvreté
Qu'ai-je donc à garder
Qui ne sera sofflé
Oui, le voile est levé
Tout est si coloré
Qu'ai-je donc à donner
Que la nuit m'a soufflé
Nous sommes ici pour croire
Rien d'autre à laisser croire
Croire que l'on meurt ce soir
Et qu'il est déjà tard

Déjà tard
Mais pas trop tard
A toi de voir
A toi de croire

Le jour s'est levé
Sur cette étrange idée
La vie n'est qu'une journée
Et la mort qu'une nuit
La vie n'est ajournée
Que si la mort lui nuit

La mer

Paroles de Charles Trenet – Musique de Charles Trenet et Albert Lasry

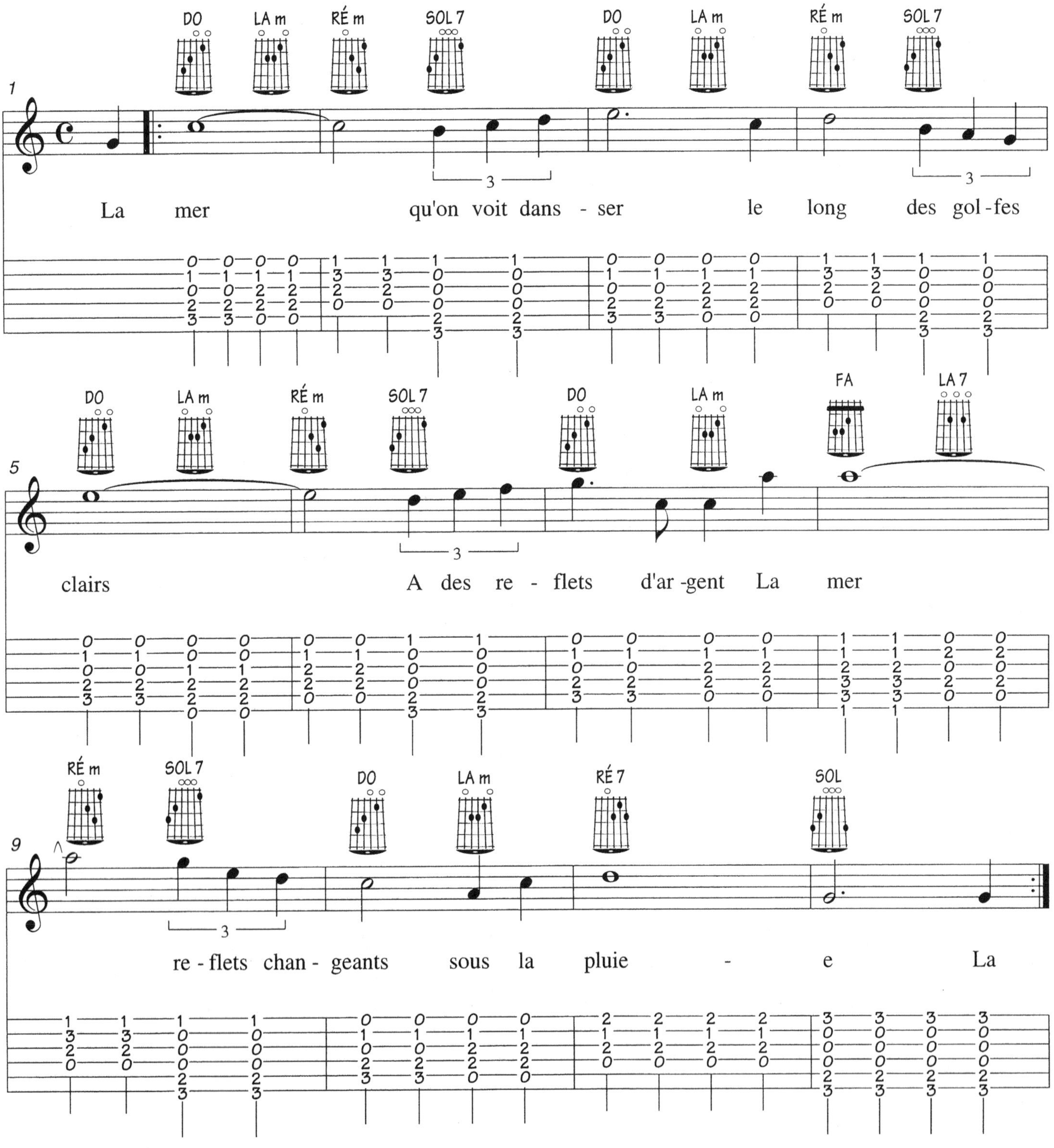

La mer
Au ciel d'été confond
Ses blancs moutons
Avec les anges si purs
La mer bergère d'azur
Infinie

Voyez
Près des étangs
Ces grands roseaux mouillés
Voyez
Ces oiseaux blancs
Et ces maisons rouillées

La mer
Les a bercés
Le long des golfes clairs
Et d'une chanson d'amour
La mer
A bercé mon coeur pour la vie

La marche de Sacco et Vanzetti (Here's to you)

Rythmique n°1

Paroles originales de Joan Baez - Musique de Ennio Morricone - Paroles françaises de Georges Moustaki

Here's to you, Nicola and Bart
Rest forever here in our hearts
The last and final moment is yours
That agony is your triumph

Maintenant Nicolas et Bart
Au fond de nos cœurs vous dormez
Vous étiez tout seuls dans la mort
Mais par elle vous vaincrez

SOMMAIRE

MORCEAUX D'APPLICATION